面向二十一世纪课程教材　总主编◎李艳红

小学语文课程与教学论

XIAOXUE YUWEN KECHENG YU
JIAOXUELUN

主　编◎张悦红
副主编◎李艳红　郭进明

中国社会科学出版社

图书在版编目(CIP)数据

小学语文课程与教学论 / 张悦红等著. —北京：中国社会科学出版社，2012.9（2020.1 重印）

ISBN 978-7-5161-0807-9

Ⅰ.①小… Ⅱ.①张… Ⅲ.①小学语文课—教学研究—师范大学—教材 Ⅳ.①G623.202

中国版本图书馆 CIP 数据核字（2012）第 079585 号

出 版 人	赵剑英	
责任编辑	冯春凤	
责任校对	韩天炜	
责任印制	张雪娇	
出　　版	中国社会科学出版社	
社　　址	北京鼓楼西大街甲 158 号	
邮　　编	100720	
网　　址	http://www.csspw.cn	
发 行 部	010-84083685	
门 市 部	010-84029450	
经　　销	新华书店及其他书店	
印刷装订	北京君升印刷有限公司	
版　　次	2012 年 9 月第 1 版	
印　　次	2020 年 1 月第 5 次印刷	
开　　本	710×1000　1/16	
印　　张	21.25	
插　　页	2	
字　　数	358 千字	
定　　价	35.00 元	

凡购买中国社会科学出版社图书，如有质量问题请与本社联系调换

电话：010-84083683

版权所有　侵权必究

序

　　教师教育专业化是当前国际教育发展的重要趋势之一。作为基础教育阶段重要组成部分的小学教育，如何提高其师资培养的质量已经成为各国广泛关注的一个话题。小学教育专业是教育部自1999年新批准的本科专业，可以说，该专业的发展一直伴随着国内基础教育课程和教学变革的挑战。这次改革在课程功能、课程结构、课程内容、课程实施方式、课程评价、课程管理等几个方面都进行了重大的调整，甚至有导向性的变革。这些变革对教师素质提出了新的要求和挑战。能否正确理解新课程，能适应新课程改革的需要，参与新课程改革，实践新课程的理念，积极地推进新课程的实施，是摆在每个在职教师和师范生面前的重大课题。如果仍然按照传统师范教育的理念和经验来办新世纪的师范教育，我们的师范教育，包括小学教育专业就必然面临被淘汰的危险。新课程改革要求小学教师必须在具备传统教师所具备的基本知识和技能的同时，还必须具备许多传统教师不具备的新的知识和技能。如课程开发能力、教学研究能力、课件设计与制作能力、学法指导能力等。

　　随着高师小学教育本科专业在越来越多的高校开设，对小学教育本科专业建设的探讨与研究越来越深入。加强实践教学，提高师范生的实践能力逐步成为研究者的共识。为此，各高校不断加强和改革实践教学，建立实践课程体系，增加实践的分量，扩充实践的内容，但师范生教育实践能力不强的现象仍然没有得到有效改善。究其原因，主要是小学教育专业的课程体系往往被分为理论教学和实践教学，二者之间没有很好地融合，处于断裂状态。学生的理论学习没有关涉实践能力提高，实践训练缺少有效的理论支撑。

　　实践性是教师专业最突出的特点，教师是实践工作者，小学教师更是高实践者。教师的专业素养只有在实践中，通过实践和对实践的思考这样循环往复的过程，才能实现专业成长，以实践反思统领知识、能力、情感，是教师专业培养的重要模式。天水师范学院教育学院小学教育专业本科层次自 2003 年 9 月开始招生，正是在上述理念的引领下，几年来，我们结合当前专业建设的实际情况和特色专业建设的要求，以及基础教育课程改革的需要，不断提高教师自身的专业水平，在课程结构上逐步形成了"平台"加"模块"的课程框架，改革课程设置突出实践技能培养，把实践性教学活动融入人才培养的全过程，根据小学教育专业的培养目标和专业特点，建立完备的、稳定的实践教学体系等。特别是《教育心理学》、《小学数学教学论》和《小学语文教学论》等课程相继进行了系列教学改革。2009 年我院小学教育专业获教育部、财政部批准为第四批国家级特色专业建设点，2010 年"小学数学教学论"获批天水师范学院精品课程，同年，"小学教学论"获批天水师范学院教学团队。由此，我们萌发了撰写一套"小学教育专业"丛书的念头，意在改变以往教材侧重理论的现象，力图从小学教学实际需要出发，注重必要的理论引领与生动的案例分析相结合，使教材突出专业性、应用性、操作性和可读性。

  小学教育专业的建设是一个不断追求、不断发展，不断超越的过程。此系列丛书的出版只是专业建设的阶段性成果，如何将该专业建设出自己的特色，并在全国有所影响，这将是我们继续思考和实践的问题。

李艳红
2012 年 8 月于甘肃天水

前　言

在 21 世纪，小学教育专业迎来了两个巨大的变化：一是小学教师的培养任务，由过去的师范学校，现在转而由高等师范院校承担。二是新一轮的基础教育课程改革对小学教育专业提出了新的建设要求与培养目标。为更好地完成培养小学教师的任务，为使高等师范院校所培养出的小学教师能够符合新课改的师资需求，我们探索从一条新的培养路径：既要保持与发扬高师院校的学术、理论优势，又要接过师范学校突出从师技能的接力棒，把小学教育专业本科层次的学生培养成理论基础扎实、从师技能过硬的实用型人才。

为此，我们经过理论研究与实践探索，形成了一套"理论导学与实践技能专业训练"的教学模式，并据此编写了全新的小学语文课程与教学论教材。

本教材的基本特点为：在保留现行教材的理论框架的同时，对小学语文教师职业技能进行了全面的、全新的、全程的实践训练安排。理论内容的学习重在"导学"，即教师作为学生学习的引导者，以问题情境引导学生自学，通过教师对学生的提问和答疑解惑推动学生自主、合作、探究地学习。教师职业技能的学习以小学语文教学口语技能、小学语文板书技能、小学语文教学技能（识字写字教学技能、阅读教学技能、口语交际教学技能、习作教学技能和综合性学习教学技能）、小学语文课堂管理技能的实训方式展开。教师使用本教材，既可完成理念教学任务，也可指导学生进行技能训练；学生使用本教材，可以自学理论知识，也可自我练习教学技能。

教材的优势在于：突破了教师教育职业技能培养理论与实践难以兼顾的"瓶颈"问题，打破教学时数对实践技能培训的限制，解决高师教学法课程理论与实践脱节的问题。实现了高师学生的教育职业理论知识掌握与实践技能获得的双赢效益。结合基础教育课程改革，培养即用型新型教师：即上岗就能胜任，胜任能胜新任——就业后就能胜任小学语文教学任务，而且能够完成新课程改革对语文教学提出的新的任务要求。

本教材的编写体例为：每章前以开篇语说明本章的主要内容。以"问题情境"（现实案例、教案或教学实录等真实资料）导入，以"理论导学"作为教师指导学生学习的依据和引入正文的前奏。正文部分以"典型案例"、"资源链接"等信息辅助学生学习。正文后根据章节需要加入了"拓展阅读"、"行动研究"、"在线讨论"、"重要人物图片"、"经典案例"、"名师讲堂"、"优秀课例"等栏目，将学生的学习视野进一步拓宽。

本教材的基本框架包含五大模块，共计十四章：模块一小学语文课程论（第一章小学语文课程设置与课程性质，第二章小学语文教材改革与小学语文课程资源）；模块二小学语文学习论（第一章小学语文学习概论，第二章小学语文学习过程与方法）；模块三小学语文教学概论与实训（第一章小学语文教学概述，第二章小学语文教学规律与策略，第三章小学语文教学口语技能，第四章小学语文板书技能，第五章小学语文教学技能，第六章小学语文课堂管理技能）；模块四小学语文评价论（第一章新课程小学语文评价观，第二章新课程小学语文教学评价）；模块五教师与教研论（第一章小学语文教师论，第二章小学语文教研论）。

本教材的编写历时几近一年，书稿经历三番五次的修改，修改后，先经主编和副主编的统稿，再由本套丛书的总编统稿，以求内容正确、文从字顺、体例一致、表述风格接近。具体分工如下：模块一小学语文课程论由于桂梅撰写；模块二小学语文学习论由赵文刚撰写；模块三小学语文教学概论与实训第一章小学语文教学概述由郭俊奇撰写，第二章小学语文教学规律与策略由丁茂华撰写，第三章小学语文教学口语技能由郭进明撰写，第四章小学语文板书技能由安新天撰写，第五章小学语文教学技能由张悦红撰写，第六章小学语文课堂管理技能由郭俊奇撰写；模块四小学语文评价论由栗玲撰写；模块五教师与教研论第一章小学语文教师论由李艳红撰写，第二章小学语文教研论由张悦红撰写。全书由张悦红统稿。

本书撰写期间，丛书总编天水师院教育学院院长、教育学博士李艳红教授对教材编写体例、教材提纲、章节要点和全书初稿进行了悉心的指导和认真的审查，谨此表示感谢！同时在图书出版过程中，笔者所在院校的领导和同事也都给予了关心与支持，在此一并致谢！

因编写经验有限，本教材中值得推敲与商榷之处定不在少数，恳请专家、学者、教师、学员不吝赐教！有关意见和建议可电邮：525jjjm@163.com。笔者在此先行致谢！

《小学语文课程与教学论》编写组
2012 年 8 月

目 录

模块一　小学语文课程论

第一章　小学语文课程设置与课程性质 …………………………（ 3 ）
　第一节　小学语文课程概述 ……………………………………（ 5 ）
　　一　课程的含义 ………………………………………………（ 5 ）
　　二　语文的含义 ………………………………………………（ 6 ）
　　三　小学语文课程 ……………………………………………（ 6 ）
　　四　我国小学语文课程的设置及演变 ………………………（ 10 ）
　第二节　小学语文课程标准解读 ………………………………（ 14 ）
　　一　小学语文课程性质 ………………………………………（ 14 ）
　　二　小学语文课程理念 ………………………………………（ 15 ）
　　三　小学语文课程目标 ………………………………………（ 18 ）

第二章　小学语文教材改革与小学语文课程资源 ………………（ 26 ）
　第一节　小学语文课程教材的改革与发展 ……………………（ 27 ）
　　一　教材的含义 ………………………………………………（ 27 ）
　　二　《语文课程标准》中有关语文教材的指导思想和
　　　　编写原则 …………………………………………………（ 27 ）
　　三　现行课程标准小学语文实验教材及其特点 ……………（ 29 ）
　第二节　小学语文课程资源及其开发与利用 …………………（ 31 ）
　　一　小学语文课程资源概说 …………………………………（ 31 ）
　　二　小学语文课程资源的开发与利用 ………………………（ 36 ）

模块二　小学语文学习论

第一章　小学语文学习概论 ………………………………………（ 49 ）

第一节　小学语文学习理论 …………………………………（50）
　　　　一　学习理论概述 ……………………………………………（50）
　　　　二　小学语文学习理论 ………………………………………（52）
　　第二节　小学语文学习与小学生发展 …………………………（55）
　　　　一　小学生发展理论概说 ……………………………………（56）
　　　　二　小学语文学习与小学生学业发展 ………………………（58）
　　　　三　小学语文学习与小学生个性、社会性发展 ……………（59）
第二章　小学语文学习过程与方法 ………………………………（62）
　　第一节　小学语文学习过程 ……………………………………（64）
　　　　一　小学生语文学习过程概说 ………………………………（65）
　　　　二　小学语文学习评价 ………………………………………（68）
　　第二节　小学语文学习方法指导 ………………………………（71）
　　　　一　新课程提倡的学习方式 …………………………………（72）
　　　　二　小学语文有效学习方法 …………………………………（73）
　　　　三　小学语文学习方法指导 …………………………………（75）

模块三　小学语文教学概论与实训

第一章　小学语文教学概述 ………………………………………（85）
　　第一节　小学语文教学的历史发展 ……………………………（85）
　　　　一　蒙学教学 …………………………………………………（87）
　　　　二　国语教学 …………………………………………………（90）
　　　　三　语文教学 …………………………………………………（91）
第二章　小学语文教学规律与策略 ………………………………（95）
　　第一节　小学语文教学规律 ……………………………………（97）
　　　　一　工具性与人文性相统一的规律 …………………………（97）
　　　　二　师生互动与教学相长的规律 ……………………………（100）
　　第二节　小学语文教学策略 ……………………………………（106）
　　　　一　制定课堂教学目标的策略 ………………………………（106）
　　　　二　优化教学设计的策略 ……………………………………（109）
　　　　三　选择教学方法的策略 ……………………………………（112）
　　　　四　教学调控的策略 …………………………………………（114）

第三章 小学语文教学口语技能 (120)
第一节 小学语文教学口语技能概述 (122)
一 小学语文教学口语的概念及特点 (122)
二 小学语文教学口语的基本要求 (122)
第二节 小学语文教学口语技能专项训练 (123)

第四章 小学语文板书技能 (148)
第一节 小学语文板书技能概述 (149)
一 小学语文板书技能的基本要求 (149)
二 小学语文板书技能训练方法 (150)
第二节 小学语文板书技能专项训练 (152)
一 板书时的身态姿势 (153)
二 执笔方法 (154)
三 板书运笔方法 (154)
四 小学语文板书基本笔画训练 (156)
五 笔顺规则 (160)
六 偏旁部首的类型、特点、写法 (161)
七 板书正楷字的结构法则 (165)
八 板书楷体字的结构类型 (167)
九 小学语文板书类型 (169)

第五章 小学语文教学技能 (175)
第一节 识字写字教学 (176)
一 识字写字教学概论 (176)
二 识字写字教学技能实训 (177)
第二节 阅读教学 (185)
一 阅读教学概论 (185)
二 阅读教学技能实训 (187)
第三节 口语交际教学 (192)
一 口语交际教学概论 (193)
二 口语交际教学实训 (194)
第四节 习作教学 (196)
一 习作教学概论 (196)
二 习作教学实训 (199)

第五节　综合性学习 ……………………………………… (205)
　　一　综合性学习概论 ……………………………………… (205)
　　二　综合性学习实训 ……………………………………… (206)
第六章　小学语文课堂管理技能 ……………………………… (209)
第一节　小学语文课堂管理技能概述 ………………………… (210)
　　一　小学语文课堂管理技能 ……………………………… (210)
　　二　小学语文课堂管理的基本原则 ……………………… (217)
第二节　小学语文课堂管理技能专项训练 …………………… (218)
　　一　小学语文课堂管理技能的训练 ……………………… (219)
　　二　小学语文课堂管理方法举隅 ………………………… (223)

模块四　小学语文评价论

第一章　新课程小学语文评价观 ……………………………… (231)
第一节　课程评价概述 ………………………………………… (232)
　　一　课程评价 ……………………………………………… (232)
　　二　课程评价的功能 ……………………………………… (233)
　　三　新课程评价的基本理念 ……………………………… (235)
第二节　小学语文评价观 ……………………………………… (236)
　　一　小学语文评价的历史沿革 …………………………… (236)
　　二　新课程小学语文评价观 ……………………………… (237)
第二章　新课程小学语文教学评价 …………………………… (241)
第一节　小学语文教学评价的一般原理和方法 ……………… (242)
　　一　一般评价原则和方法 ………………………………… (243)
　　二　评价策略 ……………………………………………… (244)
第二节　小学语文教学分类评价实务 ………………………… (250)
　　一　识写评价 ……………………………………………… (250)
　　二　阅读评价 ……………………………………………… (251)
　　三　口语交际评价 ………………………………………… (254)
　　四　习作评价 ……………………………………………… (256)
　　五　综合性学习评价 ……………………………………… (258)

模块五 教师与教研论

第一章 小学语文教师论 (267)
第一节 小学语文教师的职业角色 (268)
一 小学语文教师的教学角色 (268)
二 小学语文教师的交往角色 (270)
三 小学语文教师的课程建构角色 (272)
第二节 小学语文教师的职业素养 (274)
一 职业道德素养 (274)
二 人文素养 (276)
三 科学素养 (276)
四 教育素养 (277)
五 教学能力素养 (277)
六 实践素养 (279)
第三节 小学语文教师的专业发展 (282)
一 小学语文教师专业发展的内涵 (282)
二 专家型教师 (283)
三 小学语文教师专业发展的基本途径 (285)
五 专业引领——小学语文教师专业成长的重要条件 (295)

第二章 小学语文教研论 (301)
第一节 小学语文教育研究概述 (304)
一 小学语文教研的性质与内容 (304)
二 小学语文教研的发展趋势 (306)
三 新课程小学语文教育研究特点 (306)
四 小学语文教育研究案例 (307)
第二节 教研方法概述 (310)
一 常用语文教研方法 (310)
二 语文教研资料的整理与分析 (313)
三 语文教研论文与报告的撰写 (313)
第三节 小学语文教育行动研究实训 (319)

一　选择研究课题实训 …………………………………………（319）
二　行动研究实施实训 …………………………………………（319）
三　行动研究结题实训 …………………………………………（320）

模块一
小学语文课程论

第一章 小学语文课程设置与课程性质

【开篇语】

通过本章的学习，了解小学语文课程的设置和发展，正确认识小学语文课程的性质、地位，明确语文课程的基本理念和小学语文课程目标，确立正确的小学语文教学思想，并努力贯彻于教学实践，努力建设开放而有活力的语文课程。

【问题情境】

造句亦"造人"
——一次造句教学所带给我的思考
湖州轧村小学 王晓峰

记不清什么时候，听过一节小学语文课。这位教师讲到文中新出现的一个字——"把"。字形、笔顺、字音、字义讲过之后，让学生模仿课文中的用法用"把"字来造句。一个男孩说："把刀拿起，把人杀死。"话音刚落，另一个男孩站起来说："老师，这个句子不好。""怎么个不好？"老师微笑着问。"太残忍了！"这个学生回答。"那你怎么说？""把刀拿起，把坏人杀死。"全班学生立即鼓起掌来。又一个学生，是个女孩，站起来说："这个句子还不好，听起来怪怕人的。""那你造个句子给大伙儿听听。"老师鼓励她说。"把困难留给自己，把方便留给别人。"这时，教室里响起了经久不息的掌声。

很显然，前面两位同学的造句无论是对于整堂课还是对于他个人来说都是不和谐的。它扰乱了我们对美的欣赏与享受，也扰乱了我们对爱的关注与理解。但是在本堂课中老师和其他学生的处理，却把这不和谐的音符变成了一段美妙的插曲，成为整堂课的一大亮点。

这样的事情也出现在了我的课堂上。

在教学《养花》一课时，我让学生用"不是……就是……"来造句，一位学生略加思索就说了这样一句话："那人贼眉鼠眼，不是小偷，就是强盗。"一句话引来了一片笑声，我也一笑而过，因为句子本身没有错，只是有点儿奇怪罢了。我点头示意其他学生发言，这时候教室里举起的小手多了起来，我想也许是这位学生的句子启发了其他的学生，也暗自高兴起来。不过接下去的事情却颇让人失望。"脑袋大脖子粗，不是大款，就是伙夫。""那人身上臭臭的，不是农民，就是清洁工。""在学校，不是你欺负别人，就是别人欺负你。"……听着这些句子，还有学生的笑声，我隐隐感觉到教学似乎有了危机，这种危机有点儿混乱，也有点儿令人窒息。

我示意学生安静，看着我一脸严肃的表情，学生似乎明白了什么，立刻安静了。"我很高兴你们有这么丰富的想象力，思维也很活跃。"我顿了顿接着说，"但是，你们难道没有发现这些句子和我们美丽的生活、校园相去太远了吗？在老师的眼中看到的是如花绽放的你们，灿烂的笑容，还有和谐的校园，这一切都让老师心情愉悦，我相信在你们眼中也能看到这些美丽。"话语一落，学生又陷入了沉思，就这样，他们来到了另一条路寻求美丽。"今天，班里的两位同学打架了，老师说：'这次打架不是你先动手，就是他先动手的，你们自己承认吧。'结果两位同学都争着说是自己先动手了，还互相道歉，老师露出了微笑。""今天，我和好朋友约好了一起去看电影，说好不是我等他，就是他等我，结果我们都早早地来到了电影院。""这件好事不是张红做的就是李强做的，但是他们都很谦虚，谁都没有承认。"

造句是一个创作的过程，如同创作音乐一样，都要费劲儿思量，既要注意词语之间的搭配，又要注意整个语句间的协调。我们不仅要看每一个音符是否正确，还应该从整体上看它是否和谐。更要感受到那和谐之中隐约透露出来的，深深牵动我们心灵的气质与灵魂。我想，在课堂上真正牵动我们的是孩子那纯真的心灵，是他们一次又一次让和谐之美充溢课堂，让我们感动。当我们在进行语言文字训练的同时，有效地进行正确人生观、价值观的熏陶，课堂才能呈现"和美"之境。

（摘自：《学周刊·小学学术研究版》2008年第6期）

你如何理解"造句亦'造人'"？语文课究竟能给学生带来什么？应

该给学生带来什么？

【理论导学】

现代社会要求公民具备良好的人文素养和科学素养，具备创新精神，合作意识和开放的视野，具备包括阅读理解与表达交流在内的多方面的基本能力，以及运用现代技术搜集和处理信息的能力。创新教育势在必行，这是人们面对愈益发展的教育形势达成的共识。创新的语文课堂才是素质教育的语文课堂。本章的重点是理解小学语文课程基本理念的含义，了解和把握小学语文课程目标的体系。

第一节　小学语文课程概述

一　课程的含义

"课程"一词在我国始见于唐宋时期。唐朝孔颖达为《诗经·小雅·小弁》中"奕奕寝庙，君子作之"句作疏："维护课程，必君子监之，乃依法制。"此"课程"之意即以一定程序来授事，其含义与我们今天所用之意相去甚远。宋代朱熹在《朱子全书·论学》中多次提及课程，如"宽着期限，紧着课程"，"小立课程，大作工夫"等。其含义是指功课及其进程。此"课程"仅仅指学习内容的安排次序和规定，没有涉及教学方面的要求，因此称为"学程"更为准确。近代由于班级授课制的施行，赫尔巴特学派"五段教学法"的引入，人们开始关注教学的程序及设计，于是课程的含义从"学程"变成了"教程"。新中国成立以后，由于我国受凯洛夫教育学的影响，到20世纪80年代中期以前，"课程"一词很少出现。

在西方，课程（curriculum）是从拉丁语"currere"一词演变派生出来的，意为"跑道"（race-course），指赛马场上的跑道，用来说明幼年必须经历的事情，后转义为"学习过程"。后对该词源有了新的理解。"currere"（名词）意为"跑道"，由此课程就是为不同学生设计的不同轨道，从而引出了一种传统的课程体系；而"currere"（动词）是指"奔跑"，则课程的着眼点就会放在个体认识的独特性和经验的自我建构上，就会得出一种完全不同的课程理论和实践。1861年，英国教育家斯宾塞在他的《教育论》中"什么知识最有价值"一文中最早使用"课程"一词，他把教育内容的系统组织统称为"课程"。课，指课业，即教育内容；程，指程度、进程。课程，就是学生所应学习的学科总和及其进程和安排。

从教学方面来看，"课程"是指学校学生所应学习的学科总和及其进程与安排。广义的课程是指学校为实现培养目标而选择的教育内容及其进程的总和，它包括学校所教的各门学科和有目的、有计划的教育活动。狭义的课程是指某一门学科，如小学语文课程、小学数学课程等。

当前，国内对课程普遍认同的定义为：课程是为了实现学校教育目标而规定的教育内容的总和。

二 语文的含义

何谓语文？不同的人有不同的理解，是"语言文字"？"语言文章"？还是"语言文学"或者"语言文化"？众说纷纭，莫衷一是。表面上看，这种种解释在"语言"这一点上是有着共识的，其分歧主要在对"文"的理解上，似乎只是一字之差，但实际上与语文的本质相去甚远。

叶圣陶先生曾明确指出："什么叫语文？平常说的话叫口头语言，写到纸面上叫书面语言。语就是口头语言，文就是书面语言。把口头语言和书面语言连在一起说，就叫语文。"简明扼要地揭示了"语文"的本质含义：语文＝口头语言＋书面语言（广义）。语文课应当是广义的语言课。

三 小学语文课程

（一）小学语文课程的结构

1. 学校的课程表内开设的语文学科的各项课程，它包含了"识字与写字、阅读、写话与习作、口语交际、综合性学习"等。

2. 学校计划并实施的课外活动，如结合语文课的学习，组织参观访问、办报、演课本剧、开故事会等活动，或根据学生的兴趣爱好，组织朗读、书法等课外兴趣小组等。

3. 学校中的隐性课程，如优美的校园环境、良好的校规校风以及融洽的人际关系等对学生的影响。

（二）小学语文课程的特点

《语文课程标准（实验稿）》（以下简称"课标"）指出，"工具性与人文性的统一，是语文课程的基本特点"。语文课程工具性与人文性的统一主要表现在以下几个方面：

1. 特殊性与普遍性的统一

语文课程的人文性，是以教化学生为本，涵盖了思想性（政治思想、世界观、人生观、价值观）、文化性（古今中外先进文化的丰富内涵）、审美性（对自然美和道德美的欣赏）、发展性（发展智力、情感、意志等心理能力）、创造性（发展创新意识和创新能力）等方面的内容；而工具性是指语文课程是个体表达思想感情、进行思维活动的工具；是人际间交流思想和情感的工具；是人类积淀和传承文化的载体；更是学习其他学科的工具。"工具性"才是语文课程之所以有别于其他课程的本质属性。工具性与人文性是特殊性与普遍性的关系，是辩证对立统一的关系。

2. 形式和内容的统一

语文包含语言文字的形式方面和它所负载的文化、文学、思想、情感等内容的方面。学习语文课程不仅要理解课文的内容，而且要学习课文的表达形式。其他课程的课本也有内容和形式，但教学生理解和应用其内容是唯一的目的；而语文课程却把表达形式的学习作为教学的着眼点和重要目的，这正是它与其他课程在性质上的区别。

3. 工具性与人文性的统一，必须寓教于文

语文教学的着眼点是在语言形式；而社会、科学、历史、地理等课程教学的着眼点在于语言所表达的内容。语文教材也包含着文化、思想、情感、知识等丰富的人文内容，但这些内容是寓于语言文字之中。说语文教学着眼于语文形式，并不是说它抛弃内容，而是强调既要重视语文形式的学习，又要重视语文内容的熏陶感染作用；要在学习语文形式，掌握语文工具的过程中，受到文化、思想、情感的熏陶。所以，对语文课程来说，每一篇教材都只是一个学习的案例。凡是文质兼美，富有文化内涵和时代气息的文章都可以被选为教材。

【典型案例】

一堂语文案例分析课
徐萍萍

一、教学理念

山，因为有高低起伏而壮丽；海，因为有平静与波澜而壮阔；旋律，

因为有舒缓与激昂而悦耳；朗诵，因为有抑扬顿挫而动听……万事万物均是在矛盾的统一中存在，因矛盾的统一而美丽。

那么，极具人文性的语文课堂是否也应具有这一矛盾的统一呢？回答当然是肯定的，语文课堂应是"动"与"静"和谐的统一。新课标下的语文课堂充满了"动"。

新课程理念下的课堂教学，越来越关注"人"的发展，即真正把学生看作是活生生的人，认为教学目标实施的关键在于获得学生的认同，在于教师和学生能够亲密地交往和"对话"。这是因为"'发展'作为一种开放的生成性的动态过程，不是外铄的，也不是内发的，人的发展只有在人的各种关系和活动的交互作用中才能实现。"——叶澜

二、教学目标

1. 教学生字，正确流利地朗读课文。
2. 感受春雨给大地带来的变化，萌发对大自然的热爱之情。
3. 在学习中锻炼学生的说话能力。调动生活已知来学文。

三、教学流程

师：今天你们看起来可真漂亮，穿着既干净又美丽的衣服，他穿了××颜色的衣服，她穿了××颜色的衣服，衣服有不同的色彩，你们还知道其他什么东西，是什么颜色的吗？

生：月亮是黄色的。生：国旗是红色的。生：菊花是白色的。

生：西红柿是红色的。生：天空是蓝色的。生：向日葵是黄色的。

生：芹菜是绿色的。生：大海是蓝色的。生：香蕉是黄色的。

生：太阳是金黄的。生：不对，太阳是红色的，因为今天早上上学来时，我看到的太阳是红色的。

生：我看见现在的太阳是金灿灿的。

师：看他们"争论"起来了，（借机出示争论认读）太阳早上和晚上时是红色的，中午的时候就是金黄色的了！

师：你们真会观察，老师知道了你们是生活中的细心人，知道这么多颜色。

今天，老师给你们带来了一个朋友，你们瞧，它是谁？（贴"春雨"）

生读"春雨"。

师：那么"春雨"又是什么颜色的呢（板书"春雨的色彩"），一群小鸟正在争论这个问题，让我们悄悄地走到他们中间去听一听（放

课件)。

师:故事听完了,你们谁能说说故事里都有谁?

[贴:(1)小燕子;(2)麻雀;(3)小黄莺]单个叫名字,谁能叫出它们3个的名字。(借喊名字之机认识生字)

师:刚才同学们听得很认真,相信通过自己读课文,你们会有更大的收获,在读时要求把生字勾出来,仔细认一认,把课文读流利,读完后还要想一想,你从课文中知道了什么?

生读文。

师:谁说说你从课文中知道了什么?

生:我知道了一群小鸟在屋檐下躲雨。出示屋檐词及屋檐的图片。

师指名让学生指出屋檐在哪儿。(借机认识屋檐)

生:我知道了一群小鸟在争论问题(贴)。(认读争论问题)

师:你在平时有没有遇到争论的事情?

生:有一天,××在地上捡了一块橡皮,我说是我的,他说是他的,我们就争论了起来。

生:有一天,我和弟弟看电视,弟弟要看《小哪吒》,他说小哪吒好看,我说要看《西游记》,我说西游记好看,我们就争论了起来。

师:说出各自认为对的说法,就是"争论"。

(在这里让学生说自己遇到的争论的事情,既理解了争论,学生又锻炼了语言能力,用争论造了句子。)

生:我知道了,小鸟们在争论的问题是"春雨是什么颜色的"(贴"颜色"认读),生:我知道了,小燕子说春雨是绿色的。

师:为什么是绿的?

生:因为春雨落到了草地上,草地就绿了!

生:我知道了,麻雀说春雨是红色的,春雨落在桃树上,桃花就红了。

生:我知道了,小黄莺说春雨是黄色的,春雨落在油菜地里,让油菜花变黄了!

师:小鸟们都认为自己说的对,所以他们在大声的争论着,自己大声的读一读,注意要读出争论的语气。

师:文章学到这儿,你们认为春雨是什么颜色的?春雨还可能有什么色彩?

生：春雨是透明的，我看到过的春雨是透明的。

生：春雨是五颜六色的，因为它落在哪里，哪里就变出了颜色。

师：其实春雨本身是透明的，但它滋润着万物，让花变红，让草变绿，他给大地披上了五彩的衣裳。所以小鸟们才会想象出春雨有不同的颜色。

师：最后，老师送给大家一首《小雨沙沙》，让我们一起唱唱美丽的春雨。（放音乐，师生同唱）以欢快的，美妙的音乐结尾，给学生美的熏陶。

四、教学反思

从上面的案例我们可以看出教师与学生之间的平等的关系，教学活动是在师生对话的过程中实现的。这里不难看出，能否很好地回归儿童，是教学成败的关键因素。全国著名特级教师窦桂梅老师认为，"课堂上，教师和学生的真正关系应该是活生生的人的关系"。"人"的关系，就意味着信任、平等、包容、接纳、分享、鼓励，等等。

在这个案例中，教师不仅为学生创设了朗读的情境，而且采用多种形式让学生的情感一步步得到升华。在教学时注重了学生的情感体验，抓住关键句让学生反复读、慢慢嚼、细细品、深深悟，让理性的语言伴随着感性的形象深深地扎根到学生的精神世界中，使学生在情感上与文本产生共鸣，真正感悟到漓江水的美丽，受到美的熏陶和情感的陶冶。

（摘自：《教育与探索》2008 年第 2 期）

四　我国小学语文课程的设置及演变

我国古代没有专门的语文课程。但早在先秦时期，开始教学"六艺"——礼、乐、书、数、射、御。其中的"书"大体相当于现代的语文课程。两汉以后，教学就是诵习儒家经典《四书》、《五经》。当然，其中有识字、写字、阅读、作文等教育因素。可见，在漫长的古代，语文与经学、史学、伦理学融为一体，没有严格意义上的语文课程。

（一）清末民初语文课程设置

在小学独立设置语文科，始于 1902 年。鸦片战争以后，资产阶级改良派主张向西方学习，提出"废科举、兴学校"的口号，提倡"中学为体，西学为用"。1901 年清政府明令各地兴办学堂，次年颁布《钦定学堂章程》规定：蒙学、小学、中学均设"读经"科，此外，蒙学再设"字课"和"习字"课；初等小学再设并行的"习字"、"作文"课；高等小学再设"习字"、"作文"、"读古文词"课；中学再设"词章"课。这里的"读经"、"习字"、"作文"、"读古诗词"、"词章"，大体也相当于我们现在的语文课程，以分科形式存在的语文课程初见端倪。但由于种种原因，这个章程公布后未能在全国实际推行。

1903 年，清政府颁布《奏定学堂章程》，该章程在课程设置上规定：初等小学、高等小学和中学均设"读经讲经"外，初等小学另设"中国文字"（教学内容包括识字、读文、作文）；高等小学和中学另设"中国文学"（教学内容包括读文、作文、习字、习官话）。该章程将识字、写字、读书、作文、说话等科目合为一科，语文课程独立设科。

1907 年清政府颁布了《奏定女子小学堂章程》，不再设置"读经"课程，而设置"国文"课程。从此"国文"科的名称见于法令，这标志着学科意义上的语文教学开始进入学校课程。

1912 年南京临时政府教育部制订的《普通教育暂行课程标准》中规定，废止读经，将清末以来的"中国文字"和"中国文学"改称为"国文"科，并将该科分为读法、作法、书法、语法（练习语言）四项。

这一时期，语文与经学、史学、伦理学分离，作为一门独立的课程在中小学开设，尽管人们对它的认识还未深入到学科领域内部，但使语文在中小学教育中取得了一定的位置，为以后的语文课程的发展奠定了基础。

（二）"五四"运动后语文课程设置

1919 年的"五四"运动中的新文化运动提倡白话文与新文学，反对文言文与旧文学，并倡导把国语作为全国统一使用的共同语言，对当时的语文教育和语文课程的发展产生了重大影响。在全国文化教育界的一致呼吁下，1920 年北洋政府教育部通令全国，将国民学校一二年级的国文改为语体文（即白话文），并规定至 1922 年止，此前编写的文言文教科书一律废止，改为语体文。"国语"科诞生，表明小学语文开始学习白话文，训练标准的国语，实现字话一律，言文一致。这是"国文"设科以来又一件具有里程碑意义的大事，胡适评价说，这一道命令，"把中国教育的革新，至少提早了二十年"。之后，"国语"这个名称一直沿用到建国初期。

1922 年，北洋政府颁发了《学校系统改革案》，即新学制。为了配合新学制，当时的全国教育联合会新学制课程标准起草委员会于 1923 年颁布了我国小学及初级中学的《国语课程纲要》，第一次较为完整地以教育法则的形式确定了语文课程的性质、教学目的、任务、教材体系、教学原则、教学内容及阶段教学要求，使国语课程趋于成熟，使小学语文课程在小学课程中定型化、具体化，对以后的语文课程设置产生了重大的影响。此后，国民党政府虽又几度颁布和修订课程标准，但在内容和框架上没有质的变化。

20世纪三四十年代，共产党领导的中央苏区、边区和解放区的国语教育卓有成效。当时的课程设置及目的，均紧密结合当时的国内战争与抗日战争的需要。各解放区的小学国语课程，都以学习文化为中心，强调国语教学为解放战争和土地改革运动服务，将"政治"、"常识"与国语融合，体现了课程的综合性。

这一时期，国语学科应运而生，语文教学走上了以口语型书面言语为重点的道路，课程标准也日趋完善，标志着我国具有汉语特色的语文课程理论体系的建立。

（三）新中国成立后语文课程设置

新中国成立后，党和政府开始有计划、有步骤地对旧有学校的教育制度、课程设置和教材教法进行社会主义改造。

1950年6月，中央人民政府出版总署编审局在编辑全国通用的语文教材时指出："说出来的是语言，写出来的是文章，文章依据语言，'语'和'文'是分不开的。语文教学应该包括听话、说话、阅读、写作四项。这套课本不用'国文'或'国语'的旧名称，改称'语文课本'。"显然，"语文"这一课程名称避免了过去"国语"只指口头语言，"国文"只指书面语言，甚至只指文言文的误解，使课程名称更加科学、规范，体现出听说读写并重的思想。"语文"这一课程名称自此命名并一直使用至今。

20世纪50年代初，受苏联的影响，国内普遍认为语言和文学混在一起教，结果会两败俱伤，并提出文学、汉语分科教学。为此，制定了中学文学、汉语教学大纲和小学语文教学大纲，还制定了《暂拟汉语教学语法系统》。从1955年到1958年，中学实行文学、汉语分科教学，小学虽没有分编文学和汉语课本，但在语文课本中充实了语言方面的内容，并且除课本之外还编写了系统的、着重进行语言训练的《语文练习》。这是建国后语文课程的第一次有计划、有组织的大规模改革，对语文课程产生了较大的影响。但由于过于强调汉语与文学的系统，偏重纯文学教学，忽视了综合运用语言能力的培养和思想政治教育。文学、汉语分科教学实行不到两年，两科又重新合并为"语文"。

1963年国家教育部颁发了《全日制小学语文教学大纲（草案）》和综合型的《全日制中学语文教学大纲（草案）》，突出语文课程的工具性，重视"双基"（语文基础知识的传授和基本技能的训练），强调读写能力的培养，较好地纠正了以往偏重语文知识传授的倾向。

1966年至1976年我国经历了十年动乱，在极"左"思潮的干扰下，语文课程几乎被彻底否定。粉碎"四人帮"后，教育界力求拨乱反正。1978年教育部颁布《全日制十年制学校小学语文教学大纲（试行草案）》和《全日制十年制中学语文教学大纲（试行草案）》，大纲既是对教育事业的拨乱反正，也是对新中国成立以来语文教学经验的总结，语文课程回到了健康发展的道路。

随着语文教学实践的发展和语文教育理论研究的深入，1986年国家教委根据《中华人民共和国义务教育法》正式颁发了《全日制小学语文教学大纲》和《全日制中学语文教学大纲》，对教学目的的规定有了突破性的进展，语文课程朝着"加强基础，培养能力，发展智力"的方向前进。语文课程逐步走向现代化。

1992年，国家教委制定了《九年义务教育全日制小学语文教学大纲（试用）》和《九年义务教育全日制初中语文教学大纲（试用）》，在原有基础上又有所发展，特别是把语文课外活动提到了应有的高度，指出："课外活动是语文教学的有机组成部分。"并具体规定了其内涵，这表明语文课程不仅包括语文课堂教学，而且包括语文课外活动，标志着语文课程日益走向成熟和完善。

1999年我国颁发《中共中央国务院关于深化教育改革，全面推进素质教育的决定》，提出要继续深入教育改革，全面推进素质教育，强调培养学生的创新精神和实践能力。为了适应这一形势，加快中小学语文教育改革，2000年，教育部对1992年大纲试用稿作了修订，颁布《九年义务教育全日制小学语文教学大纲（试用修订版）》、《九年义务教育全日制初级中学语文教学大纲（试用修订版）》，2001年又颁布了《全日制义务教育语文课程标准（实验稿）》，我国基础教育的语文课程改革进入了一个全新的发展阶段。在新一轮的基础教育课程改革中，语文课程设置的改革，旨在推进素质教育，促进学生语文素养的整体提高。

新中国的语文课程走过了一条漫长而曲折的道路，但从整体来看，语文课程取得了重大的成就，那就是：科学认定课程名称、完整把握课程性质、全面拓展课程领域、准确确定课程目标。语文课程体系及其理论构建更加趋于完善与科学。

第二节　小学语文课程标准解读

课程标准是国家教育行政部门制定的语文教学的指导性文件。它是根据国家教育行政部门颁布的课程计划（也称教学计划）制定的，体现了国家对语文教材和教学的基本要求。

一　小学语文课程性质

课程的性质是某课程区别于其他课程的本质属性。只有正确地认识课程的性质，才能在教学中正确地把握方向，落实课程的教学任务，采用相应的教学方法，提高教学质量。因此，正确地认识语文课程的性质是语文教学的首要问题。

（一）工具性

（1）语文是彼此交际和交流思想的工具

语言是人类最重要的交际工具。从信息论的角度看，语言文字正是负载信息和传载信息的工具。如前所述，语文学科是口头语言和书面语言统而言之的广义的语言学科。从这个意义上说，语文就是语言。学生学习语文的根本目的，就是为了熟练地掌握和运用语言。

（2）语文是进行思维和开发智力的工具

思维主要依凭语言进行。当然，也有形象思维，但不占主要地位。思维力是智力的核心，智力的高低在很大程度上取决于思维力的强弱，思维的发展势必会促进智力的开发。而思维的发展又必须借助语言的训练。在学校语文教育中，对学生进行有效的语言训练，也就是进行思维训练，其结果必然促进学生智力的开发。因此，教学语文，就是帮助学生通过语言学习掌握进行思维和开发智力的工具。

（3）语文是学习知识和增长才干的工具

语文是学习其他学科的基础和前提。各门课程的学习，都要以祖国的语言文字为媒介，通过听说读写开展教学活动。如果学生缺乏识字、释词、阅读、概括等能力，就不能很好地理解自然及其他课本中的知识。（例：对"增加了、增加到"的理解）。如果说中小学开设的各门课程都是基础课程的话，那么，语文课程便是基础的基础。学生学习语文，不仅可以增强听说读写能力，而且可以提高分析问题和解决问题的能力，增长才干。

（二）人文性

语文的人文性内涵包括两个方面，一是指语文教材中孕育着丰富的人文精神，它囊括了中华五千年光辉灿烂的精神文明和世界各国的先进文化，包含着主体意识、创造思想、责任感、独立人格、权力意识和审美精神等诸多方面的内容。二是指语文教学过程中充满着浓郁的人文情怀，它主要体现在师生之间和谐融洽的关系之中。教师在教学过程中要始终做到"以人为本"，尊重人、关心人，引导学生热爱生活，关爱生命，健全人格。

"课标"指出："语文是最重要的交际工具，是人类文化的重要组成部分。工具性和人文性的统一，是语文课程的基本特点。"工具性与人文性的统一，必须寓教于文。凡是语言规范、内容科学的文字表述材料，都可以作为语文教材（当然，作为语文教材必须要加以精选），教学时，着眼点是在语文形式；而其他学科如历史、地理、社会、思品等，教学的着眼点是在语言内容。语文教学着眼于语文形式，但是并不是抛弃内容，语言所负载的人文、思想、情感内涵，是寓于语言之中的，也就是要寓教于文。

二 小学语文课程理念

（一）全面提高学生的语文素养

"全面"包含三方面的理解：

首先，课程目标必须面向全体学生，力争使每一个学生都能达到这一目标，获得现代公民都必须具备的基本语文素养。

其次，必须注重学生语文素养的全面提高，课程目标必须涵盖知识和能力、过程和方法、情感态度和价值观三个层面，片面强调不能突出其中的某一方面。

全面提高学生的语文素养这一崭新的理念的提出，使语文教育彻底突破狭隘工具论的樊篱,全面开发语文教育在实用之外的功能,重视语文课程实施过程中增强底蕴、提高修养的功夫,使学生热爱学习,学会学习,打下终身可持续发展的基础。这一前所未有的宽阔视野,充分体现了语文的工具性与人文性。

(二) 正确把握语文教育的特点

关于语文教育的特点,需要注意以下四个方面:

1. 语文课程具有丰富的人文内涵

将语文课程和自然科学类的课程进行比较,可以看到,语文课程中具有大量具体形象的、带有个人情感和主观色彩的内容。语文课程丰富的人文内涵对人们精神领域的影响是深广的,学生对语文材料的反应又往往是多元的。

【典型案例】

雪融化后是春天

张铁柱

……

师:雪融化了,变成什么?

生:变成水。

师:对的。

生:变成了春天!

师:你又胡说,雪怎么会变成春天呢?

生:雪融化了,天气就暖和了。小草绿了,桃花红了,春天也就到了。难道春天不是吃雪长大的吗?

……

(摘自:《阅读与鉴赏(教研)》2006 年第 8 期)

在语文课程和教学中,由于每位学生的言语积累和理解不同,所以对语文教材的反应也往往是多元的。这是完全正常的,正如人们常说的,"一千位读者就有一千个哈姆雷特"。甚至同一个人在不同的时期,对同一个材料完全可以有不同的理解。语文教育曾一度极力追求科学化,追求客观性、确定性,搞标准化,过度地进行理性分析。这不仅降低了语文教育的效率，而且也伤害了学生在语文学习中的兴趣和创新意识。因此，应该重视语文的熏陶感染作用，注意教学内容的价值取向，同时也应尊重学生在学习过程中的独特体验和有独创性的理解。

2. 语文教育具有很强的实践性

"语文是实践性很强的课程，应着重培养学生的语文实践能力，而培养这种能力的主要途径也应是语文实践，不宜刻意追求语文知识的系统和完整。"这是"课标"的基本理念之一。小学语文课程目标指向学生的语文实践能力。这包括识字写字、阅读、写作、口语交际、搜集处理信息的能力以及良好的语感等。

语文教育的内容来源于丰富的语言实践活动；语文教育的目标是掌握基本的语言表达交际能力、具备语言文字修养和语言文化水平；语文教育的方法要求在"游泳中学会游泳"，如通过多读书、读好书培养阅读能力；通过习作练笔来形成写作能力；通过大量的语言实践形成良好的语感。

3. 语文学习重在感性把握

语文是母语教育课程，学生学习母语，因为有早已具备的语言心理机制为基础，具有对本国本民族文化背景熟悉的有利条件，有丰富的学习资源，有大量的实践机会，因此，应该让学生更多地直接接触语文材料，在大量的语文实践中掌握运用语文的规律。

4. 汉语言文字的特点对语文教育具有重要的影响

汉语缺乏形态的变化，这是汉语的重要特点。比如不管是做主语、宾语，还是所有格形式，汉语第一人称都用"我"来表示，词形都不变化，而英语相应的有"I"、"me"、"my"等多种词形。汉语句子组合的重要语法手段是语序和虚词，如果一个句子的语序发生变化，句子的意思也发生变化，如"不很好"和"很不好"意思不同；"屡战屡败"与"屡败屡战"所传达的情感信息不同。句法对词语意义的控制力不大，有时，词的组合就像玩积木和玩魔方，灵活性很强，变数很多，弹性很大。

汉字是平面型方块文字，是形音义的综合体；汉字的形音义之间本来都存在一定的理据，汉字蕴涵着丰富的文化信息。汉字是表意体系的文字，通过字形猜测到字义。如"宀"表示房子，"灾"表示房子里面着火了。"灭"字上面的"一"表示把火一盖，火就灭了。长期以来，汉语和汉字与中华文化相互影响，也相互适应，汉语和汉字对中华文化的发展产生了重大的作用，对语文教育具有不可忽视的影响。

因此，语文课程要充分考虑汉语言文字的特点对识字写字、阅读、写作、口语交际和学生思维发展等方向的影响，在教学中尤其要重视培养良好的语感和整体把握的能力。

（三）积极倡导自主、合作、探究的学习方式

学习方式指学生在完成学习任务过程时基本的行为和认知的取向。而自主性、合作性和探究性是新课程倡导的学习方式的三个基本特征。学生是学习和发展的主体。语文课程必须根据学生身心发展和语文学习的特点，关注学生的个体差异和不同的学习需求，爱护学生的好奇心、求知欲，充分激发学生的主动意识和进取精神，倡导"自主、合作、探究"的学习方式。这种方式是指学生在教师的启发和帮助下，以学生为主体、充分发挥小组学习、全班学习的群体作用，在合作中学习、丰富语言的积累，培养学生主动探究、团结协作、勇于创新精神。教学内容的确定，教学方法的选择，评价方法的选择，都应有助于这种学习方式的形成。

倡导"自主、合作、探究"的学习方式，实际上是激活学生的积极性和创造性，使其成为知识的发现者和研究者。新课程倡导"自主、合作、探究"的学习方式，并不意味着拒绝接受式学习，学习方式的应用要"因课制宜"、"因时制宜"、"因人制宜"。

（四）努力建设开放而有活力的语文课程

语文课程标准在课程建设上，倡导要有大视野，要树立大语文教育观。所谓大视野，即语文教育要面向现代化，面向世界，面向未来。语文教育要有时代气息，世界胸怀，超前意识，无论从观念、内容到方法，都要符合时代的需要，成为名副其实的21世纪的语文课程。所谓树立大语文教育观，就是要克服语文课程孤立、封闭、凝固、僵化等种种弊端，在大语文教育观的指导下，实行课程内容、课程实施等的根本变革，构建开放而富有活力的语文课程体系。

三　小学语文课程目标

课程目标是按照国家的教育方针，根据学生的身心发展规律，通过完成规定的教育任务和学科内容，使学生达到的培养目标。语文课程目标则是从语文科的角度规定人才培养的具体规格和质量要求。语文新课程的目标体系由总目标和阶段目标组成。每个阶段目标从"识字与写字"、"阅

读"、"写作"、"口语交际"和"综合性学习"这五个领域提出要求。课程目标根据"知识与能力"、"过程和方法"、"情感态度和价值观"这三个维度设计。五个领域与三个维度相互渗透、融为一体、具有很强的立体感和整体感。

（一）九年一贯整体设计

1. 九年一贯，通盘安排

这是新中国成立以来颁布的课标和大纲中第一次整体考虑并通盘安排小学与初中的教学目标，有利于中小学教学的衔接。"识字与写字"、"阅读"、"写作"、"口语交际"和"综合性学习"的教学目标在每个学段都保持合适的梯度，避免了小学、初中脱节的状况。

2. 阶段分明，大体有序

语文新课程阶段目标根据儿童心理和语言发展不同阶段的特点和要求安排，每项目标之间保持一定的梯度，循序渐进，有些目标梯度不太明显，则大体有序。例如阅读先于写作，只有有了一定的阅读积累和阅读能力，然后才能顺利写作。所以写作先写话，再习作，然后才写作，从多读少写到多读多写。

3. 突出主体，注重实践

语文新课程的总目标是基于人的终身需要及和谐发展所应具备的综合语文素养而提出的，其时代特色在于：一、强调学生在语文学习中的主体地位。从学习主体发展的内在需要出发，提出学习语文的情感态度和价值观的总目标。二、凸显现代社会对语文能力的新要求。总目标中有培养信息素养、口语交际能力的表述，又有"发展思维能力，激发想象力和创造潜能"，以及"汲取人类优秀文化的营养"等精彩表述。三、突出语文课程的实践性本质，大大淡化了对系统的语文知识传授的要求，基本目标是培养学生运用语文的实践能力。

（二）五个领域协调一致

每个阶段目标从"识字与写字"、"阅读"、"写作"、"口语交际"和"综合性学习"五个领域提出要求，充分考虑它们之间的各种关系，考虑各种能力水平的协调。各个领域的目标相互兼顾、协调一致，以利于语文素养的整体提高、协调发展。

（三）三个维度有机融合

与以前的语文教学大纲相比较，"课标"的最大发展，就是"系统地提出'三个维度'的课程目标,并使这三个方面的目标综合性地体现在各个阶段目标之中"。课程标准中的三个维度,知识和能力纬度属于显性目标;过程和方法、情感态度和价值观则属于隐性目标。

1. "知识和能力"的整合

学生在学习过程中,能体现出其掌握知识的能力。学生学习语文知识目的是为了能够运用它。在语文知识中听说读写为基础,学生在学习这些基础知识的同时,还要具有能够运用他的能力。例如学生在写文章时,要留心观察周围的事物,回忆自己所经历的事件。然后根据写作的基本知识,完成自己的文章;这样在学习写作这个知识的过程中还培养了学生的观察能力,在运用知识过程中才能学会知识,而运用语文知识也是一种重要能力。

2. "过程与方法"的意义

在学习每门课程中,我们应该让学生注重学习的过程,掌握学习的方法,学生不注重学习的方法,学习起知识就会很困难,这就是很多学生很努力地学,但成绩却没有提高的原因之一,教师在教授学生知识同时,更要教会学生学习的方法,在学习中,我们更应该享受学习的过程,不能只看重结果,只有亲自实践,才能感受到学习的乐趣。

3. "情感态度和价值观"的强调

在学习课程的过程中要更加注重培养学生的情感态度,语文课程对于学生各方面的素养提高和发展是有很大作用的,对其自身的人生观、价值观的发展也具有很大作用,因此教师应当培养学生树立正确的情感态度和价值观。

将以上的三个维度融为一体,体现出了语文课程中的工具性和人文性的高度统一,在学习课程知识的过程中,学会找到学习的方法,进而培养自己学习的能力,才能对学习的课程感兴趣,才能真正地享受学习的乐趣,从而提高学生的素养。

【拓展阅读】

语文新课程标准中的人本思想与新型语文课堂的构建

王进忠

自推行新课程标准以来,人们已经认识到新课标下的语文教育不是一种单纯的教育模式或分类，而是要自始至终贯彻培养人的思想，语文教师要面对原有教学观念、教学习惯、自身文化积淀等新的挑战。同时也标志着我国语文教育教学改革进入了一个新的历史发展阶段。而语文学科作为基础学科，其浓厚的人文色彩，丰富的思想内涵和生动形象的语文描述，为渗透人情、人性、人格教育提供了取之不尽，用之不竭的生动素材，同时也具备了得天独厚的塑造人的精神这一突出功能。"文学即人学"，可见语文与人的关系的密切程度。

语文教学不只是要做好语文知识的讲授和语文能力的训练，更要教育学生如何做人，来赢得一个璀璨绚丽的人生。综观语文课程标准，以学生为本，促进学生发展为本的人本思想贯穿始终，这也对我们的主阵地——课堂提出了更高、更完善的要求。

1. 新课程标准的人本思想

课程标准的终极目标的具体体现就是使学生发展成为一个"整体的人"（wholeperson）。"整体的人"包括两层含义：人的完整性与生活的完整性。从本质上说，人是一个智力与人格和谐发展的有机整体。人的完整性植根于生活的完整性。生活无非是人与世界的交往，生活的完整性表明人与世界的其他构成——自然、社会亦是彼此交融的有机整体。如何使我们的学生成长为一个"整体的人"？也就是如何进行"全人教育"？新的课程标准为我们提出了崭新的难题，作为人文性、工具性统一于一体的语文教育更应担此重任，奋发向上突破这一难题。

1.1 工具性和人文性的统一理念。课程标准第一次明确的提出语文是工具性和人文性的统一。新颁布的《语文课程标准》终于有了明确的说法"语文是最重要的交际工具，是人类文化的重要组成部分"，工具性与人文性的统一，是语文课程的基本特点。如：九年义务教育三年制初中语文教科书第三册中陶渊明的《无柳先生传》这篇课文，就要求教师在传授文言文知识的同时，也要重视对学生进行思想教育，使学生在获得知识的同时，还要学习陶渊明那种对待荣辱得失始终抱以平常心的豁达的处世态度，使得学生从小就能树立正确的人生观。可见，工具性和人文性统一理念的提出，已成为我们"全人教育"顺利进行的法宝。

1.2 新型的语文课程评价。《基础教育课程改革纲要（试行）》倡导发展性评价理念，指出评价不仅要关注学生的学业成绩，而且要发现和发展学生多方面的潜能，了解学生发展中的需求，帮助学生认识自我，建立自信，发挥评价的教育功能，促进学生在原有水平上的发展。因此，我们应该把学生的语文学习评价看成教与学主要的、本质的、综合的组成部分，把评价作为与教学过程并行的同等重要的过程，从学生的知识与技能、过程与方法、情感与态度等方面，开展日常学习情况评价、单元和阶段形成性评价、学期终结性评价等多种形式的评价。尊重、信任、爱护、宽容每一个学生，真正把每个学生都当作活灵活现的、有个性的、有鲜明特点的个体来看待。尊重学生个体差异，关注学生在原有起点上的提高。在评价学生的过程中，我们坚决不能用一种模式去套千差万别的学生。

2. 在新型语文课堂的构建过程中人本主义思想的应用

课堂是师生共同创造奇迹，体现尊重与愉悦的乐土；课堂是师生互动，心灵对话的舞台；课堂是向四面八方延伸的旅程，随时都可能有意外的发现；课堂是高效的驱动器，高效地处理一个个具有挑战性的问题，这是新课程标准下新型的课堂，是我们期待构建的课堂。在新的教学理念指导下，确立了语文教学的基本任务，即"以人为本（全人教育）"。它致力于提高学生的语文素养，突出文学教育，注重道德品质、文学知识的培养，培养学生特殊的个性，塑造健康的人格，使学生能够吸收原汁原味的精神营养。通过学习语文，更好的完善自我、发展自我。在教学中强调以人为本，把育人作为一切教育活动的出发点和归宿。教师不仅仅是传授知识，更重要的是培养人、点化人、发展人。而语文学科的人文特点，更决定其教学必须将知识传授于培养人的能力，涵养人的情操，提高人的审美情趣等融为一体。而承担此重任的是语文教学过程的核心部位——课堂，课堂不光是传授知识和技能的主阵地，更是实施创新教育，体现个性张扬，充分显示"以人为本"教育的主战场。

2.1 构建创新语文课堂，让课堂教学充满创新活力。课堂教学是实施创新教育的主阵地，在语文教学中，只有时时、处处将创新手段融入课堂，课堂才会更加充满创新活力。创新的语文课堂，一方面要求教师要创造性地采用现代教学手段，创设创新的情境，创造性地使用教材，采用新的教法与课堂结构；另一方面要注意激发学生求异创新的欲望，善于引导学生排除障碍，标新立异，寻求开发创造力的教学模式，引导学生学会创新的规律和方法。此外，还要在激发学生创造力的同时，关注学生的个体差异，倡导个性化学习方式。今天我们的语文教学，就应该关注学生的个体差异和不同的学习需求，爱护学生的好奇心，求知欲，充分激发学生的主动意识和进取精神。课堂中，教师要创设师生之间民主、互动的氛围，同时，为每一个学生创造平等的参与机会。同时，由于学生是学习和发展的主体，教师对他们应该倡导个性化的学习方式。课程标准明确提出"阅读是学生的个性化行为，不应以教师的分析来代替学生阅读实践"，而是要"倡导自主、合作、探究的学习方式"。要达到课程标准这些要求，首先要"创设良好的自主和学习憧憬，……学生是语文学习的主体，教师是学习活动的组织者和引导者"。语文课堂教学应该在师生平等对话的过程中进行，这就是我们所要构建的新型语文课堂，即：打破传统的"教师独白"，走向师与生的"对话"，构建互动课堂。

2.2 把握语文情感教育的特点，不断丰富学生的人文内涵。语文学习不仅仅是掌握一种工具的过程，更是人的生命活动、情感活动、心理活动的过程。而要在语文课堂教学中要落实素质教育的"人本"理念——培养学生人文精神，提高学生文化素质，完善学生健康个性。在教学中，必须要强调认知学习和情感体验学习相互结合，要十分重视情感和评价的作用。在课堂教学中情境的创设能唤起学生相应的情感。此外，语文教师应当努力挖掘语文的情感因素，在准确、鲜明、幽默、生动的教学中，做到形真、情切、意远、理蕴，让学生忘情其中，其情感与作者、教师的情感融会贯通，进而拓展思维的空间。要拓展创造思维的空间，想象是非常重要的。因为语文课堂教学的时间有限，要想开拓创新的空间，就要留出空间让学生想象。又由于新课程标准下的语文课堂应是开放、有活力的语文课堂。开放的语文课堂可以将学生放归自然，让学生感悟丰富多彩的大千世界，感悟大自然的雷鸣闪电，山川河流，花鸟虫鱼……还可以带学生走进社会，让学生融入社会，可以让学生感悟人生的悲欢离合，感悟社会的飞速发展，经济的突飞猛进，科技的日新月异，例如：教学人教版七年级上册朱自清的《春》，可以根据当地的实际情况，组织春游，通过踏青赏春，让学生感受明媚的春光，引导学生感悟人生的春季，感受现代的春天。让学生在亲身经历中在思维上做横向和纵向的拓展和延伸。总之，学生的创新精神与发展潜力，只有在宽松、愉悦的氛围里，自觉主动地去追求，才能得到发展。

2.3 兴趣是新型语文课堂结构的灵魂。兴趣是推动人生寻求知识和从事工作的内驱力，调动学生学习的主体意识，激发学生学习语文的兴趣，学生的主体性发挥得充分，学生学习自主性、主动性和创造性就愈强。语文教学只有在一种观念完全开放的、气氛活跃热烈的、各种观点并存的课内环境和多元化教学模式下，学习思维才会被激发，才可能形成大胆、奇异的富有创新的思想，才会形成师生互动的局面。总之，课堂教学中教师的主要任务是要去启发和诱导学生，通过学习自己的读书、练习，张扬主体者的个性精神，充分调动学生学习的乐趣，使之成为学习的主人。可见，兴趣是新型课文课堂构建的灵魂。

九年义务教育《课文课程标准》体现了一种全新的语文教育价值观，其中人本主义思想更是反映了面向21世纪基础教育课程改革的基本理念，体现了当代教育以"学会认知，学会故事，学会合作，学会生存"为特征的时代精神。而人本主义思想在新型课堂构建中发挥的作用，更使我们构建的新型语文课堂成为了高效的课堂，使其能够激发禁锢的热情，激活沉睡的潜能，开启幽闭的心智，放飞囚禁的情愫。

（摘自：《现代教育教研》2011年第5期）

【我思我行】

朱自清先生在《论朗读》中强调指出："读的用处最广大，语文教学应该重视它。"新课标更明确指出"小学各年级的阅读教学要重视朗读，要让学生充分地读，在读中整体感知，在读中有所感悟，在读中培养语感，在读中受到情感的熏陶"。

结合本节理论知识，你认为应该怎样提高学生感悟语言的能力，把学生带入教学所需要的情境中去呢？在平时怎样重视学生的朗读训练，让学生个个都成为"朗读高手"，都能大胆、自信地向大家展示自己的朗读才华。

【参考文献】

1. 中华人民共和国教育部制定：《全日制义务教育语文课程标准（实验稿）》，北京师范大学出版社2001年版。
2. 崔峦：《小学语文教学论》，中国人民大学出版社1999年版。
3. 江平：《小学语文课程与教学》，高等教育出版社2004年版。
4. 陆志平：《语文课程新探——新课程理念与语文课程改革》，东北师范大学出版社2002年版。
5. 倪文锦：《当前我国语文课程改革十大特点与趋势》，《杭州教学月刊（中学版）》2002年第2期。

6. 倪文锦：《小学语文新课程教学法》，高等教育出版社 2003 年版。
7. 吴忠豪：《外国小学语文教学研究》，上海教育出版社 2009 年版。
8. 吴忠豪：《小学语文课程与教学论》，北京师范大学出版社 2005 年版。
9. 钟启泉等：《基础教育课程改革纲要（试行）解读》，华东师范大学出版社 2001 年版。

第二章　小学语文教材改革与小学语文课程资源

【开篇语】

　　小学语文课程教材在很大程度上决定教师的"教"和学生的"学"，是提高教学质量的关键。了解小学语文教材的指导思想和编写原则及几种主要的新课程实验教材的特点，有助于我们更好的教学。随着我国基础教育课程改革的实践，人们越来越清楚地认识到课程资源及其开发的重要性。努力建设开放而富有活力的语文教学体系，开发语文课程资源决定着课程目标的实现范围和水平。

【问题情境】

北师大版小学语文教材的特点

　　北京师范大学新世纪版义务教育课程标准实验教科书具有以下特点：

　　第一，教材编排体例以学生语文实践活动多样化为核心，采用适合学生认知水平的"主题单元"编排方式。每个主题单元一般有2—3篇主题课文和一个"语文天地"，构成一个相对完整的学习单位。这种编排方式突破了文选式体例对语文教学的束缚，使语文教学能够向学生生活延伸，向课外、社会延伸，增强了单元教学的整体性和综合性。

　　第二，把汉语拼音教学放在第一学期第五至第八单元，先让学生学习部分代表汉字文化的象形字和常用字，再学拼音，在学习拼音时学习汉字，以解决学生刚入学学拼音困难的问题。

　　第三，识字教学有序。教材编排体现遵循汉字本身的序和儿童学习汉字的序，由易到难，认读书写分流。认读得多，书写得少。重视识字方法，如识字过程渗透一定的汉字构字方法，教材中蕴涵许多具有启发性的识字方法，注意让学生在发现、感悟与生活中识字。重视写字教学及学生良好学习习惯的培养。

从北师大版教材特点的介绍中,你看出来哪些与以往教材的不同?为什么会有这些不同?学完本章,再来看看你的答案与本章内容有何异同。

【理论导学】

语文教材是学生获取知识、提高语文能力、养成良好的学习习惯和培养良好语文素养的一把钥匙。《语文课程标准》与以往的教学大纲相比,从课程性质、课程理念到目标体系都发生了很大的变化,因此,对教材开发、编写、管理与评价都提出了前所未有的要求。本章围绕小学语文教材资源、课堂教学资源、课外学习资源等问题进行探讨,旨在增强课程资源意识,对他的开发和利用有具体的认识,以便在教学实践中去更好的创造。

第一节 小学语文课程教材的改革与发展

一 教材的含义

狭义的教材就是平常我们所说的教科书,通称课本。广义的教材是指教师在课程实施中所利用的一切素材,包括教科书、教学指导书、教学参考书和有关音像资料等。

语文教材是最核心的语文课程资源。早期的语文教材主要是语文教科书,即语文课本。后来为适应教学的需要,有了与课本配套的教学参考书等,供教师使用。随着时代的发展,教材的概念在不断扩大。目前的语文教材包括:教科书、教学指导书(或称教学参考书)、补充读物、教学挂图、幻灯片、字词卡片、录音带、录像带、激光视盘等。其中语文教科书(课本)是主体、核心。教材质量的高低,决定于教科书编写得如何。本节所讲的教材主要是针对语文教科书而言的。

教师、教材、学生共同构成教学的三大要素。教材是教学活动的依据、凭借。教师依据教材组织教学,学生依据教材进行学习。因此,虽说教材不是唯一的课程资源,但无疑仍然是最重要的课程资源,更为重要的是,它在课程资源开发与利用中往往起着主导作用。教材的改革是课程改革的关键之所在。

二 《语文课程标准》中有关语文教材的指导思想和编写原则

"课标"在第三部分"实施建议"中对教材编写提出了9条建议,它涉及教材编写的指导思想、编写原则、教材内容、编写体例等方面。这里我们仅就教材编写的指导思想和编写原则两方面来阐述一下。

(一) 教材编写的指导思想

1. 要以马克思主义、毛泽东思想和建设有中国特色的社会主义理论为指导，全面贯彻国家的教育方针，坚持"三个面向"，强调"应该而且能够造就现代化社会所需的一代新人发挥重要作用"的战略思想，以科学的态度来编写教材。

2. 从全面提高学生的语文素养出发，强调"在合理安排基本课程内容的基础上，给地方、学校和教师留有开发、选择的空间，也为学生留出选择和拓展的空间，以满足不同学生学习和发展的需要"。指出了教材编写要面向全国大多数地区、大多数学校，促进教育思想和教学方法的改革，着眼于大面积提高小学语文教育质量。

3. 准确把握小学语文课程的性质、任务和目标，强调按照课程计划、课程标准的要求，为全面提高国民素质，为全体学生的全面发展打好基础。

(二) 教材编写的基本原则

1. 时代性原则

"课标"强调教材编写要体现时代特点和现代意识，有助于学生树立正确的价值观。小学语文教材必须主动适应现代社会的要求，关注人类关注自然，继承和发扬我国优秀文化传统，尊重多样文化，努力使教材内容突出反映现代社会对语文知识和能力的要求。丰富教材的内容和形式，增强教材活力，体现教材编写的继承与创新。

2. 科学性原则

教材编写应具有科学性和规范性。"课标"强调教材编写要有助于学生树立正确的世界观、人生观、价值观；选文要规范、典范、文质兼美；要适应学生的认知水平，要加强整合，注重情感态度、知识能力之间的联系，致力于学生语文素养的整体提高。小学语文教材的编写体系要完整、有序，要符合学生认知规律和语文学习规律。语文教材中教学的三维目标要体现，要安排适当的内容并各成体系。编写教材要根据儿童智力的发展、生活的经验进行排列，注意训练的连续性和渐进性，教材要符合儿童身心发展的规律，适应儿童的认知水平，还要注意知识性、趣味性、和规律性。

3. 实践性原则

小学语文是一门实践性很强的课程。"课标"强调教材选文要难易适度，密切联系学生的经验世界和想象世界，适合学生学习；要注意引导学生掌握语文学习的方法，有利于学生在探究中学会学习；要注意为学生设计体验性活动和研究性专题，重视运用现代信息技术；要在小学语文实践活动中学习语文，拓展实践的空间，以满足不同学生学习和发展的需要，让学生真正成为语文实践的主人。小学语文教材的编写必须重视课文前的导读、课后的练习和单元后的综合练习，努力构成比较完整的字、词、句、段、篇的语文基本知识体系和听、说、读、写的基本技能实践体系。

4. 开放性原则

"课标"强调教材要有开放性和弹性。要在合理安排基本课程内容的基础上，给地方、学校和教师留有开发、选择除了教室以外的语文教学、语文教育渠道的空间，也为学生留出选择和拓展的空间，以满足不同学生学习和发展的需要。特别是要重视并加强对综合性学习的课题开发和实施指导。小学语文教材编写的开放性还要研究信息技术发展为教材内容带来的有利条件，注意信息资源的开放性联系，使语文学习与其他课程联系起来，努力构筑开放的教材内容体系。

5. 灵活性原则

"课标"强调教材的编写不但在体例和呈现方式上，要鼓励灵活多样，鼓励教师活用教材，允许对教材进行调整甚至是重新组织，而且要从有利于学生学出发，要采取学生喜闻乐见的、灵活、开放的呈现方式，使教材真正成为"学本"，成为受广大学生欢迎的、有利于改变学生学习方式、全面提高语文素养的学本。

三 现行课程标准小学语文实验教材及其特点

2001年起，教育部在全国范围内推荐义务教育课程标准实验教科书《语文》教材共三套。这三套教材分别由人民教育出版社出版一套、北京师范大学出版社出版一套、江苏教育出版社和华东师范大学出版社联合出版一套。这三套教材都是依据《全日制义务教育语文课程标准》（实验稿）提出的课程理念和教材编写建议编制的。此后，湘教版、语文A版S版、鄂教版、冀教版、西南师大版、长春版、教科版、中华书局版也先后通过中小学教材审查委员会审查。这些教材在统一的课程标准指导下编排方式不同，特色各异，突破了只有专家才能编教材的传统观念，使小学语文课程的教材呈现多样化发展趋势。根据《语文课程标准》的教材编写建议，各地编写出的各套教材各有自己鲜明的特色。综合众多版本的义务教育课程标准实验小学语文教科书，较以往的教材无论从内容和形式均发生了前所未有的变化，这种变化主要表现在：

（一）目标集中，突出整合

在教材编排上，避免了烦琐，加强了整合。如人教版教材每一组都有"导语"，通过简洁的几句话揭示本组的专题。"导语"之后的课文及部分练习，"语文园地"中的阅读短文、好词佳句、口语交际、实践活动以及展示台等内容，都是围绕本组的专题合理安排的。如一年级下册第二单元教材的编写，教材就是以专题为主线，把各项内容组合成诸多单元。每个单元也都体现了识字写字、阅读、口语交际、语文实践活动的整合。各个单元之间，体现了学习内容、学习要求的整体推进以及语文能力的螺旋上升。

不少习题也很好地体现了整合。习题既有亲身的体验，又有研究与探索，让学生在有兴趣的活动中学语文、用语文。

教材内容上，多套教材都能做到集中目标，精选最基础的知识作为教材主体内容，突出重点，注重对学生语文实践能力的培养。

（二）选文典范，贴近儿童

多套版本都非常注重所选课文力求体现时代特点和人文内涵，通过不同的体裁，不同的角度反映儿童生活，并注重语言活泼，生动有趣，洋溢着浓厚的时代气息，蕴涵着丰富的人文精神，密切联系儿童的经验世界和想象世界，文质兼美，语言典范，使学生在情感上受到感染和熏陶。

新教材注重反映时代的进步和时代的精神；关注当代文化生活，反映先进文化；反映具有时代特点的新观念，让学生接受新思想，形成符合时代精神的价值观念。如苏版《三袋麦子》蕴涵着现代人的竞争意识、投资意识、风险意识、消费意识。湘版《从森林里带走什么》渗透了环保意识。湘版《妈妈的账单》、《棉鞋里的阳光》表现了两代人之间的亲情，教育儿童要做孝顺的孩子。苏版《我叫"神舟号"》介绍了我国探索太空奥妙的新成果。总之，新版本教材都非常注重所选课文力求体现时代特点和人文内涵，通过不同的题材，不同的角度反映儿童生活，并注重语言活泼，生动有趣，洋溢着浓厚的时代气息，蕴涵着丰富的人文精神，并密切联系儿童的经验世界和想象世界，文质兼美，语言典范，使学生在情感上受到感染和熏陶。

（三）留足空间，延伸开放

新版本的教材在编写时都简化了教学头绪，减去烦琐分析和机械练习，有效地节约了课本教学的时间，使师生有了更多的自由支配的时间。在合理安排语文课程基本内容的基础上，教材尽可能体现层次性、选择性，以适应不同地区、不同学校、不同学生的需要。一种教材可有不同的版本，不同层次；一种版本既有必教必学内容，又有选教选学内容，这样就给地方、学校和教师、学生留有多样选择、另辟蹊径、展示个性的空间。

4. 改变功能，亲和力强

新教材在编写中都试图改变教材的服务功能，由服务于教师教的"教本"转向既方便教师教又易于学生学的"学本"。无论是单元前的导语、课后的练习，还是安排的学习活动，都尽量避免以"问题"或"要求"的方式呈现，而是以自读自悟的形式或是学习伙伴的口吻提出学习与练习的内容，使学生感到亲切、自然。如人教版中"我会读"、"我会认"、"我会说"、"我会写"、"我会猜"、"我会讲"等多种方式，并以学习伙伴的口吻叙述，不但有很强的亲和力，也拓展了知识平台，为学生提供了展示的机会。同时，多套教材也注意了教材相关配套材料的研制，如教师教学用书、教学挂图、投影片、生字生词卡片、课文朗读录音带、多媒体教学辅助课件以及同步阅读、同步练习等，使教材与教辅材料配套齐全，方便教学。这不但能吸引学生，唤起学生的学习欲望，而且有助于学生的阅读与理解，使图与文融为一体，真正做到图文并茂。注意设计有趣的活动，创设生动的情境，激发学生的学习兴趣，调动学生的学习主动性和积极性，使学生在生动活泼的情境中、活动中学会学习。

第二节 小学语文课程资源及其开发与利用

一 小学语文课程资源概说

课程资源是达成课程目标的重要保证，能否合理有效地开发与利用课程资源直接关系到课程实施的成效。"课标"强调："语文教师应高度重视课程资源的开发与利用，创造性地开展各类活动，增强学生在各种场合学语文、用语文的意识，多方面提高学生的语文能力。"因此，注重语文课程资源的开发与利用，对全面提高学生的语文素养有着十分重要的意义。

小学语文课程资源是指有利于小学语文课程目标达成的因素与条件的总和。按照课程资源的分类，小学语文课程资源一般包括以下方面的内容：

1. 小学语文教材资源：包括语文教科书、教学参考书、教学挂图、补充读物、字词卡片等传统的语文课程资源。随着科学技术的发展，教学手段的现代化，语文教材的概念在不断扩大，还包括了幻灯片、录音带、录像带、激光视盘等。其中，语文教科书是核心，要充分利用教科书创设学生理解、表达和交流的空间。

2. 人力资源：语文教师、学生、家长、语文学科专家、作家以及社会各界人士等，对语文课程起着不可低估的作用，是重要的课程资源。在这之中，尤其应注意的是，教师和学生本身就是很重要的课程资源。

3. 大众传播媒体资源：包括图书、报刊、电影、电视、广播、网络等。特别是网络，它不仅是实现资源共享的重要手段，其本身也是一种重要的课程资源。

4. 语文实践活动资源：包括课内外、校内外等各种语文实践活动，如写字比赛、查字典比赛、词语接龙比赛、故事会、辩论会、课本剧表演、社会调查写作等。活动中可以开阔学生的视野，培养学生学语文、用语文的能力。

5. 语文设施资源：学校图书馆、资料室、阅览室、黑板报、布告栏、报廊、各种标牌广告、博物馆、纪念馆、展览馆等。这些语文设施对学生的语文学习同样具有潜在功能。

6. 其他资源：自然风光、文物古迹、风俗民情，国内外的重要事件，学生的家庭生活，以及日常生活话题等也都可以成为语文课程的资源。

加强对语文课程资源的认识，有几点务必引起特别注意：

（1）语文教材不是唯一的语文课程资源，要创造性的使用教材

语文教材是推动语文教学活动、推动语文课程发展的主要力量。语文教科书具有其他学习材料不可替代的作用。那么，在语文课程改革不断深化的大背景下，如何充分发挥语文教材的最大效益，如何创造性的使用语文教材就显得极为重要。就目前看，在语文教学过程中还存在着"唯教

材"的误区。"唯教材"的做法是传统的"以本为本"教育观念的体现。其中备教材、讲教材、学教材、考教材、背教材是这种教育观念在教学活动中的写照。整个教学目标就是让学生掌握教材内容,而忽视了学习过程和学习方法。教材变成了"圣经",把教材当成了唯一的教学资源,教师只能循规蹈矩,不能越雷池半步。因而创造性的使用语文教材也就成了当务之急。语文教材的每一篇课文都有其独特的美感和功用。这些美感和功用的实现又取决于教师对文本理解的深度和创见,而这也是课堂教学成功的关键因素。"新课标"提出了在阅读和写作中要注意"分层次"、"多角度"的要求,这是十分重要的策略,是创造性的挖掘教材的必要手段。对教材的多角度解读是深入理解文本的需要也是学生发散性思维能力培养的需要。

"课标"也指出:"语文是实践性很强的课程,应着重培养学生的语文实践能力,而培养这种能力的主要途径也应是语文实践,不宜刻意追求知识的系统和完整。"这为教师教学的创造性提供了广阔的空间,教师可以根据自己的个性特长和学生的发展实际,突破现行教材以单元编排的局限,对教材进行重新组合,以求得更好的教学实效。

(2)语文教师是极为重要的语文课程资源

传统的语文教学中,教师是知识的权威与化身,学生是毫无"自我"的服从。从教学开始到终结,都是教师根据预设的教案,牵着学生的鼻子走。在教学过程中,许多教师只是机械的"照本宣科",对着文本宣读。单行线的、规范式的和接受式的单向传递知识是教师传统教学的特点。新课程倡导开放、民主、动态的课程理念,确定教师在课程中的主体性,给予教师课程设计的自主权。教师应转变观念,更新知识,不断提高自身的综合素养。应创造性地理解和使用教材,积极开发课程资源,灵活运用多种教学策略,引导学生在实践中学会学习。这就要求教师必须具备一定的课程整合能力、课程设计能力和课程开发能力,不仅会"教"书,还要会"编"书,成为课程的开发者和创造者。

(3)学生也是语文课程资源

课程不仅是文本课程,更是体验课程,是教师和学生共同探求新知识的过程。学生获取知识的过程是自我建构的过程,学生与教师都是课程资源的开发者,是整合课程的四因素之一(另三类为:教材、教师、环境)。因学习的过程是自我生成的过程,这种生成是他人无法取代的,是由内向外的生长，而不是由外向内的灌输。学生是语文学习的主人，但同时，学生也是丰富的语文课程资源。"课堂小天地，生活大课堂"，说的就是语文学习有着良好的社会环境可以实践，有着丰富的资源可以利用。学生生活在母语环境中，处处都是语文学习的资源，时时都有学习语文的机会，学生开发语文课程资源的空间最大。

【典型案例】

《登鹳雀楼》教学中的"体验王之涣"

在读课题、写课题、记作者、提问题、理解重点字"白日"、"尽"、"入"、"欲"、"穷"、"更"，以及学生说完诗意后，教师让学生跨越时空，把自己当作王之涣，表演诗人写《登鹳雀楼》的全部过程。

片刻后，一位男同学上台表演。现在他就是"王之涣"了。

这位男同学非常紧张，颇严肃地走上讲台，那就是教师指定的"鹳雀楼"。他带着笑，非常流利、响亮地读起诗来"登鹳雀楼——唐——王之涣——白日依山尽……"眨眼间，他就下"楼"了。

学生笑了，都说："他都是诗人了，怎么还读唐——王之涣？他没把自己当诗人。"有人还提议："他站在鹳雀楼上，不该一动不动，诗人在看风景啊！"

第二个王之涣上台了。

她果然好多了，在讲台上转了几转——这是在欣赏风景！吟诵诗歌时加了2个动作：读"黄河入海流"时，手指前方，做翘首眺望状；读"更上一层楼"时，小手指了指头顶，意思是要上楼去了。

学生都说，有点像诗人了。

谁更像呢？学生推荐了一位。

"诗人"吟完了诗，教师采访："请问诗人，你觉得这里的风景怎么样？"

生："太阳依着群山落下去了，黄河向着大海奔腾，太壮丽雄伟了！"

师："你为什么还要'更上一层楼'呢？"

生："我想看到更美的风景，因为站得高，才看得远。"

看得出来，学生跳出了书本，走近了王之涣！

师："给大家2分钟时间，每人都体验一回王之涣吧！"

学生积极活动……

(4) 教学环境是不可忽视的语文课程资源

教学环境是不可忽视的语文课程资源，它是由空间、时间和学习材料等几部分组成。教学环境中的文字资料、书籍、音像资料、多媒体、课件及互联网上的信息等，都是学生学习的资源。教学过程中的情境，交往互动中生成的思想、观点、认识也都是极其宝贵的资源。教师要创造良好的教学环境，在教学实施中，特别要关注课程资源，"高度重视课程资源的开发与利用"，才能设计、构筑教师自己的个性化、特色化，同时又是真实的、鲜活的、富有生命力的教学活动，才能有效提高小学语文的教育教学质量。

(三) 语文课程资源的特点

1. 广泛多样性

课程资源多种多样。既有来自于自然界的，又有来自社会的；既有显性的，也有隐性的；既有校内的，也有校外的；既有文字实物的，又有活动信息化的。多种多样的课程资源为教师进行开发和利用提供了广阔的空间，但并非所有的资源都是课程资源，只有那些真正进入课程，真正与教育教学活动联系起来的资源，才是现实的课程资源。

2. 差异性

课程资源虽然具有多样性，但任何课程资源都因地域文化传统、学校环境、师生等的差异而不同，这种差异性表现在不同地域中可以利用与开发的课程资源不同；构成形式和表现形式不同；不同文化背景下，人们的价值观、道德观、风俗习惯、宗教信仰等具有独特性，相应开发出来的课程资源也各具特色；学校性质、规模、位置、经济力量等不同，开发与利用的课程资源也不同；学生个体差异以及家庭背景不同，可供开发与利用的课程资源区别很大，在利用课程资源的成效上也会有所差别。

同一种课程资源的应用范围是有限而具体的，不同的课程有不同的特性和不同的教学方法。在课程资源的开发和利用上，我们更多的是以课程分类为基础的，根据课程特点开发相应的课程资源，合理有效地加以利用，使这些课程资源真正为课程教学服务。任何一种课程资源不可能适应所有课程的教学，应根据课程教育教学的内容和特点，选择相应的课程资源。

3. 多质性

课程资源的多质性，指同一种课程资源有不同的用途和价值，可以在不同的课程中加以利用。比如一所博物馆可以成为学生写作的素材，也可以成为学生了解历史知识的场所。课程资源的多质性特点要求课程设计者和课程资源的开发者充分研究课程资源，了解每一种课程资源的特性，更要求教师能够慧眼识珠，善于挖掘课程资源的多重利用价值，充分显示和发挥课程资源的作用，使课程资源的潜在价值得以充分发挥和显现。

二 小学语文课程资源的开发与利用

长期以来，我们对语文课程的理解相对来说比较狭隘，基本上局限于"教学大纲"、"教学计划"和"教科书"，教师的教学行为也往往只是遵循"教学大纲"，执行"教学计划"，教授"教科书"。现在看来，这种观念不能适应语文教育改革和发展，也不能适应社会对学生语文素质的要求和学生对语文学习广泛而丰富的需求。随着人们对新课程观的理解，课程资源的开发和利用，越来越受到重视，也成为摆在我们面前的一个新课题。

（一）小学课程资源开发与利用的意义

1. 对语文课程来说，有助于语文课程的实施和改革

语文课程资源和语文课程二者有着密切的关系。语文课程必须以语文课程资源为依托，没有语文课程资源也就无法谈及语文课程。但是，语文课程资源的外延范围远远大于语文课程本身的外延范围，并不是所有的语文课程资源都能成为语文课程的组成部分。语文课程实施的范围和水平，取决于语文课程资源的丰富程度，更取决于语文课程资源的开发和运用水平。同时，语文课程改革的设想也有赖于语文课程资源的开发和利用。

2. 对语文教师来说，有助于语文教师的专业发展

教师本身是极为重要的课程资源，也是课程资源开发与利用的主力军。在课程开发与利用中，语文教师能开阔教育视野，转变教育观念，更好地激发创造力，这可以极大地提升语文教师的素质和能力，促进其专业发展。

3. 对学生来说，有助于改变学习方式，激发学习积极性和主动性。

课程资源的开发与利用对学生的发展具有独特的价值。大量、丰富的语文课程资源能给学生多方面的信息刺激，调动学生多种感官参与语文学习活动。同时，由于学生也是课程资源开发与利用的参与者，就使学生从

被动的知识接受者成为知识的共建者，这些都有利于学生语文学习方式的转变，也可极大地激发学生的学习兴趣，使学生身临其境，在愉悦中增长知识，培养能力，陶冶情操，全面提高自身的素质。

【典型案例】

《坐井观天》教学片断
李学春　高桂兰

师：小鸟和青蛙谁说得对？

生1：小鸟说得对。

生2：我反对，我认为青蛙说得对。

生3：它们说得都对。

（众生哗然，师若有所思，片刻停顿之后，即向学生投以赞许的目光。）

师：大家都有各自的看法，很好。如果能把理由说出来，那就更好。（一石激起千层浪，学生个个跃跃欲试。）

生1：（胸有成竹）小鸟说得对，因为天确实大得很。

生2：（迫不及待）青蛙说得对，因为它在井底，只能看到井口那么大的天，它说的是实话，也没错。

生3：（按捺不住）它们都把各自看到的真实情况说出来了，它们都很诚实，应该都对。

师：（点头肯定，竖起大拇指）好！几位同学都谈出来了各自的见解和感受，他们说得都很有道理。大家再想想，假如青蛙跳出井口，它会想到什么，说出什么呢？大家讨论，看谁想得好。

（学生各抒己见，兴趣盎然。）

……

（摘自：《黑龙江教育·小学教学案例与研究》2007年第1期）

在以上教学片段中，当学生回答"青蛙说得对"时，教师很容易说："你怎么就不动动脑子呢？你看看外面的天空是井口那么大吗？"如果教师这样简单而干脆地否定就会伤害了孩子亟待呵护的童心。我认为从学生回答的"青蛙说得对"中，可以体会到其中纯洁无邪的"童真"。他们是孩子，有其独特的视角和思维方式。而且，学生这样回答也正是立足青蛙的位置考虑问题的。总比"人云亦云"、"东施效颦"好得多。

教师提出："小鸟和青蛙谁说得对？"这正是为了引导学生发散思维，多元思考。学生想到青蛙说得对，是童心的发现，是童真的抒发，是童趣的放飞，这正是学生释放灵性，激活创造潜能，点燃思维火花之时。此时，若教师像以上教学那样充分肯定学生的见解，珍视学生的发现，必定会使学生在愉悦的状态中受到鼓舞，使学生创新思维的火花得以"燎原"；若教师抱定小鸟说得对的观点，站在成人的角度，用个人的主观意志限制学生的思维，给学生当头一棒，势必将学生的创新意识"扼杀在摇篮之中"，学生创新思维的火花也将因此而被彻底浇灭，教师岂不成了"罪魁祸首"？教学中，要触及学生的情绪领域，唤起学生的心灵共鸣，起到"一石激起千层浪"的效果，把学生的思维调动起来，让学生因情感的驱动而生趣，主动参与到学习活动中。学寓言就得让课堂充满童趣，还孩子一份童真，而不能用唯一标准的寓意来框定学生的思想，不给学生想象的余地。

只有这样，学生的智慧潜能才得以激发。教师如果做到珍爱童心，珍视童趣，尊重学生的发现，就能激发学生的童心、童趣。因此，在教学中，我们每一位执教者都应做到"匠心独运"，珍视学生独特的感受和体验。

(二) 小学语文课程资源开发与利用的原则

1. 开放性原则

要以开放的心态对待人类创造的一切文明成果，尽可能开发与利用有益于小学语文教育教学活动的一切可能的课程资源。只要有利于提高小学语文教育教学质量和效果，都应加以开发与利用。

2. 针对性原则

要在众多的小学语文课程资源中和充分考虑小学语文课程成本的前提下突出重点，精选那些对学生终生发展以及语文学习有决定意义的课程资源，使之优先得到运用。

3. 适应性原则

小学语文课程资源的开发和利用不仅要考虑典型或普通学生的共性情况，更要考虑特殊学生的个别具体情况，考虑到特定的教育者及其教育对象的现有知识技能、素质背景，来选取材料、组织材料、使用材料，使适合各种小学语文课程资源得到最优组合，发挥最大的作用。

4. 合作性原则

在开发和利用小学语文课程资源过程中，要特别注重参与合作，并树立课程资源共享的意识。建立一套社会广泛参与小学语文课程资源开发与利用的运行机制。

(三) 合理开发与利用小学语文课程资源

1. 树立正确课程资源观

在语文课程资源的开发与利用中，教师要树立正确的课程资源观。在传统的课程观中，过分强调"以本为本"的思想，误认为语文教科书是唯一的语文课程资源，学生的语文学习框定在语文课本这个狭小的天地里，这怎能全面提高学生的语文素养呢？要解决个问题，首先要在观念上实现由"课本是唯一的课程资源"向"世界是课程资源"的根本转变，要有强烈的课程资源意识，努力开发并积极利用各地区蕴藏着的自然、社会、人文等多种语文课程资源。应该说，语文课程资源十分广泛，因为语文的外延等于生活的外延。就九年义务教育阶段的学生来说，语文课程资源的开发与利用必须着力抓好四个方面。

(1) 自然资源的开发与利用

自然资源是语文课程取之不尽的源泉。自然资源是指自然世界中的自然形态（如：日月星天、风雨雪霜、起伏山岭、茫茫大海等）和人工形态（如：农田果园、海堤水库、防护林带、园林花卉等）。教师在开发与利用自然资源时，可以启发学生走进大自然，观察、体验大自然的美妙与神奇，还可以结合识字教学、口语交际、阅读、写作、语文综合性学习等活动，让学生走进大自然收集有关素材。这样做，不仅可以培养学生热爱大自然的思想感情，还可以为学生的语文学习积累丰富的表象。

(2) 社区资源的开发与利用

"课标"要求学校"争取社会各方面的支持，与社区建立稳定的联系，给学生创设语文实践的环境，开展多种形式的语文学习活动"。社区语文课程资源包括：社区各界的人才资源、社区文化艺术场馆（如科技馆、博物馆、展览馆等）、社区文化艺术环境（如建筑雕塑、标牌广告、书画走廊等）、社区文化艺术设施（如布告栏、读报窗、宣传廊等）、社区文化艺术活动（如报告会、戏剧表演等）。教师在开发与利用社区语文课程资源时，一是要注意引导学生联系生活学语文。要有目的地把课内学习与课外学习有机结合起来，充分利用社区语文教育资源，增加学生学语文、用语文的机会，例如鼓励学生主动参加社区举办的报告会、演讲会、朗诵会、故事会等。引导学生把从社区中所发现的问题写成建议或调查报告。二是要充分发挥社区的人才资源优势，开设相应的语文选修课程。三是要注意引导学生服务社区学语文、用语文。如自办手抄报宣传社区内的好人好事，当文字医生纠正社区内的错别字，争当读报员，为社区里老人读报等等。这样做，不仅可以提高学生学语文和用语文的能力，而且可以增强学生的公民意识和社会责任感。

（3）学校资源的开发与利用

学校是学生学习的主要场所，因此，如何开发与利用学校资源显得特别重要。学校语文课程资源主要包括两个方面：一是物化的课程资源。例如校园文化环境与设施（如书画走廊、黑板报、校史展览馆等）、图书馆（如各类藏书、网络资源等）。二是人力课程资源。这里主要指教师和学生，因为教师和学生是学校课程资源的主体。就教师而言，每一位优秀的教师，本身就是一本"百科全书"，在他们身上蕴藏着鲜活的课程资源，"名师出高徒"就是很好的例证。而且，教师是最具有生命活力和创造活力的"活"的课程资源。在课程建设中，教师是课程设计和课程创新的主体。就学生而言，学生的知识与生活经验、学习经验与学习成果、学习兴趣与学习习惯以及学生之间的差异，都是重要的课程资源。因此，学生也是课程资源开发与利用的主体。我们在开发与利用学校语文课程资源时，除了结合课文和课堂教学引导学生利用学校的课程资源外，还应开展形式多样的实践活动，让学生最大限度用好学校的课程资源，使学生个体的活的课程资源与学校静态的物化课程资源得到有机地整合。例如：可以通过写字比赛、查字典比赛、词语接龙比赛、成语故事比赛、诗歌朗诵比赛、手抄报比赛、征文比赛、主题演讲比赛等活动，启发学生走进图书报刊和网络世界，提高学生学语文和用语文的能力。在各项丰富多彩的实践活动中，在教师的指导和伙伴的启发合作下，学生会发现无处不在的学习资源，并让一切资源为自己所用，使他们真正成为课程资源开发和利用的主体和学习的主人。

（4）家庭资源的开发与利用

家庭语文课程资源主要包括两个方面：一是物化的文化环境与设施，

例如家庭藏书、报纸杂志、集邮册等。二是家长。事实上，家长中有各种各样的人才，有的本身就是某一领域里的专家，有的在某一方面有专长。因此，如何开发与利用家长的课程资源，是当今课程改革中值得关注的问题。在家庭语文课程资源的开发与利用上，一方面可以充分发挥家长的特长优势，为孩子开设相应的选修课程。例如，有的家长喜欢集邮，并对邮票有一定的研究，教师可建议家长为孩子开设"邮票与文化"的课程。又如，有的家长喜欢收集文物古董，教师可建议家长为孩子开设"文物与中外文化"的课程，这样做，既丰富了学生的知识，又发展了学生的个性特长。另一方面可以鼓励家长和孩子利用周末时间，开展丰富多彩的娱乐活动，例如猜谜语比赛、讲童年故事比赛、读书知识竞赛、课本剧表演赛等等。开展这些活动，不仅可以提高学生学语文、用语文的能力，而且可以让学生真切地体验到家庭的温馨，受到潜移默化的亲情教育。

2. 优化课程资源开发与利用的教学策略

语文课程的"资源"是相对于"开发"而言的，如果没有语文教师的开发，资源就会视而不见。然而，语文课程资源并非直接可以作为语文教育的课程来利用，要将语文课程资源转化为可利用的语文课程，就要根据语文教学的需要，经历筛选、组合、归类、选取等加工过程。要合理开发与利用语文课程资源，必须从优化教学的策略入手。

（1）筛选策略

语文课程资源只是为可实施的语文课程提供了备选的材料。因此，只有经过严格的筛选才能确定课程资源的开发与利用的价值，不能"捡到篮里就是菜"。在对语文课程资源进行筛选时，必须着力考虑五个方面的问题。

第一，从实现教育目标的角度来看，要考虑所选的语文课程资源是否有利于培养学生适应现代社会所需要的人文素养和科学素养，是否有利于培养学生包括阅读理解与表达交流在内多方面的基本能力以及运用现代技术搜集和处理信息的能力。

第二，从转变学生学习方式的角度来看，要考虑所选的语文课程资源是否有利于学生在自主、合作、探究中学会学习。

第三，从认知规律的角度来看，要考虑所选的语文课程资源是否符合学生身心发展的特点，能否满足学生的兴趣爱好和发展需求。

第四，从教师素质的角度来看，要考虑所选的语文课程资源是否与教师的现实水平相适应。

第五，从教学的针对性的角度来看，要考虑所选的语文课程资源是否与学生所学的内容有联系。

（2）问题策略

问题策略就是围绕问题定向开发与利用语文课程资源，这是提高语文课程资源开发与利用效率的重要途径。可以由课堂学习中遇到的实际问题而引发去探寻课外学习资源，从课外学习资源中得到解决问题的答案。例如学了《植物妈妈有办法》（人教版二年级上册第3课）后，教师可抓住课文中"植物妈妈的办法很多很多，不信你就仔细观察，那里有许多许多的知识"这句话，引导学生从课外资源中寻找问题的答案，然后组织学生在课内交流；还可以引导学生由课本知识向学生生活、社会生活延伸，让书本知识在生活中获得新的生长点。国标教材人教版在课后练习的设计中，十分注重通过问题将课文学习导向课外学习资源的开发与利用。

（3）专题策略

专题策略就是以某一典型事件、现象或某一课题为中心，引导学生定向开发与利用语文课程资源。可以以国际国内发生的重要事件为专题，如"怎样保护环境"、"'非典'给人们带来了什么"、"'非典'真的是果子狸带来的吗"，等等，可以以学校、社区出现的某些典型现象为专题，如"如何看待校园内的追星族"、"如何对待社区内的乞丐"，等等；还可以以"语文综合性学习"中提供的课题为专题，专题确定后，可以引导学生从网上、社区、家庭、大自然中获取语文学习的课程资源；还可以让学生通过访谈专家、学者、老师获取语文学习的课程资源。从专题学习的方式来看，可以采用自主独立探究的方式，也可以采用分小组合作探究的方式。

（4）动态生成策略

教科书和教学过程是一个开放的动态生成系统，教师与学生的互动也是一个动态生成的过程。"动态生成"是指在教学活动中，根据与学生沟通所发现的实际情况，生成新的教学内容。这些内容有的是教材上没有的，例如，当老师教完《乌鸦喝水》（人教版一年级下册）这篇课文后，有一位学生提出："假如乌鸦身边没有石子怎么办？""瓶子里的水不多，把小石子放进瓶子里，瓶子里的水一定会渐渐升高吗？"这些内容是老师备课时没有想到的。还有的是课堂教学中突然出现的，例如，正当学生聚精会神听课时，突然一只鸟飞进了教室，教室顿时一片哗然，这也是教师预先没有想到的。动态生成的新的教学内容是一种不可忽视的语文课程资源。事实上，这些动态生成的内容是老师在日常教学中经常遇到的，只不过不少老师没有把它作为一种语文课程的资源进行开发与利用罢了。教师要在课堂教学中根据教学活动的进行，利用学生个体的差异，在思维碰撞中开发课程资源。

【拓展阅读】

谈小学语文课程资源的开发策略
施小红

　　语文课程资源是一个外延较为丰富的概念，它一方面是指课程的接受者学生学习语文的现实状态，即其学习的兴趣、态度、能力、特长等；另一方面是指课程的实施者教师本身具备的现实条件，即其所固有的教学思想、个人修为、教学手段、特长领域等，还包括课程的实施载体、实施环境、语文教材、教学环境、社会背景等。本文拟从以下几个方面来探究语文学习资源的开发策略。

　　一、文本资源的基础性开发

　　教材、文本是最重要的也是最基本的课程资源，是学生进行学习的最直接的资源。我们开发利用的重点应放在研究和处理教材上。教材中所涉及到秀美的自然风光、生动的故事情节、有趣的现象、严密的推理都是教学现成的资源。小学语文教材中景物的美、人物的美、生活的美、语言的美、技巧的美等诸多丰富的资源需要教师努力挖掘和开发利用。虽说教材是个例子，但其承担着丰富学生生活，提高人文素养，培养实践创新能力，养成良好学习习惯等重要任务。因此，在课堂教学中，教师要帮助引导学生既要深入教材，又要超越教材，主动去发现、欣赏、品味、领略、体悟教材以外的东西，获得学习方法，获得情感熏陶，获得思想启迪，获得人生体验，以找到正确的学习规律，逐步提高语文能力。

　　二、校内资源的拓展性开发

　　学校是学生生活学习、人生体验的重要场所，其本身就是一部异彩纷呈的立体"教科书"，它也应当成为学生语文学习的重要资源。比如教室作为学生直接接触的物质环境，本身就包含着丰富的语文学习资源。学生在校大部分时间是在教室里度过的，大部分知识也是在教室里学到的。教室应该成为学生成长的一方沃土，教师要着力把教室建成丰富的语文学习资源中心。如教室的文化布置要有特色，知识角、阅读角、黑板报、展示角等都可成为学生语文学习的信息来源；室内电视、广播系统可以让学生获得新鲜的动态素材。比如学校图书馆作为学生向往的知识殿堂，更是语文学习的重要资源库。现代学校丰富的图书储藏，为学生学好语文提供了充分的保障，开放阅读、定期借阅、新书推荐等形式让学生有更多的阅读机会，而相关配套活动如知识竞赛、作文擂台、故事大王评选、阅读之星推荐等更能激励学生多读书，读好书，这无疑大大地促进了学生语文能力和语文素养的优化。另外，校园环境作为学生活动的主要场所，也是课程资源的重要组成部分。校园景物、名言警句、建筑命名、校训展示，鲜花绿草、巧石秀木、文化长廊、亭台楼阁、成果展室、网络主页，等等，无不渗透着教育者的育人理念，同时又蕴含着丰厚的人文元素，这都可以为语文教学所用。

三、外部资源的创造性开发

一方水土养一方人，一个地区有一个地区的文化个性。它是该地区人们千百年来在生产生活过程中所获得的有形财富和无形财富的历史积淀，包括本地的自然风光、文物古迹、地理物产、民风民俗、传统文化、生产方式和生活经验等等，它们都以各种方式渗透到社会的每个角落，弥散在学校学生生活的每一空间，并以各种方式给学生显性或隐性，直接或间接的影响。这种乡土资源本身就是一种很具教育性的校外课程资源，一旦能得以有针对性地开发利用，必能激发学生兴趣，开阔学生眼界，丰富学生阅历，陶冶学生情操。比如利用太湖蟹这一校外物产资源进行教学，可以组织学生参观太湖生态养殖基地，了解太湖蟹的养殖；观察太湖蟹的体貌特征，了解太湖蟹的习性；参观太湖蟹交易市场，了解太湖蟹的销售；参观饭店，了解太湖蟹的烹制等。这一过程既使学生增长了见识，又丰富了个人体验，并积累了素材，在此基础上，教师引导学生通过口头语言或书面语言表达出来也就水到渠成了，这无疑是一次有效的课程资源的开发和利用。校外课程资源和课堂学科知识教学联系紧密，或者适度补充，其教学功效产生了质的提升与转变，学生的语文能力也在不知不觉中发展和优化。

四、网络资源的有效性开发

多媒体设施的引进、网络信息技术的出现，对语文教学产生了革命性的影响，也为学生学习语文拓宽了途径，赋予了时代色彩。网络资源以其海量化、智能化、虚拟化、网络化等优势，为学生的语文学习提供了广阔的空间。网络多媒体设施以其特有的声、色、形、光等手段对教学内容的加工改造，极大地增强了形象性和直观度，能充分调动学生的视觉、听觉、触觉等参与学习活动，既激发了学生兴趣，又能使学生身临其境，并在愉悦中增长知识、培养能力，同时受到美的感染和熏陶。如教学《詹天佑》一课，其中写到了詹天佑发明设计的"中部凿井法"和"人字形线路"，其设计之巧妙，构想之科学，令人惊叹，可学生一时却难以搞清其中的科学原理。如果通过网络和多媒体设施来演示一幅有色彩、有形状、有线条的动态画面，学生就能彻底弄清其中的道理，并对前人的聪明才智倾慕不已，也受到了情感陶冶。再如教师执教《月光曲》一文，课前，教师布置预习，让学生了解贝多芬生平、创作背景、德国社会、音乐内容，而这些信息都可以通过网络手段获得。教师引导学生有目的、有选择、有重点地将上述信息分门别类，制成学习卡，虽然课文未正式开讲，但贝多芬作为音乐家的伟大形象已印在学生脑中。学习课文时，难点疑点也可迎刃而解，信息技术的运用起到了事半功倍之效。当然网络信息资源的开发利用必须要突出辅助性、针对性、选择性、实效性，切忌盲目照搬或画蛇添足，否则会产生相应的负面作用。

总之，小学语文课程资源的开发具有非常广阔的空间，只要语文教师做一个有心人，充分挖掘、开发利用一切有效资源，使学生的听、说、读、写得到最为有效和足量的训练，那么学生语文能力的增强和优化的教学目标就一定能实现。

（摘自：《小学教学参考（综合）》2008年第8期）

【我思我行】

认真学习小学语文课程资源开发与利用的教学策略，任选一个教学片断进行点评，让自己在理解、探究、实践、思考中得到发展。

【参考文献】

1. 中华人民共和国教育部制定：《全日制义务教育语文课程标准（实验稿）》，北京师范大学出版社 2001 年版。

2. 崔峦:《小学语文教学论》,中国人民大学出版社 1999 年版。

3. 江平:《小学语文课程与教学》,高等教育出版社 2004 年版。

4. 李秉德:《教学论》,人民教育出版社 1991 年版。

5. 刘旭东、张宁娟、马丽:《校本课程与课程资源开发》,中国人事出版社 2002 年版。

6. 王丽:《中国语文教育忧思路》,教育科学出版社 1998 年版。

7. 吴忠豪:《小学语文课程与教学论》,北京师范大学出版社 2005 年版。

模块二
小学语文学习论

第一章　小学语文学习概论

【开篇语】

　　小学语文学习是小学教育的基础。小学语文学习不仅关系着小学的各科教学，也关系着小学生全面发展的基础教育的实施，更关系着我国民族文化素质的提高。对于学习理论国内外都有新的研究，将学习理论应用在语文学习中，将帮助小学生个体性和社会性发展。在新一轮基础教育语文课程改革实验中，语文学习不仅是语文教学改革的热点，更是语文教材改革的难点。要提高小学教学质量，必须首先提高小学语文教学质量。

【问题情境】

《四季》教学实录节选

　　师：这节课我们继续学习第二课——《四季》。（点击课件：四季图片，配乐师读全文）

　　师：这么美的季节你最喜欢哪个呢？

　　生：(各抒己见)

　　师：大家有自己的见解，那咱们先学习哪个季节？

　　生：春天。

　　师：好，让我们一起领略春天的美景。（出示春天图片）你们看到了什么？

　　生：小鸟在天上飞，小草绿绿的，尖尖的，被大风爷爷吹得摇来摇去。

　　师：联系生活，说说春天还有哪些变化？

　　生：大雁从南方飞回来了，桃花、杏花都开了，还有香味呢！

　　师：真香！老师都闻到了。

　　生：小河的冰都融化了，小鱼在水里跳着圆圈舞，真开心！

师：春天真美，能不能把它美美地读一读？

（生读，师生评价）

师：这么美的课文，老师也想读，给老师一个机会好吗？（师读，生情不自禁地加动作读）

师：春天真可爱，背一背怎么样？

生：（背）

师：刚才，我们学习了春天，回忆一下我们是怎样学习春天的？

生：我们看了春天的图片，再说一说春天还有哪些变化，接着读了读，最后又背了背。

师：现在就按照你们自己归纳的学习方法自学，也可以用自己喜欢的方式学。

（参见浙江省杭州市萧山区党湾第一小学网站《人教版小学语文新课程教材一年级〈四季〉教学实录》）

【理论导学】

《语文课程标准》（以下简称"课标"）把重视情感、态度、价值观的正确导向作为语文课程实施的一个重要策略。培养学生热爱祖国语言文字的情感，教师在教学中就必须充分关注学生学习活动中的态度、情感、价值观这一维度在教学目标中的地位，重视教学内容的价值取向。

第一节　小学语文学习理论

一　学习理论概述

学习理论是教育学和教育心理学的一门分支学科，描述或说明人类和动物学习的类型、过程，以及有效学习的条件。学习理论是探究人类学习本质及其形成的心理学理论，它重点研究学习的性质、过程、动机以及方法和策略。

（一）国外经典学习理论简介

1. 联结学习理论

桑代克用情境与反应的联结来解释学习，认为学习过程就是通过尝试错误形成联结的过程，不论动物的学习还是人类的学习都是情境与反应的联结。

2. 经典条件反射学习理论

巴甫洛夫的条件反射研究揭示出动物和人类学习的一种基本学习形式，即通过条件刺激和无条件刺激的反复多次的结合，使动物学会对信号（即条件刺激）做出反应。该学说对行为主义学习理论有直接影响。

3. 操作性条件反射学习理论

斯金纳通过动物实验发现了操作性条件反射现象，提出了两种行为（即应答性行为和操作性行为）和相应的两种学习形式（即经典性条件反射学习和操作性条件反射学习），力图用两种反射过程来解释动物和人类的学习。

4. 格式塔学习理论

格式塔心理学的学习"顿悟说"认为，学习过程就是"顿悟"情境关系，理解目的物和取得目的物之手段的关系的过程，这是最早的学习认知理论之一。

5. 认知结构学习理论

布鲁纳的学习理论是建立在考查和解释人类知识学习过程基础上的学习理论，布鲁纳认为学习过程就是在头脑中形成"编码系统"或"知识结构"的过程，编码系统的形成主要依赖思维的概念化或类型化。

6. 认知—目的学习理论（符号学习理论）

托尔曼的学习理论常被称为"认知—目的说"或"期待说"，认为学习过程就是形成对目的物和取得目的物之途径和手段的认知性期待的过程。托尔曼虽为新行为主义者，但接受了格式塔心理学中的认知观点，并用认知观点来解释学习过程。

7. 班杜拉学习理论

班杜拉的学习理论揭示了人类普遍存在的一种学习形式，即观察学习或模仿式学习。并认为观察学习既有认知过程又有行为反应过程，其理论具有明显的认知倾向。

8. 人本主义学习观

人本主义的学习观坚持以学习者为中心，认为学习的内容应该以对学生有价值或有意义的知识经验为主，学生的学习过程是积极主动的意义学习的过程。人本主义还认为从学习过程中获得学习的经验，是更重要的学习。主张学生的学习更重要的是从学习过程中获得知识，并将获得的学习经验指导以后的学习。

上述理论反映了对学习的不同理解：行为主义学派认为学习是由经验引起的行为的持久变化。认知心理学派认为学习是因经验而使行为或行为潜能产生变化的过程。还有人认为学习是行为或按照某种方式表现出某种行为的能力的持久变化，它来自实践或其他的经历。戴尔·申克指出学习包括了发展新行为或者改变已有的行为的意思。

（二）国内学习理论简介

1. 学习的基本含义

学习不是人类特有的本领，但人类无疑是在我们目前所能知道的世界中，学习能力最强的生物。而且，学习对人类的生存和发展来说，又是最至关重要的社会行为。在记载孔子及其弟子言论的《论语》中，开卷的标题就是"学而第一"记载的孔子的第一句话就是"学而时习之。不亦说乎"。

什么是学习呢？不同领域的人们有不同的定义。但是大致上是两类：一类如教育界通常所使用的关于学习的定义，把学习定义为是后天获得知识的过程，强调的是知识的获取。而另一类是一些哲学家和科学家通常所使用的，把学习定义为学习是使主体产生行为或行为潜能的相对恒久变化的过程。在同一领域里，也有同时使用上述两种定义的。我们认为，后一种定义不仅强调获取知识，而且强调人获取知识以后所引起的行为变化；同时，也没有把学习限定为后天获得的行为，也许比较合理。

2. 学习的内涵辨析

我国著名心理学家施良方认为："学习是指学习者因经验而引起的行为、能力和心理倾向的比较持久的变化。这些变化不是因成熟、疾病或药物引起的，而且也不一定表现为外显的行为。"

据此，我们可以找出学习的基本特点：

（1）学习的变化可以是外显的行为，也可以是内隐的心理过程。

（2）学习的变化是相对持久的。

（3）学习产生于经验而不是来自成熟。

二 小学语文学习理论

（一）语文学习本体论——语文学习之道

语文学习就是创造性地运用言语符号，系统地掌握以言语为核心的语文知识、习得语文技能并逐步形成相应的言语智能、科学文化素养及思想道德素养的言语实践活动。

1. 语文学习要以学习语言为本体

语文学习的目的就是教孩子学语言。包括口头语言和书面语言。温家宝总理曾说："语文教学传授知识固然重要，但应该教孩子学会表达。""表达"，就是运用语言文字这个工具，来叙事、写景和状物等。

从上述分析来看，语文学习的根本任务就是学习语言。组织和指导学生学习语言，培养学生正确理解和运用祖国语言文字的能力，就是语文教学的根本任务。至于思想教育、思维训练和审美陶冶，则是派生出来的任务，是在组织和指导学生学习语言的过程中完成的任务。

2. 语文学习要着力培养语感

何为语感？语感就是对特定环境的话语，不经逻辑推理直接迅速地感知和把握，是"对语言文字的敏锐感觉"。（叶圣陶语）它最基本的特点之一就是直觉性。语感对于大人来说有，对于小孩子也有。六岁的小孩子能够拒绝"胆大包天"，而接受"胆大心细"就是一种语感。

语感不是与生俱来的，而是后天习得的；也不是从理性中来的，而是从实践来的。背诵词义、段意和写作特点等，是提高不了语感能力的。语感的获得，主要是靠语言实践，在长期语言实践和有意识的语言训练中，词语的含义、语法规则、文意、文情、文序、文势、文术，等等，往往以"格"的形式在头脑中固定下来。"格"（指正确的格）越多，越固定，语感就越强。真正高层次的语感的形成，离不开有意识地语感训练。

3. 学习语文遵循的途径

从本质看，语文教学不是一种知识体系，而是一种能力建构，学生语文能力（听说读写能力）的形成，主要靠语言实践，在听说读写实践中，提高语感能力。具体途径如下：感受语言—领悟语言，形成语感—积累语言—运用语言。即：感受—领悟—积累—运用。

学龄前儿童学习口头语言，以及我国传统语文教学，也都遵循了这条途径。我国传统语文教学高度重视经典的积累，一般用三年左右的时间，让学生背熟《三字经》、《幼琼林》、《四书》、《诗经》等，在大量经典积累的基础上，老师才"开讲"（点评、启悟）。传统语文教学还重视读写结合，重视语言的运用。我们要继承传统语文教学重感受、重领悟、重积累、重运用的优良传统。

(二) 语文学习主体论——语文学习之本

1. 学生是语文学习的主体

在语文教学过程中，学生占有主体地位。学生的"学"是教师"教"的根本目的。"学"主要是靠学生来进行的。语文教学中的学习活动（无论是课内的还是课外的），主要是靠学习主体——学生去参与，去实践，去完成的。

首先，在语文基本知识的传授过程或学习过程中，学生是知识的主动接受者。例如字形、词义、句意、文情，以及汉语的语法、修辞、逻辑、文体风格特征等，都需要学习主体主动去了解、分析、巩固和应用实践，才能完成学习过程，实现学习目的。

其次，语文的基本技能的传授、训练和培养，也都是由学习主体主动去参与去完成的。例如，口语交际能力、阅读习作能力，都是依靠学生参与实践、积极锻炼，才能最终形成。

再次，语文素养的形成和语感的获得，也需要由学习主体主动去参与、去完成。学生对名篇佳句的记忆背诵、感悟领会，对言语信息的直观感知与整体把握，也都是学生在主体行动与主观感受下完成的。

2. 小学语文学习的主客体是辩证的依存关系

小学语文学习的主体是学生，客体是教师。二者是辩证的依存关系。

首先，在语文教育教学的授受关系中，教师是传授的主体，学生则是接受的主体。学生的接受效果受制于教师的传授效果。

其次，在语文学习的关系中，学生是学习的主体，教师是学生学习的对象。学习的效果取决于学生的学习基础、学习态度、学习方法等个体因素。

再次，无论是教师的"教"还是学生的"学"，都是在主客体因素的双重影响下展开的。即教师的教要以学生为中心，而学生的学也是以教师的教为前提。

综上所述，在语文教学过程中，教师的"教"主要是为学生的"学"服务的，学生的"学"才是语文教学的中心，学生是语文学习的主体，语文教育教学的宗旨，就是以学生各自形成其语文基本知识、基本技能和基本能力为根本目的的，始终是以学生为主体，以学生为中心的。

【拓展阅读】

1. 阅读《三字经》、《百家姓》、《千字文》。

2. 张大均主编：《教与学的策略》，人民教育出版社 2003 年版。

【我思我行】
1. 请具体谈一谈学习理论对于语文的教学带来的启示。
2. 如何认识学生作为语文学习的主体这一观点。

第二节 小学语文学习与小学生发展

【问题情境】

《鲸》教学片段与反思
顾洪君

师：（讲海洋动物运动会的故事：海洋里要举行鱼类运动会，很多鱼都受到邀请，但是当鲸来参加比赛的时候，却被虾将军挡在了门外。）通过刚才的朗读，谁愿意来解答一个问题：虾将军为什么不让鲸参加这次鱼类运动会？

生：因为鲸是哺乳动物，它不属于鱼类，所以虾将军不让鲸参加这次运动会。

师：你是怎样找到这个答案的？

生：我是从第三自然段中获取了这个答案。

师：原来如此。你读书很认真，请同学们再细读第三自然段，看看从中还能知道些什么？

生：我还知道了鲸原来也在陆地上生活，后来由于环境发生了变化，又经过了很长很长的时间，鲸就成了海洋动物。

师：你的收获真不少。你们认为这篇文章好在哪儿？

生：我认为这篇课文写得很有层次：先写鲸很大，再写鲸是哺乳动物，接着写鲸的种类，最后向我们介绍了它的生活习性。

师：很了不起，以后我们写作的时候也可以采用这种方法。谁还愿意把你的发现告诉我？

生：老师，我来告诉你，鲸的种类很多，可分为两大类：一类是须鲸，一类是齿鲸。（板书：须鲸、齿鲸。）

师：谢谢你，可敬的小老师，你可以读一读这一段吗？哪一位同学愿

意读一读？（生读）

生：老师我知道两种鲸各有特点，须鲸没有牙齿，齿鲸有牙齿。

师：你们读了这么多的知识，老师真为你们高兴，想一想作者采用什么方法来写鲸。

生：作者在写鲸大的时候采用了"对比和列举数字"的方法，充分说明了鲸是海洋里最大的动物。

师：看大屏幕，感受一下鲸的大。（师读："它要是张大嘴，人站在它的嘴里，举起手来摸不到它的腭。"生做动作）

师：我们不但了解了鲸的特点，还知道了它的种类。那么作者又是从哪几方面来向我们介绍鲸的生活习性的呢？请各小组讨论学习。

师：哪一组代表先汇报你们的学习成果？

生：通过讨论与学习，我们觉得是从"食物、呼吸、睡觉、生长过程"这四个方面来写的。（随机板书：食物、呼吸、睡觉、生长）

师：别的小组还有补充吗？（没有）那么你觉得这四方面哪一方面比较有趣，你就学习哪一部分。（自赏自悟）

生：我最喜欢睡觉这部分，我想请几名同学和我一起表演，可以吗？

师：课堂是你们展示才艺的舞台，请同学们欣赏他们的演艺。

生：老师，我认为鲸的"呼吸"更有趣，不同鲸喷出的水柱也不同，须鲸是垂直的，齿鲸是倾斜的。

师：同学们观察得很仔细，其实只要你们留心观察，你们会发现生活中有好多以前我们没有注意的东西……

（摘自：《黑龙江教育（小学版）》2005年第9期）

从该片段中你看到了小学生学习语文的什么特点？这样学习对他们的成长发展有何好处？

一　小学生发展理论概说

（一）小学生认知发展的特点

1. 感知的发展

在小学阶段，小学生的感知发展很快。低年级小学生感知事物时较笼统，往往只注意表面现象和个别特征，时、空特性的知觉也不完善。随着教学过程的深入，小学生的感知能力有了很大提高，知觉的有意性和目性明显发展。

2. 注意的发展

小学生的注意力在很大程度上被教学的直观性、形象性和教师所创设的教学情境所吸引。随着学习活动的进行，有意注意逐渐在学习和其他活动中占据主导地位。四五年级小学生有意注意由被迫状态提高到了自觉状态。

3. 记忆的发展

从学龄前期的无意记忆占主导地位发展到有意记忆占主导地位，是小学生记忆发展的一个特点。在小学低年级，无意记忆占有比较主要的地位。随着年级的升高，以及学习、训练的影响，小学生的有意记忆明显得到发展，它的主导地位逐渐显著。

4. 思维的发展

在5—7岁期间，儿童的思维过程经历从前运算思维向具体运算思维的过渡阶段。进入具体运算思维阶段后，其记忆和认知技能得到快速发展，分析综合能力提高了，思维摆脱了自我中心，达到守恒是具体运算阶段儿童的主要成就。另外，元认知能力有所发展，即对自己思维过程的认知以及学会如何学习的能力。

5. 想象的发展

小学低年级学生的想象力十分丰富。在他们的头脑中，现实与想象之间往往没有明确的界限。有时候，他们会由于想象与现实的同一化，导致行为和言语的不合情理。如果没有考虑到儿童想象发展的这种特征，这种情形会经常在成人眼中被当做"说谎"、"欺骗"。

(二) 小学生情绪发展的特点

1. 情绪理解能力的发展

小学生已能更好地认识自己的情绪并对自己的情绪作出反应。他们能够认识到与自我评价有关的一些情绪体验，如骄傲、自豪和内疚等。到小学高年级已经不需要教师通过儿童的成绩来激发他们的自豪情绪，儿童也不再为一些偶然的过失而自责。只有真正做错了事，如不负责任、骗人或撒谎，才使他们感到内疚。

小学生能更多地依据人的内部心理状态来解释情绪。他们能同时体验一种以上的情绪（甚至对立的情绪）。比如8岁的儿童从阿姨那里得到生日礼物时说："我很高兴，但我很失望，因为这不是我真正想要的东西。"他们也能认识到，表情不能真正反映内心的情绪体验，也开始学会隐藏自己的真实情绪。

小学生能认识到情绪的因果关系，知道特定的情绪总是由某些原因引起的，而同样的原因会使背景不同、经验和个性不同的人产生不同的情绪。

2. 情绪调节能力的发展

小学生能使用一些策略帮助自己调节情绪以适应困难情境，例如分散自己的注意力，年龄大的儿童更懂得用认知策略来对待情绪和调节情绪。

3. 情绪表达规则的掌握

应用情绪表达规则有助于建立良好的人际关系。小学生已能从概念上理解情绪表达的规则，并能理解情绪表达的意义和目的以及应用它的重要性。

二 小学语文学习与小学生学业发展

（一）与自然知识的学习

"读万卷书，不如行万里路"，大自然是语文取之不尽的源泉。利用得天独厚的自然资源，带小学生到田园里和果园中，那刚钻出来的小草，树枝上的嫩芽，星星点点的小花，湿润的泥土，微微的风，都能调动起学生的各种感官，让学生情不自禁融到活动中，学生可以尽情地寻觅春天的踪迹，领略着大自然的美妙，结合语文学习的实际，引领学生关注自然，体悟自然，在观察中拓宽视野，丰富知识，砥砺能力，增强热爱自然，保护自然的意识。教师要善于利用这份资源，要积极引导小学生走进自然，在自然中摄取语文素养。带着小学生去亲近，去体会，在碧水蓝天、百鸟争鸣的美景里，使小学生学着观察，试着感悟，发现着大自然的神奇，领略着自然现象中的美妙。

（二）与社会知识的学习

现代社会中的小学生不再是"两耳不闻窗外事，一心只读圣贤书"的人。在语文学科的学习中，应以认识社会为主线，沿着"家庭—社会—祖国—世界"的思路，培养小学生民主、合作、竞争、进取等现代意识。语文学习正可以以此作为资源，让小学生到不同的地方，接触不同的人，体验不同的生活。如：在学校开展"调查当地老年人生活状况"的时候，可以带领学生到社区，到敬老院，让小学生感受到人们生活和时代的变化。还可以引领学生去探究自己家乡的发展变化和引起这种变化的原因，探究家乡变化中的人们思想道德和观念的变化，然后对家乡的建设提出自己的建议和意见等。

（三）与人文学科的学习

校园文化是语文学习的重要人文资源，要抓住一切可利用的资源和契机来进行语文知识的学习。可充分利用教室后面的黑板报作为语文学习的一方阵地，结合每周学习的内容，推出各班语文学习的亮点，每周一查一评比，并交流经验。创立"校刊"和成立"校园之声"广播站，开辟"校园新闻"、"校园论坛"、"名作赏析"、"优秀作文"等栏目。以图书室作为语文学习的知识库，每天定时开放图书室、阅览室。在课外活动里，根据小学生的不同特长和爱好，开展书法、写作、阅读、演讲等多种形式的活动。让小学生认真把握语文学习的每一寸天地，让生活的空间充满语文学习的气息。让小学生积极参与到学校的每一项活动，抓住语文学习的每一个瞬间，尽情释放语文学习的热情与活力。

（四）与信息技术的学习

以个人电脑、网络技术和多媒体技术为主要内容的现代信息技术革命的出现，为教学方式与教学模式的变革提供了新的物质基础。充分利用现代信息技术，是教学发展的时代要求。据此，在把信息技术与语文课程整合研究中，要学会把信息技术作为语文学习的支撑点。

网络只是环境，技术只是手段，教学模式改革的目的在于培养小学生的创新精神，使小学生的主体地位得以真正的确立，学习的自主性、能动性、合作性得到发挥，有利于培养小学生的创新意识、创新思维和创新人格。获得更多知识，从而进一步提高语文素养和能力。

三 小学语文学习与小学生个性、社会性发展

（一）小学语文学习与小学生情感态度价值观

在小学语文教学中培养学生高尚的道德情操和健康的审美情趣，形成正确的价值观和积极的人生态度。

语文是一门多元化的课程，它包含丰富的人文内涵，对学生的精神领域也有深广的影响，同样它又具有很强的实践性，透过文字学生感受到各种各样的感情，语文课本身就很容易激发学生的积极情绪。语文教材中孕育着丰富的人文精神，它囊括了中华五千年光辉灿烂的精神文明和世界各

国的先进文化，包含着主体意识、创造思想、责任感、独立人格、权力意识和审美精神等诸多方面的内容。语文教学过程中充满着浓郁的人文情怀，它主要体现在师生之间和谐融洽的关系之中。教师在教学过程中要引导学生热爱生活，关爱生命，健全人格。学习语言的过程也是人的生命、心灵、精神律动的过程，是人实现自我成长的过程，是激发人创造力与生命力的过程。语文教育绝不仅是概念的分析、概括，也不仅是工具的掌握，更重要的是一种精神的熏陶和人格的养成，所以说其人文价值是不言而喻的。语文是借助文字来传递文化、传递思想、传递情感的，每个人都拥有自己的情感，碰到事情也会有自己独特的感受，而文字就是表现这种感受、情感的一种方式，而语文课正是将这种思想、感情通过特定的方式表现出来，以达到交流的目的。通过这种交流，在学生的思想意识中形成特定的情感，树立正确的价值观，这将非常有益于学生的发展与社会的发展。

（二）小学语文学习与小学生社会性发展

1. 小学语文学习与学生社会化

个体社会化是指个体学习知识、技能和规范，取得社会生活的资格，成为一定的社会成员，并发展自己社会性的过程。人类历史发展过程证明，个体社会化是通过掌握社会经验来实现的。

在现代社会，当儿童进入学校后，学校的影响便取代家庭上升到重要地位，成为最重要的社会化因素。学校对学生进行系统的教育，有计划、有组织、有目的地向学生传授价值观念、社会规范、生活技能和科学知识，而所有这些知识技能的获得无一不是以语文的学习作为基础的。语文知识的学习对儿童社会行为的塑造在现代社会中是其他学习难以取代的。

因此，要充分发挥学校在促进学生社会化中的作用，就必须重视语文知识的学习，不断提高语文学习的质量。语文知识学习不好，必将影响学生社会化的进程。

2. 小学语文学习与小学生文化化

"课标"明确指出："在学习语文的过程中，培养社会主义思想道德、爱国主义感情和健康的审美情趣，发展个性，培养团结协作的精神，逐步形成积极的人生态度和正确的价值观。认识中华文化的博大精深，吸收民族文化的智慧。"

中国五千年的文化，值得后人学习、传承与发展。小学语文教学能有效地引发学生对中国文化的热爱，让学生受到熏陶，在成长的过程中形成健康的人生观和价值观，并树立起中华民族的自信心和骄傲感。小学教育的过程是小学生在生活世界中道德观价值的成长过程，由于小学语文的特殊性，它直接地全方位地影响着小学生道德观念的形成。

　　语文教育的过程应该是个文化的过程，所谓"文化"不是一个名词而是一个动词，就是人文化的过程，是个陶冶情操、滋养心灵、促进生命成长的过程。课程就是文化的载体，又是文化的组成部分，离开了文化就没有课程。实际上学习语文的过程就是个文化过程。语文不仅是传承文化的一种载体、一种工具，它最重要的功能就是文化的一种组成，语言和文化，主要是指语文的这种文化构成的本质和内涵。汉字，它的笔画结构具有表意性，如"人"字，一撇一捺就是一个支撑，它是象形的，其本身就是一个故事，是一个人的构成的故事。即使简单如教学生写字，不仅要教给他笔画顺序、间架结构，也要教他明白这个汉字所负载的文化和审美的意义，以及在字里蕴涵的故事。唯如此才能够学好语文，才既可以提高学生的语文能力，同时又可以陶冶学生的心性，培养学生的情操，建构学生的精神。所以这个"语言文化"的定位就是既强调语文能力的培养和训练，又把语文训练的过程作为心性陶冶的过程，作为一个文化过程。

【我思我行】

　　1. 从你身边选一个实际的例子，说说语文学习对个体发展的影响。

　　2. 在网络时代，人们读图多于读文，打字多于写字。这对于人尤其是小学生的社会化、文化化有什么影响？请你从观察到的事实与你自己的真实感受出发，谈谈你的观点。

【参考文献】

　　1. 施良方：《学习论》，人民教育出版社1994年版。

第二章　小学语文学习过程与方法

【开篇语】
　　基础教育课程改革的主要目标是改变学生的学习方式，变被动的接受知识为主动的获取知识，学生主动获取知识的过程成为新课程关注的焦点，"知识与技能、过程与方法、情感态度与价值观"成为新课程评价课堂教学的三维目标。在小学语文教学中，要实现上述目标，就必须要重视小学语文学习过程中语文知识内容与小学语文课程的学习方法，即注重语文学习的过程，在此基础上养成良好的语文学习习惯。

【问题情境】

小学语文教学中小组合作学习的问题

李小爽

　　1.1　为"合"而合。合作学习的主要目的是为了解决个人自主学习无法解决的问题，学生个体能自主解决的浅显问题，是不宜"兴师动众"地采用小组合作学习的方式。一些教师缺乏教学目的性和针对性，一味滥用小组合作学习，营造表面的"热热闹闹"的学习气氛。一教师在教《荷叶圆圆》一文时，提到这样一个问题："文中哪些小伙伴喜欢荷叶？他们各说了什么？"话音刚落，就有几只小手举了起来。可老师偏偏说："请大家以小组为单位，互相讨论讨论。"于是，几十张小嘴便说个没完没了，课堂气氛极其活跃。其实这两个小问题只需给一两分钟，学生便能独立解决。这种看似活跃的课堂教学实则浪费有限而宝贵的学习时间，使教学效果大打折扣。

　　1.2　作而不"合"。合作学习不是简单地把学生分成几个小组，不能把小组合作学习停留在表面形式上，在具体的教学过程中还要关注很多深层次的问题。笔者听过几位教师课上的小组合作学习，教师基本上是让学生以小组为单位坐在一起学习，许多学生停留在独立学习的层次上，没有真正地讨论和合作，没有发挥小组合作的优势，其学习结果不能完全代表本小组的水平。更有甚者是有的组在为谁记录谁发言而争吵，有的组学生却悄悄地做自己的功课，有的组虽讨论起来了，但说的却是与讨论无关的话题，而且几乎每次分组学习，总有人做"主说"，也总有人一声不吭。笔者认为导致学生参与度不均衡，作而不"合"的主要原因是学生的个人职责不明确，以及老师只关注小组的学习结果，不注意学习过程和个人的学习情况。

1.3 合而无"技"。新课程的实施，大家都在实验过程中。在开展小组合作学习时，我们常发现学生并不知道怎样才能与其他人进行有效的合作。出现这些情况：一是学校不重视社会交际技能的训练；二是现在学生大多是独生子女，普遍缺乏合作意识和机会；三是受传统思想的影响，一些人关注的焦点主要是达到竞争取胜。这时学生相互之间就显得生疏，他们不会意识到合作学习将带给我们的好处，所以就不会主动学习社交的技巧了。

1.4 合而无"质"。新一轮基础教育改革倡导把课堂还给学生，但是部分老师在实践中不知如何操作。笔者听过十余节公开课，都是老师预先布置好专题，课前与学生接触，先让学生分组调查研究，做一些信息的收集整理工作，然后课堂上小组交流展示。在整个操作过程中，无论是学生提出问题还是回答问题，老师都是旁观者，不能给予及时、适度的点拨和指导。教师缺乏准确的定位，只是由过去的"满堂灌"变成现在的"旁观者"。

1.5 评而无"别"。在小学语文课的小组合作学习时，我们常看到：一是评价主体单一，形式单一，老师是唯一的裁判者。二是评价只着眼于对整个小组的评价，没有关注学生在活动中的个性反应。三是评价只重视结果，忽视学生的学习过程。四是评价把优秀的成绩给予极少数学生，其余的学生只能获得较低的成绩。这样，评价无形中变成一种甄别过程。而在这个过程中，只有少数学生能够获得鼓励，体验成功的快乐，大多数学生都成为失败者、遗忘者。

1.6 条件不"允"。笔者听过的合作学习课，大部分是6人一组，每个班9—10组。众所周知，我国学校班级人数较多，一般都在50人左右，多者甚至达到六七十人，这给小组合作学习带来了一定困难。一般来讲，班级人数在 50 人以下，比较容易分组且易于管理；人数过多，不好分组也不好管理。另外，大部分学校是按班级固定教室，这就给小组合作学习带来很多不便，因为有很多课不需要小组合作学习，一个班级的桌椅在课间休息的几分钟里重新布置是不现实的。

（摘自：《中国教育发展研究》2010 年第 6 期《小学语文合作学习存在的问题与策略》）

【理论导学】

《全日制义务教育语文课程标准》以全新的视角揭示了语文课程的特点和发展方向，特别是将课程目标以"知识和能力"、"过程和方法"、"情感态度和价值观"这三维来设计，第一次将学习过程和学习方法提高到这"三重"之一的位置，对教师更新教学观念、改进教学方法，有着极其重要的影响。关注"过程和方法"，遵循了学生的发展规律，即学生的发展离不开学习。"课程标准"站在培养人的高度，将"过程和方法"放在"三重"地位，充分遵循了学生的发展规律。

第一节　小学语文学习过程

基础教育课程改革的主要目标是改变学生的学习方式，变被动的接受知识为主动的获取知识，学生主动获取知识的过程成为新课程关注的焦点。"课标"对"过程"赋予了更为深刻的含义，明确了"过程"的定位：过程本身就是一个课程目标，即必须首先让学生在语文学习活动中去"经历……过程"。经历过程会给学生带来探索的体验、创新的尝试、实践的机会和发现的能力。"过程与方法"是新课程三维目标中的一条鲜明红线，彰显出"学习过程"的重要性。

【案例 2-1】

《比尾巴》教学片段
许静月

师：下面请同学们自己读读课文，边读边想：有哪些动物来参加比赛？他们的尾巴有什么特点？

（学生自由读课文，读后汇报，教师随学生汇报随机在黑板上贴出小动物图片、名称及生字。）

师：黑板上有一些字是红色的，谁知道为什么这样做？

生：因为这些是生字？

生：看看这些字，你最想先学哪个字？

生：我想先学"把"字。"把"字的左边是"扌"，右边是"巴"字，合起来就是"把"。

师：你的方法很好，谁还有其他方法？

生：比如我把文具盒打开，要用手，所以"把"字的左边是提手旁。

生：我发现"把"字和"爸"字很像，因为它们里面都有尾巴的"巴"字。

生：我给"把"找个朋友，车把。

师：同学们想的办法真棒！下面请同学们在课文中找出其他生字，同组同学互相交流一下，看谁记得快？

（学生讨论、汇报。教师及时点拨，并及时指导新偏旁：矢、八、鸟。）

师：（作倾听状）刚才小动物告诉老师：咱们班的小朋友真聪明，这么快就把生字记住了。

（摘自：《新课程·教研版》2010年第10期）

从上述教学片段中你看到了学生是怎样学习生字的？这个学习过程对你有何启发？

一　小学生语文学习过程概说

建构主义学习理论认为，学生学习的过程是对知识意义主动建构的过程，而不是一个被动吸收的过程。"没有过程就没有教育。"学生的学习过程是一个发现问题、分析问题、解决问题的过程。这个过程一方面是暴露学生各种疑问、困难、障碍和矛盾的过程，另一方面是展示学生聪明才智、独特个性、创新成果的过程。正因为如此，学习强调过程，强调学生探索新知的经历和获得新知的体验。

（一）小学生语文学习的内容

1. 语文基础知识：汉语拼音（音节、声母、韵母、整体认读、声调和音标、拼音方法、拼写规则、音变)、识字、写字、词语、句子、标点符号、修辞方法、阅读、口语交际、作文、综合性学习等内容。

2. 小学语文基本技能：听、说、读、写的基本能力。小学语文是工具学科；是基础工具学科，是表情达意的工具学科。凡工具学科，就必须使学生掌握一定的能力。叶圣陶先生早就明确指出："语言文字的学习，就理解方面说，是得到一种知识；就运用方面说，是养成一种习惯。这两方面必须联成一贯；就是说，理解是必要的，但是理解之后必须能够运用；知识是必要的，但是这种知识必须成为习惯。语言文字的学习，出发点在'知'，而终极点在'行'；到能够'行'的地步，才算具有这种生活的能力。"

3. 小学语文审美情趣的能力：欣赏美、领会美的能力。审美情趣能力的培养，必须要通过语文学习来完成，使学生学会鉴赏语言的美、文本的美、传统的美、现实的美、情感的美、思想的美、艺术的美、生活的美，使他们能识美丑、知善恶、明是非、懂礼义。审美不仅是阅读与写作的基础，也是一个生命能否更加美好、更加富有创造力的基础。

(二) 小学生语文学习的策略

所谓学习策略，主要是指在学习活动中，为达到一定的学习目标而学会学习的规则、方法和技巧；它是一种在学习活动中思考问题的操作过程；这是认识策略在学生学习中的一种表现形式。以下是几种常见的学习策略：

1. 注意策略

语文教师可以采用外部手段来控制学生注意，并激发学生采用适当的注意策略，以促进学习与保持。笔者在让学生读课文时，就注意到"带着问题读课文"并不是一种最佳的阅读方法，而"让学生先读课文，然后思考问题"，反而是一种更有价值的学习策略。这是因为小学生的注意力比较差，一心几用的能力相对较弱。

2. 编码与组织策略

人们注意了的信息要想能够长久地保持，最有效的策略就是对信息进行编码和组织。无论是拼音、识字、阅读教学，语文老师都需要经常引导学生对知识进行分类排队，找出规律，就是这种策略的运用。比如，学习"咨"这个字时，笔者让学生找出它的形近字"姿、资"来，进行对比，比较记忆，学生大大加深了对这几个字的区别。

3. 精细加工策略

在语文教学中要告知学生在阅读和听讲时，一边听（或一边看），一边要做笔记。有时可以画出文中自己觉得写得美或者写得好的句子，有时可以在句子旁边写下自己的简单感受。这是非常重要的学习策略，应注意从小培养学生的这一习惯。

4. 复述与复习策略

教师在语文教学中，应注意教育学生在阅读过程中，边阅读边背诵，将阅读和尝试背诵交替进行。这样的方法，有助于学生的记忆顺利进行。另外，对于复杂知识的学习，复习策略包括边看书边讲述材料、在阅读时对材料的重点、难点和要点用画线、圈点、加注符号等方式将其突现出来等。这些都是已被无数事实证明是行之有效的学习策略，在日常的语文教学活动中应有意识地对学生加以训练。

（三）小学生语文学习的特点

1. 综合性。语文综合性学习打破了课本是唯一信息源、教师是唯一信息传递者、教室是唯一信息交流场所的教材、教师、教室"三中心"论，打破了语文教学的学科本位论和语文教学的封闭状态，体现了鲜明的综合性特点。

（1）学习目标的综合，包括识字与写字、阅读、写作和口语交际这四个方面的学习目标的综合及知识和能力、过程与方法、情感态度价值观三个维度目标的整合。

（2）学习内容的综合，小学语文学习涵盖变化中的整个生活世界的各个方面，上下五千年，纵横几万里，天文、地理、军事、经济、科技，古今中外无所不包，体现自然、社会、人文领域与语文课程内容的综合。

（3）学习方式的综合，书本学习和实践活动相结合，接受学习和探究学习相结合，课内学习和课外学习相结合，集中学习和分散学习相结合，规范学习和休闲学习相结合，个体探究和合作学习相结合。

（4）学习资源的综合，包括课堂教学资源和课外学习资源的综合性开发和利用、语文课程与其他课程综合性沟通和整合。

（5）评价的综合性，评价的内容与形式，都要从多角度、多层次上设计展开，采用形成性评价与终结性评价相结合、定性评价和定量评价相结合等多维度、多侧面的综合性评价方式，全面而客观地反映学生综合性学习的效果，既让学生分享成果的喜悦，又明确下一步努力的方向，促进学生健康、和谐发展。

2. 实践性。语文学习的过程是综合运用语文知识和能力的过程，是相关学科知识和能力迁移运用的过程，是学生读、写、听、说不断实践的过程，是学生在语文实践中不断受到熏陶感染的过程。

3. 开放性。语文学习的内容与生活领域同样广阔；学习时空包括课内外、校内外，辐射家庭、社会和自然；学习过程可由学生自主探究、亲身体验、释放激情、独显灵性。

二 小学语文学习评价

(一) 新课程小学语文学习评价观

1. 基本理念——以生为本

学生是学习的主体，语文学习评价就要树立"以生为本"的基本理念。"以生为本"不是以学生的成绩为本，也不是以学生的暂时的、阶段性的发展为本，而是以学生的长远发展为着眼点，以学生的个性健全、特长突出为评价总目标，以语文整体素质为评价指标，既考察必要的语文基础知识，又要考察听说读写等基本能力，还要关注他们热爱祖国语言、养成规范使用语文文字的情况，更要着力培养学生的高尚的道德情操和健康的审美情趣。

2. 小学语文学习评价项目

（1）学习品质。学习品质包括学习兴趣、学习习惯、学习态度等，评价时参考内容可以是思考发言、作业书写、完成情况；读、写姿势、阅读课外书报、收集各种信息等。

（2）认知能力。认知能力包括基础知识和基本技能。

（3）语文综合实践活动。包括：看书报及新闻并摘要做笔记、写周记、办手抄小报、写观察日记、随文练笔、参加语文学科竞赛活动等。

（4）自我展示。即让学生发挥自己的特长，挑一个自己最拿手的内容（如朗读、讲故事、书法、写作等）进行展示。在具体的测评中允许学生在多项内容的测评中，根据自己的兴趣、爱好、特长进行单项或多项选择，并参与测评，既尊重学生的个性发展，又激发了学生的语文学习兴趣。

3. 小学语文学习评价内容

根据各学段目标的要求，我们认为小学语文学习评价内容包括：

(1) 识字与写字评价

汉语拼音能力的评价，重在考查学生认读和拼读的能力，以及借助汉语拼音认读汉字，纠正地方音的情况。

评价识字要考查学生认清字形，读准字音，掌握汉字基本意义的情况，以及在具体语言环境中运用汉字的能力，借助字典、词典等工具书识字的能力。不同的学段应有不同的侧重。

关注学生日常识字的兴趣，关注学生写字的姿势与习惯，重视书写的正确，端正，整洁，激发学生识字写字的积极性，不能简单地用罚抄的方式来达到纠正错别字的目的。

(2) 阅读评价

阅读评价要综合考查学生在阅读过程中的感受、体验、理解和价值取向，考察其阅读的兴趣，方法与习惯以及阅读材料的选择和阅读量。重视对学生多角度、有创意阅读的评价。语法，修辞知识不作为考试内容。

朗读，默读的评价。能用普通话正确、流利、有感情地朗读课文，是朗读的总要求。根据阶段目标，各学段可以有所侧重。评价学生的朗读，可从语音、语调和感情等方面进行综合考察，还应注意考查对内容的理解和文体的把握。

注意加强对学生平日诵读的评价，鼓励学生多诵读，在诵读实践中增加积累，发展语感，加深体验与领悟。评价默读，应根据各学段目标，从学生默读的方法，速度，效果和习惯等方面进行综合考察。

精读的评价。重点评价学生对读物的综合理解能力，要重视评价学生的情感体验和创造性的理解。根据各学段的目标，具体考察学生在词句理解、文意把握、要点概括、内容探究、作品感受等方面的表现。

略读，浏览的评价。评价略读，重在考察能否把握阅读材料的大意；评价浏览能力，重在考察能否从阅读材料中捕捉重要信息。

文学作品阅读的评价。根据文学作品形象性、情感性强的特点，可着重考查学生对形象的感受和情感的体验，对学生独特的感受和体验应加以鼓励。

古诗文阅读的评价。评价学生阅读古代诗词和浅易文言文，重点在于考查学生记诵积累的过程，考查他们能否凭借注释和工具书理解诗文大意，而不应考察对词法、句法等知识的掌握程度。

(3) 写作评价

写作评价要根据各学段的目标，综合考察学生作文水平的发展状况，应重视对写作的过程与方法，情感与态度的评价，如是否有写作的兴趣和良好的习惯，是否表达了真情实感，对有创意的表达应予鼓励。

重视对写作材料准备过程的评价。不同学段学生的写作都需要占有真实、丰富的材料，评价要重视写作材料的准备过程。不仅要具体考查学生占有什么材料，更要考察他们占有各种材料的方法。要用积极的评价，引导和促使学生通过观察、调查、访谈、阅读、思考等多种途径，运用各种方法搜集生活中的材料。

重视对作文修改的评价。要注意考查学生修改作文的态度、过程、内容和方法。通过学生的自改和互改，取长补短，促进相互了解和合作，共同提高写作水平。

采用多种评价方式。提倡为学生建立写作档案。写作档案除了课内外作文外，还应记录写作态度、主要优缺点以及典型案例分析等内容，以全面反映学生的写作实际情况和发展过程。

对学生作文评价结果的呈现方式，根据实际需要，可以是书面的，可以是口头的；可以用等第表示，也可以用评语表示；还可以综合采用多种形式评价。

（4）口语交际评价

评价学生的口语交际能力，应重视考察学生的参与意识和情意态度。评价必须在具体的交际情境中进行，让学生承担有实际意义的交际任务，以反映学生真实的口语交际水平。

（5）综合性学习评价

综合性学习的评价应着重于学生的探究精神和创新意识。尤其要尊重和保护学生学习的自主性和积极性，鼓励学生运用多种方法，从不同的角度，进行多样化的探究。这种探究，既有学生个体的独立钻研，也有学生群体的讨论切磋，所以除了教师的评价之外，要多让学生开展自我评价和相互评价。评价的着眼点主要在：

——在活动中的合作态度和参与程度。

——能否在活动中主动地发现问题和探索问题。

——能否积极地为解决问题去搜集信息和整理资料。

——能否根据占有的课内外材料，形成自己的假设或观点。

——语文知识和能力综合运用的表现。

——学习成果的展示与交流。

在评价时，要充分注意学生在解决问题的过程中所采用的思路和方法，及时发现差异。对不同于常规的思路和方法，尤其要给予足够的重视和积极的评价。

第二节　小学语文学习方法指导

【案例 2-2】

口语交际《春天来了》教学片断

（课前教师做好四项准备：①布置学生每人背诵一两句描写春天的古诗；②准备好录音机和带有歌曲《春天在哪里》的磁带；③做好四张卡片，分别写有"春暖花开"、"春色满园"、"春光明媚"、"春意盎然"四个成语；④选好一处景点）

（在一个阳光明媚的日子，教师带领学生来到选好的景点处）

师：小朋友，现在是什么季节呀？

生：春天！

师：春天来了，你们有没有发现身边的事物有什么变化呀？

生：天气暖和了，河里的冰化了。

生：我们穿的衣服比以前少了。

生：小草变绿了，很多花开了。

师：你们看，我们学校的大花园多漂亮呀！谁来夸夸大花园？

生：花园里的花真多！

生：花园里的花有红的，有黄的，有紫的，真好看！

生：花园里花开得可多了，真香！

生：花的样子很好玩，有的全开了，有的还没开。

师：全开的花叫"鲜花怒放"，还没有开的花骨朵，叫"含苞待放"。你们看，那盛开的花儿多像小朋友的笑脸呀！你们看，花园里除了花，还有什么？

生：还有草。

生：还有树。

生：我看到了一只小蜜蜂，它在"嗡嗡"叫着。

师：你知道小蜜蜂在干什么吗？

生：小蜜蜂在采蜜。

生：还有，我还看到蝴蝶在跳舞。

评点：该片段教学中，教师把课堂搬出教室，搬进大自然，让学生在广阔的天地中学成语，加深了学生体悟。整个教学过程也好似春天一道亮丽的风景。"熟记成语"教学的效果不能仅看学生有没有记住几个成语，还要看看学生"熟记"之外还获得了什么！

（摘自：全国教师教育网络联盟网站《小学语文新课程教材教法案例参考》，江苏教育出版社选送）

一 新课程提倡的学习方式

新课程倡导课堂教学要积极开展自主合作探究的学习方式，让学生在充分的阅读、思考、交流的实践活动中体会到语言的魅力，体验学习的快乐，从而成为学习、实践、发展的主人。"课标"积极倡导自主、合作、探究的学习方式。

（一）自主的学习方式

自主学习是与传统的接受学习相对应的一种现代化的学习方式，是以学生作为学习的主体，通过学生独立的质疑、分析、探索、实践、创造等方法来实现学习目标。《基础教育课程改革纲要（试行）》在论及基础教育课程改革的具体目标时指出："改变课程实施过于强调接受学习、死记硬背、机械的现状，倡导学生主动参与、乐于探究、勤于动手，培养学生搜集和处理信息的能力、获取新知识的能力、分析和解决问题的能力以及交流与合作的能力。"自主学习具有独立性和差异性的特点。

（二）合作的学习方式

合作学习是指学生在学习群体中为了完成共同的任务，有明确的责任分工的互助性学习。《国务院关于基础教育改革与发展的决定》中专门提及合作学习，指出："鼓励合作学习，促进学生之间的相互交流、共同发展，促进师生教学相长。"合作学习有助于培养学生的合作精神、培养学生的交往能力、培养学生的创新精神、培养学生的竞争意识、培养学生的平等意识、培养学生的承受能力和激励学生主动学习。

（三）探究的学习方式

探究性学习是指学生独立地发现问题、获得自主发展的学习方式。探究性学习有利于发展学生的主体性，有利于学生自主地学习个性发展所需要的知识，使人类群体的智力资源有效转化为个体智力资源，有利于培养学生的可持续发展的能力，使学生学会学习，培养健康的社会情感，培养学生的创造精神。而这些品质都是终身学习社会所必需的。

二 小学语文有效学习方法

学习方法指学习过程中学习者所采取的具体活动措施与策略。实质上，学习方法是一系列相互关联的活动，是学习者在一定的学习原则的调节指导下，有意识地发挥自己的心理能力和体力，把一系列具体的方法和手段连为一体而形成的有明确目的的活动。对于小学生语文学习的方法而言，具体体现在以下几个方面：

（一）制订学习计划的方法

在制订计划时应考虑以下因素：计划要考虑全面；长远计划和短期计划合理安排；安排好常规学习时间和自由学习时间；对重点突出学习；从实际出发来制订计划；注意效果，及时调整计划；要留有余地；脑体结合，文理交替；提高学习时间的利用率。

（二）预习的方法

预习是小学生学习必须要明确的任务，预习一般遵循阅读、标疑和思考三个部分。先阅读全文，划出生字词，不明白意思的试着查字典解决；在此基础上明确课文内容，遇到不理解的地方，打个问号。课文后面题目，试着动笔，借助查阅资料尝试解决；保证上新课的时候，学习效率高。

（三）听课的方法

小学生在上课听课前要做好听课的准备，书和笔，放在适当的地方，人坐端正，集中注意力；碰到重点和难点的知识要注意听讲，并且要积极动脑筋思考。动用大脑、眼睛和手，提高课堂听课的效率。

（四）做课堂笔记的方法

小学生在做课堂笔记时应明确：老师强调的重点；课本上没有而是老师补充的内容；结合老师讲课的内容自己需要加强的部分；对老师在课堂上讲的内容有疑问应及时记下；勤记老师讲的解题技巧、思路及方法；注意记住老师的课后总结，这对于浓缩一堂课的内容，找出重点及各部分之间的联系，掌握基本概念、公式、定理，融会贯通课堂内容都很有作用。

记课堂笔记的五大技巧：用词用语要简洁浓缩，常用词语可用代号；

不要记得太紧太密，每页右边留下约 1/3 的空白处，以便日后补充、修改；注意听课与看书结合，有些内容可直接在书上批注；写字要快，字迹能够看清就行；用不同颜色的笔，比如一般的内容用蓝色笔记，重要的内容，如概念、公式、定理等用红色笔记，以便日后复习。

（五）发言的方法

教师在语文教学中要逐步培养小学生的组织内容、遣词造句、发音能力等。坚持朗读训练，可以锻炼学生的胆量，培养语感，情感感知能力和说话能力。要引导小学生对课本的内容进行复述，对生活中的事务进行自述。在教学中教师应重视对学生观察、思考、表达等方面出现的问题进行具体指导，要有意识地逐步培养学生形成连贯、完整、有主题、有条理、有层次、语词丰富、描述具体的语言表现力，自述训练能培养锻炼思维的敏捷性、条理性和深刻性等品质。

（六）复习的方法

学习贵有方，复习应有法。就复习而言，那种仅仅靠"汗水 + 时间"的做法是不科学的，也是不可取的。根据记忆和遗忘的有关规律，提高复习效果，要注意以下几方面：

第一，深刻理解学习内容。要想使复习取得好效果，必须重视复习之前对新学知识的理解。第二，复习任务要明确。复习过程中，一定要提出明确目的和要求，有了明确的复习目的，会使大脑细胞处于活跃状态，注意力高度集中，对外界信息反应敏捷，记忆清楚。第三，及时复习。德国心理学家艾滨浩斯通过实验研究发现：遗忘的规律是先快后慢，即在学习后短时间内遗忘快，以后逐渐减缓。因此，必须重视在识记后的及时复习，一般是当天功课当天复习。第四，改进复习方法。复习方法的重要性绝不亚于学习材料本身。方法得当，则事半功倍；方法不当，则事倍功半。根据记忆原理，通常采用以下方法复习：分散复习；阅读与尝试回忆结合；交叉复习。

（七）做读书笔记的方法

读书时，自觉地把记笔记作为学习中随时可以应用的一根手杖，可以有效地提高读书效率，增强学习效果和质量，更好地达到学习目的。读书笔记的做法有很多，这里特介绍以下几种做法：

1. 符号式笔记。做符号式笔记需要注意以下几点：所读的书必须是自己的；每一种符号所代表的意思，自己应该固定下来，不要随意改动；

符号不能做得过多。如果整页整页都围上圈，画上线，全都成了重点，就等于没有了重点，符号也就失去了它的意义；要清楚整齐。

2. 摘录式笔记。摘录式笔记就是把我们从书上、报上看到的一些精辟的、富有哲理的、有启发的内容抄写下来。做摘录笔记时要注意以下几个问题：要有选择地抄录；要忠实原文；要注明出处。

3. 剪贴式笔记。在自己订阅的报纸、杂志上看到好的文章或者其他有用的资料及时剪下来，经过整理就是剪贴式笔记。剪贴式笔记需要注意以下几点：进行剪贴式笔记时要按不同的内容分类；每一条剪贴的内容要注明出处、时间；短小的剪贴笔记也可以作为读书卡片的内容。

4. 感想式笔记。读完一本好书或一篇好的文章，将自己的感想和体会写出来，这种读书笔记就是感想式笔记，也叫读后感。

三　小学语文学习方法指导

所谓小学语文学法指导，是教师对学生学习小学语文的方法的指导，它是教育者通过一定的途径对学习者进行小学语文学习方法的传授、诱导、诊治，使小学生掌握科学的学习方法并灵活运用于学习之中，逐步形成较强的自学能力。学习方法指导包含两个方面的含义：一是在具体的学习情境中引导学生掌握学习方法；二是引导学生获得有关学习方法使用价值的认识，即充分认识具体学习方法使用范围，使学生在一定的学习情境中能选择并运用恰当的学习方法。

（一）小学语文学法指导的原则

1. 教法与学法相结合

教与学是一项双边活动。教师的教法旨在调动学生学习的积极性，并指导学生正确运用良好的学习方法。如果只顾教法，不作任何的学法指导，势必也会影响教学质量。因此，教学中，教师必须化为学生群体之一员，充分考虑采用的教学方法是否适应教学的内容与学生的实际的需要。

（1）教师指导，学生尝试。开始，学法的掌握，在很大程度上要靠教师的指点，例如怎样拼读音节，怎样识记字形，怎样说完整的话等等。当学生有了一定的基础后，教师可把规定学习的程序和方法的材料传授给学生，要求学生按规定的学习规程进行实践，进而形成习惯，掌握方法。

（2）教师示范，学生模仿。

（3）学生质疑，培养能力。

2. 课内与课外相结合

语文知识的学习不能仅仅局限在课堂以内，而是要将课堂语文科学知识的学习与课外的运用知识有机地结合起来。而且语文学习的规律告诉人们：没有课外的广泛的训练、阅读、体会、运用，是学不好语文的。

3. 群体与个体相结合

在语文知识的学习过程中，要充分认识到语言交流的价值与功能。语言作为交际的工具，其价值同样体现在语文知识的学习与掌握上。注重语言的群体交往活动，使得个体的语言发展符合一定群体的要求与标准，这样将非常有助于群体中个体语言能力的发展。

（二）小学语文学法指导的内容

1. 培养自觉地获取知识的心理状态

（1）学习的动机。学习需要动机。由于学生的个人需要而产生的学习内驱力很重要。要努力强化学生学习的动机，激起学习欲望；看到自己学习成果而受鼓励，从而增强自信，经受挫折，要有不甘失败和屈辱的精神。（2）学习的兴趣。浓厚的学习兴趣与效率有密切关系，可以从好奇心和求知欲中激发学习兴趣。（3）学习的情感、意志和态度。将积极的情感同学习联系起来，防止消极情绪的滋生，可以促进学习。善于控制自己，是学习意志力培养的关键。控制和约束自己的行动，控制不需要的想法和情绪，可以使思想集中到学习上来。

2. 掌握科学的学习方法

总的来说，科学的学习方法可用如下歌谣来概括：课前要预习，听课易入脑。温故才知新，歧义见分晓。自学新内容，要把重点找。问题列出来，听课有目标。听课要专心，努力排干扰。扼要做笔记，动脑多思考。课后须复习，回忆第一条。看书要深思，消化细咀嚼。重视做作业，切勿照搬抄。编织知识网，简洁又明了。

3. 揭示语文学习的规律

小学生学习语文并非从零开始，在教学中教师在设定教学目标，选择教学内容，提出教学要求，安排教学进程，以及编写学生读物、习题、考题，都应充分考虑学生的母语习得基础，重视儿童已有的生活经验。语文学习应特别重视积累典范的言语材料。熟读背诵是内化、积累的好方法。要有效提高学生的语言能力，必须高度重视思维能力的培养。在语文课程中，思维训练不能独立于语言训练之外，而要融合在识字写字、阅读、写作、口语交际以及综合性学习之中。如何使学生的语言能力和思维能力同步协调发展，一线语文老师在阅读教学、写作教学、听说教学中采取灵活多样的方法进行思维训练，培养学生敏捷、广阔、深刻、周密、创造等多方面的思维品质，取得了显著成效，值得借鉴。

4. 养成良好的语文学习习惯

良好的习惯常常助人成功。就小学语文学习而言，良好的习惯应包括：大声朗读，"书读百遍，其义自见"。博览群书；寻章摘句；背诵记忆；经常练笔；规范书写；查工具书；相互交流。

(三) 小学语文学法指导的过程

1. 初步了解

教师在教学过程中要对于学生的语文基础进行调查与了解，包括语文知识结构，即字、词、句等知识内容，运用语言的能力等方面。初步了解小学生语文学习的情况，尤其是弄清学生掌握、运用学习方法学习的状况，是搞好学法指导的重要前提。最简单的办法是通过让学生叙述自己的学习方法运用情况和学习过程来直接了解，也可以通过调查问卷、检查作业、考试检查、平时观察等途径侧面了解。然后根据了解到的情况，通过谈话、家访、观察、检查表核对等方法来进行根源分析。

2. 制订计划

制订计划就是根据学生的学习情况，明确学法指导的目标，选择学法指导的途径、方法和时机，并做好相应的准备。在学法指导中，教师一定要注意探索和积累科学的学习方法，既要学习传统学法的精华，也要学习采用适当的方法，择善而施。根据对学生语文基础知识的调查，找出存在的相关问题及原因，来制订出相应的计划。每个学生在此的表现不尽相同，因此必须要根据不同学生的实际状况来制订计划，开展有针对性的教学活动。

3. 实施指导

实施指导是把指导计划机动灵活地付诸实施。在学法指导中，夸耀注意针对学生的年龄特征、心理特点以及学习环境的实际情况继续指导。一方面要兼顾小学生在知识、能力和非认知因素等方面的差异有针对性地进行辅导，对不同条件、不同年级的学生提出不同的要求。另一方面，要注意引导小学生走由仿到创的路子。教师应根据由浅入深、循序渐进的言责，先给学生提供适当的范例或基本模式，并通过一定量的训练，以促使学生把教师所教的学习方法内化为自己的学习方法，逐步建立起具有个人特色的学法体系，形成自学能力。

（四）小学语文学法指导的方式和途径

1. 精心计划，多形式进行学法指导

教师要精心策划，采用多种形式，如书面的、口头的方式；课内与课外结合等形式。加强语文的实践活动，主要体现为语文知识的综合运用，听、说、读、写能力的整体发展，语文课程与其他课程的沟通，书本学习与实践活动的紧密结合。还应突出学生的自主性，重视学生主动积极的参与精神。

2. 有机渗透，寓学法于教学之中

小学生学习的过程实际上就是获取、整理、储存、运用知识和获得学习能力的过程，因此，语文学法体系应主要包括如下几个方面：一是小学生获取化学知识的方法；二是小学生整理知识的方法；三是小学生记忆的方法；四是小学生运用知识处理问题的方法；五是小学生选择合适学法的方法，如学生如何选择合乎自身学习特点的记忆方法、做笔记的方法等。学法指导的研究问题，不仅包括学法体系的构成问题，而且还包括学法指导的方法问题。学法指导的最终落脚点不应是小学生对学法体系的了解上，而应是小学生对学法体系的掌握和运用上。

3. 建立常规，确保学法指导到位

要使学生形成良好的学习习惯，就要帮助学生拟定一些学习常规，如自学（预习）常规、上课常规、阅读常规、复习常规、课外学习常规等等，让学生按常规进行学习，以便逐步养成良好的学习习惯。实施这种学法指导方式，一是要对学生活动的各个环节，各个方面提出明确具体的要求；二是要采取必要的措施，保证学生按规章去做。

4. 横向联系，实现学法沟通

要充分重视小学生在学学法、用学法、创学法方面的积极性、主动性和创造性。充分发挥学法信息交流的主题效应。

（1）组织小学生交流成功的学习方法。如举办"学习方法座谈会"、"复习方法大家谈"、"学习成功的秘诀"的座谈会、演讲赛，等等。

（2）向学生推荐介绍在新近出版的报刊上寻觅的谈学习方法的文章，不断吸收新信息，利用新成果。

（3）在手抄小报、黑板报、校刊上开辟"学法论坛"专栏，或出专版、专刊、专辑、拓宽发表交流园地。

（4）采用问卷调查、个别谈话、咨询诊断、观察考核等方式，检查学法知道的效果。收集整理分析学生（高年级）写的此类心得体会、实验报告，加强个别指导。

（5）请高年级或已毕业的优秀生交流学习的经验，现身说法，或请对学习科学有一定研究的学者作学术报告。

小学语文学法指导是一个由非认知因素、学习方法、学习习惯、学习能力和学习效果组成的动力系统、执行系统、控制系统、反馈系统的整体，对其中任何一个系统的忽视，都会直接影响学法指导整体功能的发挥。因此，应以系统整体的观点进行学法指导，以指导学生加强学习修养、激发学习动机，指导学生掌握和形成具有自己个性特点的科学的学习方法，指导学生养成良好的学习习惯，提高学习能力及效果。

【拓展阅读】

论小学语文学习方法和策略
朱国富

【摘要】在学校里，学生最重要的学习是学会学习；最有效的知识是自我控制的知识。要学会学习，就有一个掌握学习方法和使用学习策略的问题。而学生学习能力的高低，很大程度上取决于他们的学习方法和学习策略。

【关键词】小学语文 学习方法 学习策略

在学校里，学生最重要的学习是学会学习；最有效的知识是自我控制的知识。要学会学习，就有一个掌握学习方法和使用学习策略的问题。而学生学习能力的高低，很大程度上取决于他们的学习方法和学习策略。

1. 小学生语文的学习方法。做任何事情就要讲方法，方法得当就做得快，做得好。学习也是一样。微观具体的做法叫做学习方法，宏观整体的做法叫学习策略。语文学习有具体的方法，也有整体的策略。我们先来谈学习方法。

"最有价值的知识是关于方法的知识。"在未来社会里，"文盲不再是不识字的人，而是没有学会怎样学习的人"。（埃德加·富尔《学会生存》）因此，对学生进行有关学习方法的指导是十分必要的。语文的学习方法，有涉及语文整体的，有涉及语文局部的；有基本的，也有具体的。关于语文整体的基本学习方法，中外教育家、学者、作家都有这样或那样的论述。多阅读、多观察、多练习和多思考看起来似乎是老生常谈，但却是学好语文的基本功。

关于对小学生具体学习方法的指导，可以分为字词的学习方法、句子的学习方法、段的学习方法、篇的学习方法以及学习写作文的方法等。如：字词的学习方法有：运用汉字的构造规律来理解字的方法，组词法，造句法，查字典法，用词素分析理解词语的方法，同义词的比较法，根据语言环境理解词义的方法，追根溯源理解词义的方法，等等。

句子的学习方法有：扩写、缩写句子的方法，变换句式的方法，用关联词语理解简单复句的方法，修改病句的方法，等等。段的学习方法有：找中心句的方法，给段分层的方法，调整段中语序的方法，等等。

篇的学习方法有：分段的方法，归纳段意的方法，概括文章主要内容的方法，概括文章中心思想的方法，等等。

学习写作文的方法有：审题的方法，立意的方法，选材的方法，组织材料的方法，修改文章的方法，等等。

2. 小学生语文的学习策略。学习策略是20世纪80年代以来心理学研究的新兴领域，也是当前语文教学心理研究的一个重要课题。所谓学习策略，主要是指在学习活动中，为达到一定的学习目标而学会学习的规则、方法和技巧；它是一种在学习活动中思考问题的操作过程；它是认识策略在学生学习中的一种表现形式。

我们在这里要强调的是四个问题：一是学生学习的目的性；二是学生的学习方法，在一定意义上说，学生的学习策略主要是指其学习方法；三是学生的思维过程；四是学习策略和认识策略的关系。

如何理解学生的学习策略呢？首先，重视学生的学习策略，就是承认学生在学习过程中的主体性，强调学生在学习活动中的积极作用和能动作用。第二，学生的学习策略是学会学习的前提，学会学习包含着学生运用一系列的学习策略。学生的学习策略是造成其学习个别差异的重要原因，对学生实行"因材施教"要考虑到他们学习策略的差异。第三，学习策略是一系列有目的的活动，它是学生在学习过程中所选择、使用、调节和控制学习方法、方式、技能、技巧的操作活动。最后，学生实施学习策略的过程，也是实行决策的过程。

通过对学习策略的分析，我们看到，学生的学习活动，主要是一种理性的认识或认知活动，一种思维或信息加工的过程，这也是学习活动有别于人类一般认识活动的特征。

知识有简单和复杂之分，简单知识学习在小学语文教学中，主要是词汇学习，其难点不在于理解而在保持，因此，如何依据记忆规律，促进知识的保持成为促进简单知识教学的主要问题。复杂知识学习，在小学语文教学中，主要指概念、规则的学习和阅读、写作的学习，其关键是理解，而理解的实质是学生知道新知识内部各要素之间及新旧知识之间的联系。以下是几种常见的学习策略。

2.1 注意策略。语文教师可以采用外部手段来控制学生注意，并激发学生采用适当的注意策略，以促进学习与保持。如"带着问题读书"可能并不是一种最佳的阅读方法，而"让学生先读书，然后思考问题"，可能是一种更有价值的学习策略。

2.2 编码与组织策略。人们注意了的信息要想能够长久地保持，最有效的策略就是对信息进行编码和组织。无论是拼音、识字还是阅读教学，语文老师都需要经常引导学生对知识进行分类排列，找出规律，这就是编码与组织策略的运用。

2.3 精细加工策略。如在阅读和听讲时，一边听（或一边看），一边做笔记，这是非常重要的学习策略，应注意从小培养学生的这一习惯。但真正要使做笔记成为一种促进学习的技术而非单纯的信息记录，却不是一件很简单的事情。为了培养学生做笔记的良好习惯，教师讲课时应注意语速不宜太快，复杂的、重点的内容要适当重复，对讲课内容的结构、层次和重点应进行板书。

2.4 复述与复习策略。如，学生为了记住汉字，必须一遍遍地读写生字。教师在语文教学中，应注意教育学生在阅读过程中，边阅读边背诵，将阅读和尝试背诵交替进行。另外，对于复杂知识的学习，复习策略包括边看书边讲述材料，在阅读时对材料的重点、难点和要点用画线、圈点、加注符号等方式将其突现出来等。

这些都已被无数事实证明是行之有效的学习策略，教师在日常的语文教学活动中应有意识地对学生加以训练。

（摘自：《中国教育发展研究》2009 年第 5 期）

【我思我行】

1. "课标"提出"学生是学习和发展的主体"有何现实意义？
2. 在保证学生的主体地位的前提下，怎样发挥教师的作用？
3. 结合个人学习的体会，谈谈语文学习的作用。
4. 结合小学教学实际，分别设计自主、合作、探究性学习的行动方案。

【参考文献】

1. 韩雷：《语文学习过程三个阶段》，《黑龙江教育》2000 年第 1 期。
2. 王光龙：《语文学习方法学》，山西高校联合出版社 1993 年版。
3. 江平：《小学语文课程与教学》，高等教育出版社 2004 年版。
4. 魏传宪：《语文教学概论》，四川大学出版社 2002 年版。
5. 朱作仁：《语文教学心理学》，黑龙江人民出版社 1984 年版。
6. 张大均：《教与学的策略》，人民教育出版社 2003 年版。
7. 人教网 http：//www.pep.com.cn。
8. 中国中小学教育教学网 http：//www.k12.com.cn。

模块三
小学语文教学概论与实训

第一章 小学语文教学概述

【开篇语】

我国语文教育的历史源远流长,一直可以追溯到文字产生的黄帝时代。在其后几千年的历史发展中,先后经历了蒙学教学、国语教学、语文教学三个阶段。蒙学教学以"养正于蒙"为主要目的,在教儿童识字写字的同时,教儿童学会并遵循传统的行为规范,铸就圣贤的胚璞。国语教学是以"中学为体、西学为用"的教育思想为宗旨,借鉴国外的学制、课程设置与教学策略,以语体散文为主要课程资源形式,培养科学与民主型人才的教育实践活动,跳出了"讲古文、写文言"的窠臼。新中国成立后,语文教学走上历史舞台,重视口头语言和书面语言的全面训练,但受政治运动的影响很大。进入新世纪,为适应时代的发展要求,国家启动基础教育课程改革,小学语文教学呈现出崭新的局面。

【理论导学】

"观今宜鉴古,无古不成今"。在我国小学语文教育发展的几千年历史中,蕴涵着古人对母语教育的智慧。

你对哪一阶段的语文教学最感兴趣?为什么?

你怎样看待"语文"名称的历史演变过程?

语文教学的历史对当前的语文教学有哪些借鉴与启发?

第一节 小学语文教学的历史发展

【问题情境】

《从百草园到三味书屋》

……

不知从哪里听来的,东方朔也很渊博,他认识一种虫,名曰"怪哉"，冤气所化，用酒一浇，就消释了。我很想详细地知道这故事，但阿长是不知道的，因为她毕竟不渊博。现在得到机会了，可以问先生。

"先生，'怪哉'这虫，是怎么一回事？……"我上了生书，将要退下来的时候，赶忙问。

"不知道！"他似乎很不高兴，脸上还有怒色了。

我才知道做学生是不应该问这些事的，只要读书，因为他是渊博的宿儒，决不至于不知道，所谓不知道者，乃是不愿意说。年纪比我大的人，往往如此，我遇见过好几回了。

我就只读书，正午习字，晚上对课。先生最初这几天对我很严厉，后来却好起来了，不过给我读的书渐渐加多，对课也渐渐地加上字去，从三言到五言，终于到七言。

……

于是大家放开喉咙读一阵书，真是人声鼎沸。有念"仁远乎哉我欲仁斯仁至矣"的，有念"笑人齿缺曰狗窦大开"的，有念"上九潜龙勿用"的，有念"厥土下上上错厥贡苞茅橘柚"的……先生自己也念书。后来，我们的声音便低下去，静下去了，只有他还大声朗读着：——

"铁如意，指挥倜傥，一座皆惊呢；金叵罗，颠倒淋漓噫，千杯未醉嗬……"

我疑心这是极好的文章，因为读到这里，他总是微笑起来，而且将头仰起，摇着，向后面拗过去，拗过去。

先生读书入神的时候，于我们是很相宜的。有几个便用纸糊的盔甲套在指甲上做戏。我是画画儿，用一种叫做"荆川纸"的，蒙在小说的绣像上一个个描下来，像习字时候的影写一样。读的书多起来，画的画也多起来；书没有读成，画的成绩却不少了，最成片断的是《荡寇志》和《西游记》的绣像，都有一大本。

这是我们大家都非常熟悉的鲁迅先生所写的散文《从百草园到三味书屋》中的片段，读完之后，说说你所了解和知道的我国古代小学语文教学。

一　蒙学教学

中国古代称儿童教育为"蒙学"、"童蒙教育"或"蒙养教育"，相当于现代的小学。"童蒙"，即初入学的儿童。儿童出生后，要接受"保博之教"，六七岁之后"出就外傅"，接受童蒙教育，年龄一般在六岁至十三岁。《周易·蒙卦》载"蒙以养正"或"养正于蒙"，就是当儿童智慧蒙开之际施以正当的教育，或者说，要及时地用正当的教育启迪儿童的智慧、培育儿童的品德，使之健康地成长。蒙学始于周秦，汉唐时期趋于成熟，宋代以后有了进一步的发展。古代蒙学的教育主要包括识字教育、读写基础训练和阅读、作文训练。

（一）识字教育。识字教育是蒙学教学的重点，一般分两个阶段进行。在儿童入学前后，先用较短的时间（一年左右）集中教儿童认识两千多字。集中识字的教材主要有西汉史游编撰的《急就篇》及《三字经》《百家姓》《千字文》（统称"三、百、千"）。《急就篇》全书共二千一百四十四字，按"姓氏名字""服饰器物""文学法理"三方面编成三言、四言、七言的韵语，以便记诵，同时尽可能使每句都表达一定的意义，借此在识字教育的过程中教给儿童一些常识。《千字文》为南北朝梁周兴嗣所编，将一千个杂乱无章的字编成对仗工整、前后连贯、条理清楚的四言韵文，除"洁"字两见外，无一重复。《三字经》相传是宋代学者王应麟所编，语言通俗，容量丰富，琅琅上口，易于记诵。《百家姓》为北宋时编，作者不详，全书集姓氏为四言韵语，通行本共472字。它们的共同特点是：押韵上口，言辞简明，易于记诵。宋代出现《百家姓》和《三字经》后，并没有取《千字文》而代之，而是三本书配合起来，成为一整套启蒙的识字教材。

天地玄黄，宇宙洪荒。日月盈昃，辰宿列张。
寒来暑往，秋收冬藏。闰馀成岁，律吕调阳。
云腾致雨，露结为霜。金生丽水，玉出昆冈。
剑号巨阙，珠称夜光。果珍李柰，菜重芥姜。

——（南朝梁）周兴嗣《千字文》（节录）

古代社会的儿童在学过"三、百、千"之后，就该读《四书》，但《四书》思想深奥，生僻字较多，仅靠"三、百、千"所学的两千字是远远不够的，这就需要采取某种措施，巩固集中识字的成果，进一步扩大识字的范围，为进一步学习打下基础。主要采用的识字教材有《弟子规》、《性理字训》、《蒙求》等。在进一步识字的基础上，同时进行道德启蒙教育和文化的熏陶。

集中识字的同时，还十分重视写字的训练。初学写字，写的是"上大人，孔乙己，化三千，七十二……"这些字包含基本笔画，简单易学，合乎写字入门的要求。练字的基本步骤是先练写大字，首先描红，描仿影，进一步写"米"字格，最后临帖。大字写得有点基础后再练写小字。

（二）读写基础训练。经过第一阶段的教育，学生认识了两三千字，知道了一些名物、掌故，应该说，已经初步具备了进行阅读的基础。然而，从三字头、四字头的整齐韵语到内容复杂、语句错综的文章，这中间仍需要一个过渡。采用的方法主要有：

1. 诵读。主要是读一些散文故事和诗歌。在古代，出现了一些专门为儿童编写的散文故事读物，这些散文故事不再用韵语，内容简单，篇幅很短，一则只讲一个小故事，大都配有插图，易引起儿童的阅读兴趣。内容主要包括两类，名物掌故和人物故事。名物掌故以介绍常用的典故、成语中所包含的故事出处为主。如《书言故事》、《白眉故事》等。人物故事以介绍历史人物故事为主，如《日记故事》、《蒙养图书》等。唐宋以来，儿童在读散文故事的同时，也选读一些浅显的诗歌。比较流行的读本有《千家诗》、《训蒙诗》等。诵诗背诗能够增强儿童对语言的感受力和想象力，是形成良好语感的重要方式。

2. 属对，即"对对子"。学习属对是为写作骈文和近体诗打下基础，内容包括语音、词汇、语法、修辞和逻辑，是一种综合的语文基础训练。

指导属对的教材主要有《对类》、《声律启蒙》、《笠翁对韵》等。

> 云对雨，雪对风，晚照对晴空。来鸿对去燕，宿鸟对鸣虫。三尺剑，六钧弓，岭北对江东。人间清暑殿，天上广寒宫。两岸晓烟杨柳绿，一园春雨杏花红。两鬓风霜，途次早行之客；一蓑烟雨，溪边晚钓之翁。
>
> ——（清）车万育《声律启蒙》（节录）

进行训练时，首先作"一字对"，要求实对实、活对活、死对死，也就是名词对名词，动词对动词，形容词对形容词，帮助学生初步树立词类的观念。第二步作"二字对"，训练学生运用主谓、动宾、偏正、联合这几种基本的造句格式。进一步作"三字对"、"四字对"，最后学习"多字对"，训练学生的修辞和逻辑能力。属对练习是一种不讲语法理论而实际上相当严密的语法训练，经过反复的吟诵、练习之后，学生就可以纯熟地掌握了词类和造句的规律，并且用之于写作。清人崔学古称属对为"通文理捷径"，蔡元培称其为"作文的开始"。

（三）阅读、写作训练。随着儿童年龄的增长、认识能力的增强，在集中识字和读写基础训练的基础上，古代语文教育便进入了一个新的阶段，即读写训练阶段。阅读训练的范围显著地扩大，主要包括：（1）读经书和古文。经书主要是读《四书》、《五经》，不仅要求背诵，而且要求理解它的内容，学习它的表达方式。古文，主要是从几种重要史书（《左传》《国语》《史记》等）选出的若干篇章和历代名作家的一些散文。（2）读诗赋和涉猎用书。一般以古诗和唐诗的名篇为主，教材有《玉台新咏》、《唐诗三百首》、《宋词三百首》、《花间集》等。涉猎用书有《经余必读》等，相当于今天的课外阅读书。（3）读"时文"。教学一些当时中了状元、进士的人作的八股文章，但为数不多，属于一种补充性质的读物。

古代的作文训练，跟科举制度有十分密切的关系，作文的内容大多限于《四书》《五经》的范围，作文的形式一味地学习八股格式，程式化的倾向非常严重。但在其发展过程中形成的如"词""意"并重的作文训练原则、先"放"后"收"的作文训练步骤、多作多改的作文训练方法等，至今仍有借鉴价值。

二 国语教学

在长达几千年的封建社会里，母语教育一直是伦理道德教育的附庸，甚至于连自己的课程名称也没有。1904 年，清政府颁布《奏定学堂章程》，母语教育独立设置课程，终于有了"中国文学""读经讲经"的课程名称。

辛亥革命后，中华民国临时政府颁布《普通教育暂行课程标准》，废止小学读经科，将各类学校的"中国文学"、"读经讲经"课程更名为"国文"，并且明确了国文课的教学目标："国文的要旨在于通解普通的语言文字，能自由发表思想；并使略解高深文字，涵养文学之兴趣，兼以启发德志。"为促进语文教育的发展奠定了基础。

在"五四"新文化运动的影响下，语言共同化、文体口语化、文字简易化、注音字母化等语文现代化建设有了长足的进步，极大地推进了语文教育的发展。随着白话文运动和国语运动的深入，1920 年，北洋政府教育部通令全国，将小学、初中的"国文"改为"国语"，废止旧的国文教科书，采用语体文教科书，自此，文言文一统天下的局面被打破，现代白话文取得了合法的地位，开始占领语文教科书的阵地。一般将 1904 年母语教育独立设置课程到 1949 年中华人民共和国成立这段时期的母语教育，称之为国语教育阶段。

国语教学是以"中学为体、西学为用"的教育思想为宗旨，借鉴国外的学制、课程设置与教学策略，以语体散文为主要课程资源形式，培养科学与民主型人才的教育实践活动。国语教学区别于蒙学教学的显著特征是它以鲜活的民众的口头语言为母语课程的学习、交流和表达的语言，以优秀的白话文作品为母语课程的主要内容，为"半死"的文言注入了生命力，跳出了"讲古文、写文言"的窠臼，使民主自由的思想进入了国民大众的话语系统。其次，国语教学把阅读、说话、作文、写字列为母语课程的主要教学目标，把记叙、抒情、说明、议论等作为学生应当了解的文体和应当掌握的能力，注重实用能力的培养，是对传统语文教育培养"顺民或忠臣孝子教育"的超越。

如 1912—1916 年由庄俞、沈颐编写，商务印书馆出版的《共和国教科书新国文》（初小用）教科书，采用浅近文言，文字简明，并附有黑白插图和彩色插图。教科书的取材内容从儿童生活开始，随着儿童生活的进展,逐渐拓展到整个社会。第一册主要教儿童识字,第二册以简短的句子为教授内容,从第三册开始,出现了简单的短文,前三册的内容都与儿童的日常生活紧密相连,易于被儿童接受。从第四册开始,文章渐长,渐渐引导儿童去了解我国的政治、历史、地理等知识,同时也编排了与儿童日常生活紧密相关的自然科学知识。本套教材的选文多故事性的文章。语言多用记叙和说明,兼有议论,也有犀利的议论文。如第二册第二课:一小舟,河边行,前有桨,后有舵,上有布帆。第二册第七课:卧室内,有火炉,炉中烧炭,火渐盛,炭渐红,一室温暖。教材通过选择一些有教育意义和启发意义的小故事来对儿童进行有关孝悌、亲爱、信实、义勇、恭敬、勤俭、清洁等方面的教导,并"渐及对社会对国家之责任,以激发进取之志气,养成爱群爱国之精神"。如第四册开篇就对学生进行爱国主义教育:中华,我国之国名也。溯自远祖以来,居于是,衣于是,食于是,世世相传,以及于我。我为中华之人,岂可不爱我国哉。还在各种道德品行上对儿童进行教育,

在教学方法方面,这一时期也广泛吸收国外的教育思想而出现了革新浪潮。西方的杜威、孟禄等教育家相继来华讲学,对这股浪潮起了推波助澜的作用。诸如自学辅导法、分组教学法、设计教学法、单元教学法等教学方法纷纷被引进,并在语文中得以应用。

三 语文教学

(一) 中华人民共和国成立初期的语文教学

1950年6月,国家改"国语"学科为"语文"学科,并由中央人民政府出版总署编审局出版了全国统一的"语文"课本,在其《编辑大意》解释道:"说出来的是语言,写出来的是文章,文章依据语言,'语'和'文'是分不开的。语文教学应该包括听话、说话、阅读、写作四项。"叶圣陶也曾对"语文"进行过评述(详见模块一第一章)。这一名称明确规定了语文教学必须充分重视口头语言和书面语言的全面训练,并以此来确定学科的主要教学目标。

为落实这一教学目标,在课程和教材建设中都采取了一定的措施。如在小学里,把作文改为"写话";语文练习中既有读写训练,也有听说训练;新的语文课本中,增添了大量现代著名作家的优秀白话文作品,有的古代寓言也用口语作了改写。

1959年，中央教育工作会议决定以语文为重点学科，要求各级教育领导部门抓紧语文教学改革，提高语文教学质量。为此，全国开展了有关语文教育问题的大讨论。讨论主要围绕两大主题：一是"语文教学目的任务"；二是"怎样教好语文课"。1961年，《文汇报》发表社论《试论语文教学的目的任务》对讨论进行了总结。社论指出，"语文教学的任务应是：使学生正确、熟练地掌握与运用祖国的语言文字，培养与提高学生的阅读与表达能力，并通过教学内容的教育与感染，培养学生具有正确的观点，健康的思想感情和高尚的品德"。但在以后相当长的时间里，语文课程的发展不时受到政治运动的冲击。1966年，在教育部党组《关于1966—1967年学年度中学政治、语文、历史教材处理意见的请示报告》指导下，政治和语文合一，教材中应多多"选读文化大革命的好文章和革命作品"。语文课程彻底蜕变成了阶级斗争的工具，以"阶级斗争""路线斗争"为纲，偏离语文教学方向，语文课程被改为"政治课"、"政文史课"，语文教材编排以毛泽东思想为红线，按政治观点和思想内容组成若干单元。一篇毛主席著作（或毛主席语录）统率一篇或几篇其他课文，充斥"政治色彩"，酿成了灾难性后果。如"大跃进"期间，小学课本一年级第一篇是这样的："爷爷六岁去放羊，爸爸六岁去逃荒。今年我也六岁了，公社送我上学堂。"

（二）改革开放以来的语文教育

1. 改革的复苏阶段（1977—1978年）。"文化大革命"使我国的语文教学遭受极大的破坏。"文化大革命"结束后，我国各项工作逐步走上了健康发展的道路，学校的教学秩序得到了恢复，教育工作也出现了前所未有的大好形势。当时人们一心想把教育恢复到"文化大革命"前的样子，大家急于补课，提出了"字词句篇，语修逻文"八字方针为语文教学的最高理想，注重语文知识教学。当时人们认为，语文书越厚、练习越多、考试越难，就越接近世界先进水平。

1978年3月16日，吕叔湘在《人民日报》发表了《语文教学中两个迫切问题》的文章，对我国的中小学语文教学作了言辞激烈的批评。文章指出："中小学语文教学效果很差，中学毕业生语文水平低，大家都知道，但是对于少、慢、差、费的严重程度，恐怕还认识不足。……十年上课总时数是9160课时，语文是2749课时，恰好是30%。十年的时间，2700多课时，用来学本国语文，却是大多数不过关，岂非咄咄怪事！"吕叔湘的这篇文章，被语文教学界誉为"一声惊雷"，震动了整个语文教学界，也在社会上引起了强烈的反响。此后，许多语文教育工作者在吕叔湘等人的号召下，积极地从困境中奋起，认真总结新中国成立以来的历史经验，深刻反思，潜心研究，探索前进，语文教育教学改革开始复苏。

　　2. 改革的探索阶段（1979—1997年）。由于我国实行改革开放政策，外国先进的教育思想和教学经验开始进入我们的视野，人们开始认识到我国教育与世界发达国家教育的差距。我国的语文教育只注重基础知识的传授的人才培养模式已不能适应日益激烈的国际竞争，更重要的是要进行思维训练，要培养能力、发展智力。基于这种认识，语文教育界兴起了语文教学改革浪潮，出现了一大批语文教学刊物，涌现出一大批语文教育改革家、理论家和名师，出现了众多的语文教改流派（于漪的提问激疑教学法，育才中学的"茶馆式"教学法，钱梦龙的"三主四式"导读法等）。这时的教改主要侧重于语文课堂教学方法的改革，学生的学习过程和学习心理开始受到关注，而提问教学法更是风靡一时。

　　3. 世纪之交全社会对语文教育的批判和反思（1997—2000年）。1997年末，由《北京文学》发端，许多报刊先后发表署名文章，"以忧思中国语文教育"为专题引发一场关于语文教育现状与出路的大讨论。讨论的成果收集在王丽主编的《中国语文教育忧思录》、钟晓雨主编的《问题与对策——中小学语文教育改革》、江明主编的《问题与对策——也谈中国语文教育》三本书中。这次大讨论促进和推动了语文教育改革的深入发展，也是语文教育迎接21世纪大变革的前奏。此次大讨论，涉及的问题非常广泛，几乎涉及中小学语文教育的各个方面，如对语文课程性质的认识分歧、教学观念的陈旧、课程目标不明确、教学方法僵化、考试制度、教学手段现代化问题等，以及如何评价改革开放20年来语文教学改革的成败得失问题等。应该说，这场大讨论反映了人们对语文教学效率低下的不满，是对语文教育改革的呼唤，也是语文教学自身发展的必然要求。同时，它也映照出 21 世纪社会发展对教育改革提出的新要求。

【拓展阅读】

　　请你结合本章内容，从下列教材封面的特点及变化中，解读我国小学语文课程与教学的演变历程。(图片来源：中国教育和科研计算机网，教育图片：语文教材 60 年变迁：从政治挂帅到人性追问)

【我思我行】

　　在几千年的小学语文教学史中，蕴涵着极为丰富的语文教学智慧，继承和发扬这些宝贵的经验，将对我们今天的教育教学有很大的帮助。想一想，你对自己所经历的语文教育想说些什么？(有何利弊？如何可以更好？) 你对自己未来担任语文教师，有何期待与规划？

【参考文献】

1. 张志公：《传统语文教育初探》，上海教育出版社 1962 年版。
2. 张隆华、曾仲珊：《中国古代语文教育史》，四川教育出版社 2000 年版。
3. 靳健、石义堂：《现代语文教育学》，甘肃教育出版社 1997 年版。

第二章　小学语文教学规律与策略

【开篇语】

　　本章着重阐述两个问题：小学语文教学规律和小学语文教学策略。小学语文教学法以总结小学语文教学经验，探索小学语文教学规律为己任。本书中阐述的小学语文教学规律，属于教学规律中的中观层面，即要揭示在小学语文的教学过程中教学内部各因素、环节之间的联系。语文教学规律，是客观存在，正确认识语文教学的规律，正是本课程最重要的目的。

【问题情境】

《写春天的诗》课堂实录片段

原文：

五月的雨滴
像熟透了的葡萄
一颗、一颗
落进大地的怀里
到处是蜜的气息
到处是酒的气息

教学过程：

　　我当时没有把诗句一下子都展现在他们的面前，而是让孩子们逐句品味诗句，或者故意留有空白，让他们猜猜诗人会怎么写。

　　诗中说："五月的雨滴，像熟透了的葡萄。"孩子们说：是啊！是啊！熟透了的葡萄才会掉下来，熟透了的葡萄水分才多呢！

　　诗中写"一颗，一颗"，我问："一颗，一颗，落下来的是什么呀？"甲孩子说："落下来的是雨滴。"乙孩子说："不，落下来的是葡萄。"丙孩子说："你们说得不对，落下来的是像葡萄一样的雨滴。"丁孩子说：

"应该说，像雨滴一样的葡萄。"

多么执著的讨论啊！何必去追究他们谁说得对呢？只需读读他们一脸的认真，我便满足了。

接下去的争论更精彩了，诗中写道"落进……"还没等我念完后半句，他们又接腔了，直言不讳："落进我的嘴巴里！"

反唇相讥："你的嘴巴盛得下吗？"

争先恐后："应该落进池塘里！"

"不，落进干旱的土地里！"

"落进沙漠里！"

"落进果园里！"

"落进庄稼地里！"

最后是一个伟大的总结："落进大自然的怀里！"

我亮出了诗人的原话"落进大地的怀里！"

"哦！"孩子们欢呼了！他们欢呼什么？是欢呼猜对了吗？不是吧！他们是欢呼自己也有诗人的水平。

最后两句，我是让孩子们填空的。"到处是（ ）的气息，到处是（ ）的气息。"

他们对这个括号有兴趣极了，答案五彩纷呈：写葡萄的，写香的，写糖的，写丰收的，写喜悦的，居然也有孩子写出了与原诗一模一样的文句"到处是蜜的气息。"…

真惊讶孩子的能力！他们不仅会读诗，会体味诗，同样也会创作诗。究其原因，是这位老师的头脑中没有了许多许多的"标准"，而唯独关注的是孩子们的学习兴趣，在乎的是用教师的教学去培养孩子对语文学科的爱，对求知的爱！在乎用教师的教学去开发孩子们那无穷的创造潜能。概言之，就是这位语文老师能正确把握语文教育的特点，遵循语文教学的规律。

【理论导学】

语文教学规律是语文教学过程中诸要素之间本质的、必然的联系。教学策略是指以一定的语文教育思想为指导，在特定的语文教学情境中，为实现语文教学目标而制定并在实施过程中不断调适、优化，以使语文教学效果趋于最佳的系统决策与设计。

语文教学规律对语文教学策略有着哪些制约？语文教学策略对实施语文教学又有着怎样的帮助？

第一节 小学语文教学规律

一 工具性与人文性相统一的规律

以《卢沟桥的狮子》第二段"卢沟桥的狮子真有意思……"教学片断为例，看两种不同的教学思路。

【案例 2-1】

第一种，让学生读课文，搞清楚这一段在结构上有什么特点。找出总起句"卢沟桥的狮子真有意思"，思考围绕着总起句从哪几方面写卢沟桥的狮子有意思，是怎样写的，都用了哪些修辞方法，找出这些句子读一读。说说这一段的描写说明了什么。

第二种，让学生充分读课文，谈一谈自己的读书感受。在学生普遍感到卢沟桥的狮子有意思之后，让学生找一找各自认为写得最有意思的语句，好好品读。之后让学生展示读，把自己领悟到的情感读出来，老师不失时机地引导学生体会文章描写的生动之处。教师接着引导："既然你们都感觉到卢沟桥的狮子有意思，你们想不想知道文章是怎么样将狮子写得这么有意思的？请同学们再次读文，将你认为写得好的地方找出来，说说它好在哪里。"让学生有感情地朗读典型句式，如"有的蹲坐在石柱上，好像对着远方长吼；有的……好像……；有的……好像……"再让学生仿写一段话。

对比这两种教学思路不难看出，第一种将全段分解后进行理性的分析，从段的结构、修辞方法、写法上进行训练，没有学生的自主感悟与发现，也没有体现探究的过程，对于人文性的体现也很生硬。第二种思路将学生的自主感悟和语言训练有机融合在一起，感悟得生动而有个性，训练得扎实而有趣味，无论是知识还是方法都是学生自己习得和发现的，是活的知识和方法，而且，把工具性与人文性有机地融合到一起。

通过两种教学思路的对比，我们可以获得很多启发：我们读语文，首先接触的是文章作者的语言文字，这种语言文字固然是作者思想感情的表白，但是我们不一定甚至往往不能立即理解。所以，第一步，我们要研究这样的语言文字表达了怎样的思想感情；接着，在我们理解文章作者的思想感情以后，便要走艰难的第二步，即要反复研究这样的思想感情为什么要用这样的语言文字，而不用那样的语言文字来表达。

这样做，就一篇文章而言，我们不但学到了作者的思想感情，而且学到了渗透着这种思想感情的作者所特有的语言文字。

就一个阶段的语文学习而言，通过"语言—思想—语言"的循环往复，我们不但容易领悟作者们的思想感情，用以提高自己的认识，而且容易养成遣词造句、谋篇布局以确切表达自己思维的习惯。

从语文是表达思想的工具、蕴涵思想的载体来看，这是语文教学的必经过程与终极目的，是不以人们的意志为转移的，因而具有规律性。语文教学就是要极力追求一种境界，既要完善和丰富学生的精神世界，又要丰富和优化学生的语言系统，还要促使学生养成良好的语文习惯，形成一定的语文素养。只有将训练和感悟有机地融合，才能实现工具性与人文性的统一。才是小学语文教学规律的具体表现。因此，工具性与人文性的统一，是对语文教学基本特点的规律性认识。它主要体现在这样几个方面：

（一）语言文字训练与人文熏陶的关系

在小学语文课文中，无论是叙事、写人、状物、写景的，都表达了一定的思想情感。学生在读文章和写文章的同时，受到思想教育，提高思想认识，培养健康的情操。小学语文教学中的思想教育内容，既有辩证唯物主义的启蒙教育，也有热爱祖国、热爱共产党、热爱人民的教育，还有爱科学、爱劳动、爱护公物、艰苦朴素、诚实、勇敢、关心集体、团结友爱、爱美情趣等等的品德教育。根据小学语文学科的特点，在教学中，向学生进行思想教育是以学习语文为基础的，是寓思想教育于语言文字训练之中的。如果我们不注意这一特点，脱离字词句篇、听说读写的训练架空一些道理，就会使语文课变成政治课。如果离开思想教育内容，孤立地进行语言文字训练，就会使语文课变成说文解字课或单项的语言训练课。这两种倾向都违背了学习语文的规律。

（二）要自觉地、有目的地进行人文熏陶

小学语文的人文熏陶，是有目的、有计划地安排的，因而有明确的目的和要求。教师自觉地、有意识地进行人文熏陶，才能取得好的教育效果。教学实践证明，同样的课文，业务水平高的教师，在教学中能够自觉地、恰如其分地体现教材的人文性。反之，业务水平偏低的教师，不能很好地体现教材的人文性，甚至在对教材人文性的理解上发生偏差。因此，教师要十分严肃地对待教授的每一篇课文，进行的每一次读写训练，恰到好处地用学生可以理解、接受的方式方法去启发、引导他们，使他们在接受听说读写训练的过程中，受到人文熏陶，提高认识能力。

（三）寓人文熏陶于语言文字训练之中

小学语文教学承担着对学生进行人文熏陶的任务。这任务要通过引导学生理解课文的思想内容和用语言文字表达自己的思想、见闻来完成。课文的思想内容是通过准确、生动的语言文字和恰当的写作方法表达出来的。不引导学生具体感受准确、生动的语言文字和恰当的写作方法，只是以概括文章的要点代替对语言文字的分析和感悟，就难以帮助学生准确理解课文的思想内容，更谈不上以课文丰富的思想感情感染学生。因此，在进行教学时，要引导学生从语言文字入手，理解内容，体会感情，学习表达。学生不仅体会到课文哪些地方写得好，有教育意义，而且体会到作者是怎样表达的，怎样达到内容与形式的统一，这样，既提高了阅读能力，受到教育，又借鉴了写法，提高了作文能力。

（四）重在潜移默化

小学语文教学进行人文熏陶的凭借是语文教材。人文熏陶内容散见于一册册教材和一篇篇课文里，如缕缕阳光沐浴着学生，如点点雨露滋润着学生。由此体现了小学语文的人文熏陶不是一次完成的，而是潜移默化地进行的特点。更重要的是，语文学科的性质决定了语文教学中的人文熏陶，不同于思想品德等学科的思想教育，它不是直接灌输的，是在进行语言文字训练的同时，靠语言文字的感受力，通过潜移默化、熏陶感染的方式进行的，是一种"润物细无声"的渗透式的人文教育，又是一种往往是震撼人心的、终生难忘的人文教育。

再有，从小学生学习语文的过程来看，学生从看图学拼音、识字、学词、学句到理解一篇篇课文，从写句子、写片断到写成篇的作文经历了由浅入深、由表及里、由简单到复杂的认识和实践的过程。教师要一步步地扩展他们的知识，渗透学习方法，培养观察、思维、理解、表达的能力，与此同时受到人文熏陶。这个过程也需要教师在潜移默化的指导下逐步完成。特别是人文熏陶，最重要的不是把结论告诉学生，而是让学生在潜移默化中经历受教育的过程。告诉学生要懂得什么和自己悟出懂得的道理、受到的教育，其效果是截然不同的。案例 2-1 教学片断就是很好的例证。

小学语文教学应该通过品味和学习课文的语言来感悟人文精神，而不是像现在有些语文课那样，反过来从内容上先完成课文的人文精神，而后再从课文中找到对应的语句，甚至只讨论几个人文性问题而不接触课文的语句，那是违背语文教学规律的。

二　师生互动与教学相长的规律

2001 年教育部制定的《基础教育课程改革纲要（试行）》（以下简称《纲要》）提出了新一轮课程改革的六项具体目标之一就是改善学生的学习方式。《纲要》明确指出，改变课程实施过于强调接受学习、死记硬背、机械训练的现状，倡导学生主动参与、乐于探究、勤于动手，培养学生搜集和处理信息的能力、获取新知识的能力、分析和解决问题的能力以及交流与合作的能力。学习方式的改变是以教师的教学行为的变化为前提的，因此我们把教师教学行为的变化和学生学习方式的改善视为本次课程改革成功与否的重要标志。

可见，新课程之下，学生是教学的中心。学生是学习者，是知识的自我建构者，是课堂活动的合作者。而教师则变成学生学习的组织者、引导者、合作者，师生之间形成一种民主、平等、对话、交流的和谐关系。

对教师而言，只有理解各角色不同的内涵，才能更好地明确自己的定位。作为领导者，教师对教学要高瞻远瞩，指挥若定；作为指导者，教师对学生要循循善诱，诲人不倦；作为组织者，教师对教学环节要周密部署，疏而不漏；作为引导者，教师对学生要以身垂范，甘为人梯；作为合作者，教师对学生要坦诚相待，平等交流。毫无讳言，新的教师观为教师日后的教育教学工作指引了前进的方向。

对学生而言，真正把握自己的主体地位，就要明白自己才是学习的主人，对学习有选择性、自主性、能动性、创造性，即能够自由选择学习方式、自动控制学习行为、自我构建知识体系、自主探究解决疑难等，这也是学生主体性的最本质的特征。学生不但是学习者，而且也是课堂实践的参与者、合作者。学生在活动中是自由的，是赋予个性化的，同时又是交互性的、合作的，是心灵与心灵的碰撞，是思想与思想的交流。新的学生观更有利于学生明确自己的角色，理解学习的意义，真正学会学习。

【案例 2-2】

抓三个"一点"，教活《富饶的西沙群岛》
周美娟

一、教学预设，充分一点

陆游对其儿子说："汝果想学诗，功夫在诗外。"由此联想开来，对于我们的教学来说，当是"汝果想高效，功夫在课前。"教学《富饶的西沙群岛》，我们要在细嚼文本语言、搜集相关资料的基础上，联系学生的认知水平和生活经验，预设切实可行的教学流程，争取实现课堂教学的最优化。

1. 细嚼语言。优秀教师的课堂教学之所以高效，是他们对教材读得透，钻得深，嚼得细。拿本文来说，文题"富饶的西沙群岛"中的"文眼"是"富饶"，意即"物产多"。物产"多"在哪里？海底有"各种各样"的珊瑚，"到处都是"的海参，"成群结队"的鱼儿；海滩上有"拣不完"的贝壳，"成群"的海龟；海岛是"鸟的天下"，"遍地"是鸟蛋……这些体现"富饶"的词语，教学时，哪个都不容忽视。尤其是"正像人们说的那样，西沙群岛的海里一半是水，一半是鱼"一句，更是值得细细揣摩。这里并不是说西沙群岛的海里真的是水和鱼各占一半，而是运用夸张的手法，突出西沙群岛"富饶"的特点。

2. 读"厚"文本。……从有关西沙群岛的资料中提取与文本相关的知识，并转化为有效的教学资源。

二、教学方式，灵动一点

《富饶的西沙群岛》是一篇老课文，如何转换角度，常教常新？关键是两个字：灵动。

1. 导语，别具一格。如果说一堂好课是一道亮丽的风景，那么导语犹如一扇开启的窗口，引领学生去尽情欣赏。本文是写景课文，我们可把导语的风格定为"风景游览"，引领学生进入特定情境，激发欣喜、赞赏之情。

1.1 上课伊始，我们可这样引导：同学们喜欢旅游吗？都去过什么地方？

（板书：西沙群岛）这个地方去过没有？（在"群岛"下加着重号）"群岛"，顾名思义是说——

（映示"中国地图"）在距海南岛东南约180海里处，有一片大大小小的珊瑚岛屿群，像颗颗明珠洒落在三万平方公里的海域上，那就是神秘而美丽的西沙群岛。今天这节课，就让我们去游览——（读题）富饶的西沙群岛。

要游览一个地方，可以先看看这个地方的相关资料，等到亲临胜地，欣赏起来才更有一番情趣。资料在哪里？请轻轻把书翻到第87页，自己轻声地读一读，遇到不认识的字，查查字典，读读拼音，争取把课文读正确、读流利。

1.2 在学生反复读课文后，继续引领：

今天的游览路线不知你看出来没有？比如先看什么，再去哪里？

学生自然而然地会理出"海面—海底—海滩—海岛"的游览顺序。

1.3 在精读课文时，我们可设计这样的导语：

啊，我们已经站在小岛上。举目望去，那海面——（学生齐读课文第2自然段）

……

2. 品味，方法灵活。语言是思维的"物质外壳"，是思维的载体和工具。品味语言是一种创造性的思维活动，利于学生更好地感知语言、运用语言、发展语言。《富饶的西沙群岛》是经典之作，经典文章用词造句精妙，值得咀嚼品味。品味语言的方法灵活，必会收到事半功倍之效。

第一，用词比较。第2自然段中这样写海水："西沙群岛一带海水五光十色，瑰丽无比：有深蓝的，淡青的，浅绿的，杏黄的。"我们可设计这样的问题：

反复读这句话，你想说些什么？如果让你把描写海水的这段话用一个词来概括，你会用什么词？

学生可能会说"五光十色"、"五颜六色"、"五彩缤纷"、"色彩斑斓"等，我们可进一步探索：

书上用了"五光十色"，把它改成"五颜六色"行不行？

把词去掉后，两相比较，学生的目光会一下子聚焦到"光"上，进而茅塞顿开：正是这"光"，使西沙群岛的海水显得亮丽，有着别样的风情。

第二，诵读感悟。"诵读"就是让学生读出声音，读出语调，进而读出情感，读出韵味，把"写在纸上的语言变成活的语气"。《富饶的西沙群岛》语言优美，用词传神。如第3自然段中"海参到处都是，在海底懒洋洋地蠕动"一句，我们可这样进行有效的"读"：

如果让你来读这句话，你会突出哪个词语？为什么？

学生可能会突出"到处都是"，表现海参数量之多；可能会突出"懒洋洋"，表现海参的悠然闲适；可能会突出"蠕动"，表现海参行动缓慢。

如若学生读"懒洋洋地蠕动"语速过快，我们可适时点拨：他这样读，你有意见吗？

如此启发引导，学生才能沉浸在文字之中，读出自己的独特感受，读出浓郁的情趣来。

第三，角色体验。一位名师曾说："最好的阅读境界是身临其境，设身处地，感同身受。"一语道出阅读教学中"体验"的重要性。西沙群岛之所以"富饶"，源于它的海产品名目繁多，不计其数。在教学时，我们不妨让学生以"海产品代言人"的角色加深体验。

如，珊瑚：大家好，我是漂亮的珊瑚妹妹。瞧，我们一家是那样的美丽多姿，有的像绽开的花朵，有的像分枝的鹿角。

（摘自：《云南教育·小学教师》2010年第10期）

教与学，教师与学生，这是贯穿在整个教学过程中的最基本的一种关系。教与学各以对方的存在为自身存在的前提，二者相互依存、相互作用、相互促进。其中教师是主导，学生则是主体。主导，重在"导"，就是教学中教师的主要职责在于对学生进行启发引导，这种启发引导就表现为：备课时设计如何引导学生积极参与课堂活动，课中设法充分调动学生积极参与课堂活动，并且进行随机的点拨启发（评价），一节课结束时，作简短小结（包括对整堂课的总结，对知识应有结论的归纳等）。学生主体，就是整个课堂活动，自始至终是学生唱主角，是以学生自己的动脑动口动手为主线，以学生潜能的开发、个性的彰显培养为主旨（学习知识本身不是目的，而是开发潜能、培养个性的手段）。

教师的主导是为了学生的主体，学生的主体需要教师的主导；教师主导是学生主体的必要条件，学生主体是教师主导的出发点和归宿点。

教与学相互影响与作用的规律有两个侧面，共同构成一个有机的统一体，即主导与主动的统一。

(一) 教师在教的活动中起主导作用

所谓教师的主导作用，是指教师在教学过程中处于领导者、组织者和教育者的地位。那么，教师的主导作用与学生自主学的关系又是怎样的呢？

教师的主导作用与学生的自主学习的问题，是解决好教学中各种关系的关键，也是完成小学语文教学任务的关键。

在教学过程中，教师的主导作用和学生的自主学习是辩证统一的关系。学生的自觉能动性要靠教师的启发引导，教师的主导作用要体现在调动学生的自觉能动性上。教师要把培养学生的自主学习能力作为贯穿教学全过程的主线。

教师的主导作用和学生的自主学习是矛盾的统一。它们之间互相联系、互相制约，但不能互相代替。

(二) 教师的教以学生的主动学习为基础

首先，学生是认识的主体。要把人类积累的认识成果和经验转化为学生的精神财富，要把知识转化为学生的智力、能力和思想观点，必须通过学生自己的认识和实践才能实现，这是任何人都无法包办代替的。

其次，学生的学是教师教的出发点和归宿。教师教的行为，目的是引起学生学的行为。教师教的过程，也就是为学生的学服务的过程。学生的学习情况和学习效果是检验教师教的主要依据。不仅如此，教师的教只有依赖于学生的学，依赖于学生的积极配合，才能够产生预期的效果。所以，要重视培养学生的自学能力。具体做法有：

第一，要培养学生的学习兴趣，使学生产生不断求知的愿望。

第二，要教给学生自主学习的方法。

第三，采用启发式教学。

(三) 教学效果取决于诸要素"合力"作用的规律

语文教学活动七个要素之间的关系，所作的一个基本的描述。可用下面这个示意图来表示：

由上图可知，语文教学活动是具体的、综合的，其中的各要素是处在持续不断的变化之中的。因此，对于教学过程诸要素之间关系的理解，若只是停留在静止的、分析的层次上是不够的，还必须从动态的、综合的角度加以考察。在现实的教学过程中，各个要素对教学效果有着直接或间接的影响，但是这种影响不是孤立地、简单地产生的，而是在诸要素相互联系、相互制约、相互作用下产生的。换句话说，教学过程中的每一个要素

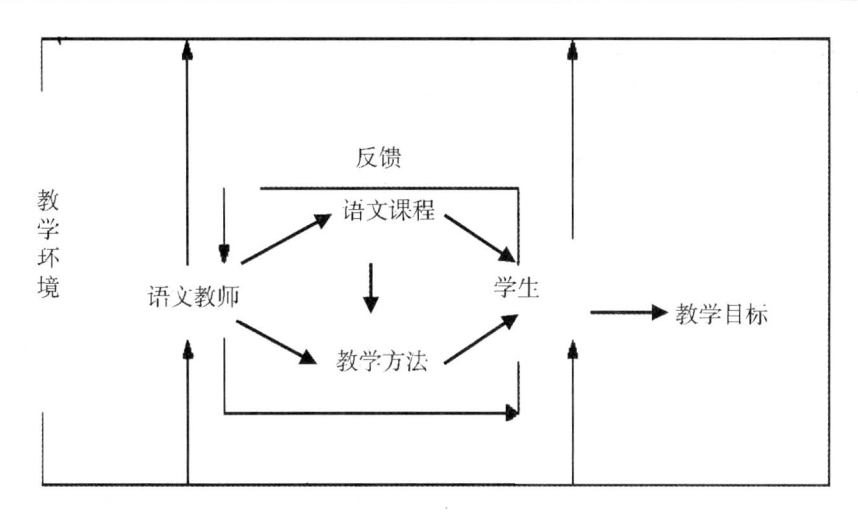

语文教学诸要素关系示意图

都在产生一定的力，但最终导致教学效果的力并不是各要素之力的简单相加，而是在诸要素之间的实际关系中形成的一种"合力"。一般认为，这是语文教学过程的一条重要规律。认识和掌握这条规律，正确地利用这条规律，就可以综合各要素的作用，使各要素之间形成最佳的联系，互相配合、互相促进，从而产生最大合力，收到最佳教学效果。如果不能认识和掌握这条规律，不善于利用这条规律，就难以处理好各要素之间的关系，因而也收不到最佳的教学效果。

　　任何一节课的教学，都是有目标的，教学目标具有导向性，同时，目标能否达成，又是检测这一节课的标准。教学目标可以为教学活动指出方向，可以激发学生的学习动机，还可以作为评价教学效果的标准。所以，教学目标要鲜明易懂、难易适度。有了具体明确的目标，还要有适当的内容去体现，如果内容能够恰如其分地反映目标，就使目标的实现有了有力的依托。目标和内容确定后，教师怎样把握和处理它们之间的关系，怎样选用适当的教学方法、手段、组织形式来引导学生的学习，启发学生的思维和活动去完成学习任务，实现教学目标，又是一个关键环节。如果教师对目标和内容吃不透，或理解有误，或运用了错误的方法、手段和组织形式，就不能收到预期的效果。反之，则会有积极的收获。另外，学生的年龄特征、个性心理特征、已有的知识和经验基础，以及动机、兴趣、态度和学习方法等，又是对目标、内容、教师施教时选择方法、手段、组织形式的一个制约因素。不认真考虑其他要素的作用力，教学目的就会落空。另外，教学的物质和心理环境，也对其他诸因素产生制约作用，在一定程度上增强或者减弱各要素在互相作用中产生的合力。

上述情况表明，在实际的教学工作中，教师必须善于全面地把握教学过程诸要素，处理好各要素之间的关系，不要顾此失彼，把教学活动简单化了。据此，要正确运用"教学诸要素的合力"规律，主要靠教师全面了解实际情况，从客观条件出发，充分发挥自己所拥有的优势，发挥自己的主观能动性和创造才能，力求在各要素之间建立最佳联系、产生最大合力、收到最佳的教学效果。要做到这一点有很大的难度，因而要求每个教师都努力提高自己的语文教学论修养，掌握多种多样的教学方法、手段和技巧，形成高超的教学艺术和教育机制，并能因时、因地、因人制宜，灵活运用。当然，最根本的一条，就是在思想方法上把形而上学的门关上，把唯物辩证法的门打开、这是不断开拓、不断创新，从而成长为教学艺术家的思想基础。

第二节 小学语文教学策略

一 制定课堂教学目标的策略

课堂教学目标是语文教学的出发点和归宿，它是教与学双方通过一系列的教学活动奋力达到的目标，同时也是检查、评定教学活动效果的参照物，它制约着教学设计及实施的方向，制约着教师对教材的使用，对教学程序的确定，对教学方法的选择，是教学设计、实施和评价的重要依据。目标是课堂教学的主宰，用怎样的方法教，师生之间的活动怎样开展，怎样组织，都要紧紧围绕教学目标，为实现教学目标服务。科学合理地制定课堂教学目标是提高教学实效性的有力保证。

（一）围绕"三个维度"确定教学目标

课程标准是教学活动的总纲，是教学活动行为的指南，也是我们制定教学目标的依据。语文课程的目标无论是"总目标"还是"阶段目标"，都是从知识与能力、过程与方法、情感态度和价值观这三个维度提出的。我们制定教学目标也应从这三个维度出发。

"知识与能力"目标指的是语文知识与语文能力，包括字、词、句、段、篇的理解，听、说、读、写的能力，以及与之相关的知识和能力。这是语文教学的最基本的目标，总目标中的6—10条"学会汉语拼音""认识3500个左右常用汉字""具有独立阅读的能力"等都是对课程中知识与能力的具体规定，是"知识、能力"教学的基本依据。

"过程、方法"这一目标倡导语文教学要注重学习的过程和方法，如"掌握最基本的语文学习方法，养成良好的学习习惯""初步掌握科学的思想方法""学会运用多种阅读方法""在发展语言能力的同时，发展思维能力，激发想象力和创造潜能""学会使用常用的语文工具书""注重情感体验""借助汉语拼音认读汉字""借助读物中的图画阅读""结合上下文和生活实际了解课文中词句的意思""学会倾听、表达与交流"等都是侧重学习过程和学习方法的教学目标。

"情感、态度、价值观"指的是语文课上要注意培养学生高尚的道德情感和健康的审美情趣，形成正确的价值观和积极的人生态度，这也是语文教学的重要内容。应注意的是，"情感、态度、价值观""知识、能力""过程、方法"这三个维度有其独立性，但又有机整合在一起。如：《巨人的花园》这一课的教学目标就可以这样表述：

1. 通过自学、检查、交流学会本课生字及它们组成的生词，结合语境理解关键词语的意思。

2. 有感情地朗读课文，能根据课文内容想象画面。

3. 抓住花园和巨人的变化，运用对比的朗读感悟方式体会文中主人公的性格特点及其心理变化，明白不要自私，要关爱他人，与他人分享美好的事物，分享快乐。

(二) 从学生实际和课文实际出发确定教学目标

学生是学习的主体，确立教学目标必须依据学生认知水平的实际，充分考虑到学生的学习心理，否则，教学目标定得高，脱离实际，无法实现；教学目标定得低，不能激发学生的学习兴趣，影响发展。

教学对象的不同，所定的教学目标也不应相同，同一篇课文放在低段和中高段，其教学目标也必然会随年段的不同而有所改变。如《我不是最弱小的》是分别入选人教版第四册和苏教版第八册的课文，年段不同，学生对象不同，其教学目标也就不同。

【案例 2-4】

人教版第四册第 7 课《我不是最弱小的》教学目标
杨金芬

（一）认知目标：继续巩固课后生字新词，读准字音，深入理解词义。

（二）能力目标：正确、流利、有感情地朗读课文，体会问号、感叹号表达的不同语气。

（三）情感目标：通过对课文内容的学习，教育孩子向萨沙一家人学习，有不甘为弱者、应该保护弱小者的意识。

（摘自：《小学教学研究·理论版》2010 年第 12 期）

苏教版第八册第 14 组《我不是最弱小的》教学目标
周绪红

1. 正确、流利、有感情地朗读课文。
2. 借助文章中的具体语言材料，以蔷薇花为媒，理解"每个人都要保护比自己弱小的人"的意义，感悟萨沙一家的爱心。
3. 培养学生高尚的道德情操，感悟生命的价值。

（摘自：《教学与管理（小学版）》2011 年第 8 期）

（三）力求做到全面、具体、适度、明确

教学目标的制定要力求做到全面、具体、准确、适度。"全面"一方面指教学目标的三个维度要全，不要遗漏。另一方面也指单元及课文需进行的语文训练目标不要遗漏。在拟定教学目标时，特别要注意，不要忽略"过程、方法"这一目标。

"具体"指教学目标表述时不要太笼统，制定教学目标一定要具体，学会课文哪几个生字，理解课文什么内容，体会什么情感都要具体，这样才有利于目标的落实。

"适度"指教学目标难度要适中，还指教学目标量度要适中，一篇课文七八个教学目标显然过多，这样势必造成重点不明，教学容易蜻蜓点水，因此，教学目标的制定一定要注意精当。

"明确"指教学目标的陈述要明确。美国学者马杰认为，教学目标应包括三个要素：说明具体的行为和产生行为的条件，指出评定行为的标准。这对于我们教学目标的陈述具有借鉴意义，在表述教学目标时我们也应明确这么几点。如"通过抓住关键词记忆等方法，背诵全篇课文，并能默写课文第二、三自然段。"这条教学目标的陈述中，"背诵全篇课文，并能默写"即具体的操作行为，"通过抓住关键词记忆等方法"即产生行为的条件，"背诵全篇课文，并能默写课文第二、三自然段"这里的"全篇""课文第二、三自然段"就是评定行为的标准。

二 优化教学设计的策略

优化教学设计即看教师的教学目标、教学方法和手段，教学过程中教与学的双边活动的构思和安排是否达到最优化，其最终目的是为了提高教学效率和教学质量，使学生在单位时间内能够学到更多的知识，更大幅度地提高学生各方面的能力，从而使学生获得良好的发展。

教学设计包括目标设计等多方面，本节中所探讨的教学设计主要是指教学流程的预设。

（一）在深刻理解、把握语文课程标准和教材的基础上对教材进行有效取舍，确立重点难点，精选训练点

教学内容的选择与教学设计关系密切，教学设计的优化建立在教学内容优化的基础上。语文教材具有较强的综合性和极大的兼容性，每一篇课文无不涵盖字、词、句、段、篇、语、修、逻，涵盖听、说、读、写，每一篇课文都内蕴其独立的思想、情感、见地。每篇课文可供训练的点很多，但又不可能面面俱到，这就要求教师对教材进行适当的处理，精选教学内容。教师要在深刻领会课程标准精神实质，深入钻研教材，全面了解学生的基础上确立重点难点，精选训练点。教师对教材的理解、把握和处理，不但直接显现教师的文化素养、教学观念、教学基本功，而且直接影响到课堂教学的成效，教师如果不能正确处理教材，有效选择教学内容，就容易"把课文教肿了"，教师教得辛苦、学生学得辛苦不说，收获也不大。

一节课的教学内容一定要精当。首先教师钻研教材要深，要"进得去""出得来"。钻进去潜心会使本文与作者产生共鸣，再跳出来站在学生的角度，依据教学目标，结合课文特点及思考练习的提示，在对课文语

言来一番"虚心涵咏、切己体察"的基础上,确定本课语言训练的内容,瞄准课文的重点,训练的难点,学生的疑点,语言发展的生长点,找准语言训练的重点,这样才可以实现教学内容的优化,继而才谈得上教学设计的优化。

(二)找准切入点,巧妙设计教学流程

教学设计的优化还应注意教学环节的简洁、精当。

一堂课往往涉及各方面的知识,如果对这些知识和问题的讲解缺乏通盘的考虑,仅仅像记流水账一样交代一遍,逐词、逐句、逐段地讲解分析训练,那么教学过程可能会散乱无章,支离破碎,影响教学的实际效果。

好的切入点是"牵一发而动全文","牵一发而动全课堂"的关键,在教学设计时如果选准了一个最佳点,由此入手,带动其他,就会"切"出兴趣,"切"出能力,"切"出课堂的高效率。

抓切入点的方法有很多,可以从文章的题眼切入。文章的题目是全文的中心体现,尤其是题眼,学生可以通过它"窥一斑而见全豹"。从文章的题眼切入,可以准确地把握课文的主要内容和中心思想,扣住题眼,往往可以辐射全篇。如教学《蚁国英雄》一位老师就从题眼切入进行教学的:

师:同学们,蚂蚁我们都见过吧?它身体只有米粒般大小,重量不足毫克,在我们眼中它是那样的渺小,(师板书"蚁",有意写得很小),而"英雄"在我们眼中又是怎样的呢?(生答:崇高、伟大、英勇、无畏,等等)(师板书"英雄",有意写得很大),今天我们将学习一篇课文(师将课题补充完整),同学们齐读课题,读完课题你有疑问吗?你想问什么?

学生提出"小小的蚂蚁为什么称他们为英雄?"等一系列问题,教师让学生带着这些问题深入文本去感受。

抓切入点还可从文章的中心句切入,还可抓住课文的某种行文线索,循着线索,牵藤取果等。当然抓切入点的方法还有很多,而且这些方法还可综合使用。选准切入点,教学往往会收到事半功倍的效果。

(三)精心设问、引导质疑,选择合适的教学模式

课堂教学离不开提问,问是教学的基本环节,是课堂教学的显示剂、

催化剂和兴奋剂。"学贵有疑""大疑则大进,小疑则小进"。精心设问、引导质疑可以引导学生深入理解课文,可以促进学生主动探究,可以激活学生思维,还可以促进学生内部语言、外部语言的发展,是优化教学设计的有效策略。

教学设计的优化还与教学模式密切相关,教学模式是对教学的具体进程所作的某种设计,适当的教学模式往往能帮助教师提高课堂效率。

不过,教学设计是否优化最直接的检验标准是学生在课堂上收获如何,学得如何。因此教学设计不要忘了设法引导学生积极参与,要尽可能地给学生提供读书、思考、表达的时间和空间,教学策略的选择还应从这些方面多考虑。

【资源链接】

浅谈"自主探究"四环节阅读教学策略

徐勤江　王钦武

一、低年级"自主探究"四环节阅读教学策略

自读识字—合作交流—品读领悟—巩固延伸

1. 自读识字

学习目标:读准字音,读通句子。

操作要领:激发学生阅读兴趣,引导学生自读课文,边读边标出生字,利用多种方法自主识字。此环节要给足学生学习的时间,一般在教师指导下课内完成。

2. 合作交流

学习目标:巩固识字,初步感知课文内容。

操作要领:用多种方式交流认识的生字、识字方法、初读课文的收获、产生的疑问,教师检查、纠错、引导。

3. 品读领悟:

学习目标:了解课文内容,体会重点词句的意思,有感情朗读课文。

操作要领:在初读课文把握主要内容的基础上,引导学生抓住重点词、句、段反复朗读,结合语境领悟词、句的意思,体会思想感情,指导有感情朗读。此环节要避免平均用力,以讲代读,要重视体验,重视培养学生良好的读书习惯,提高读书的效率。

4. 巩固延伸

学习目标：巩固本课的字词句，提高应用能力，开拓视野。

操作要领：进行背诵、写字、词句积累、运用等方面的训练，适当进行拓展延伸，提高语文知识的应用能力。

二、中高年级"自主探究"四环节阅读教学策略

预习探究—合作交流—品读体验—巩固延伸

1. 预习探究

学习目标：认识生字，理解字词，了解课文相关知识，感知文章大意。

操作要领：出示预习提纲，引导学生充分读书，查阅资料，完成预习要求。此环节在中年级可在教师指导下课内完成，高年级逐步放在课前完成。

2. 合作交流

学习目标：巩固字词，资料共享，感知文章主要内容。

操作要领：小组内交流预习收获、质疑问难。推荐代表在集体交流时发言，其他学生补充；教师点拨、纠误、引申，落实易混易错及疑点问题，适当归纳小结。

3. 品读体验

学习目标：体会重点句段的含义，感悟文章的思想感情，领会表达方法。

操作要领：品读重点句段，深入理解课文内容；赏读重点句段，丰富内心体验；评读重点句段，揣摩表达方法。此环节要充分重视学生的个性化阅读体验，重视课堂生成，适时点拨，反对一问（讲）到底，提倡精讲多读。

4. 巩固延伸

学习目标：巩固基础知识，拓展阅读空间，提升读写能力。

操作要领：根据本文基础知识点设计练习，补充相关阅读材料，进行片断读写练习。此环节要重视积累，读写结合，形成能力。

（摘自：《作文教学研究》2008 年第 3 期）

三 选择教学方法的策略

（一）依据教学目标选择教学方法

教学目标既应包含着知识内容目标，也应包括认知技能和认知策略方

面的目标，还应包括培养和发展学生情感态度方面的目标。这就要求教师能够掌握相应的教学目标分类知识和方法，能够把教学中总的抽象的目标分解转化为具体的可操作性目标，并依此来选择和确定具体的教学方法。

（二）依据教材内容特点选择教学方法

教材内容不同，所要求的教学方法也有着明显的差异。识字写字的教学方法肯定不同于阅读教学的方法；古诗的教学方法也异于现代诗的教学方法。另外，不同阶段、不同单元、不同的课时内容也不一致，对学生的知识掌握、技能训练、能力要求也不相同，同样要求教学方法的选择要具有多样性和灵活性的特点。这就要求教师应该把握各自教学方法的适用范围，能够根据不同的教材内容特点的教学需要，选择所需要的教学方法。

（三）依据学生实际特点选择教学方法

教学中学生的实际特点，主要是指学生现有的知识水平、智力发展水平、学生动机状态、年龄发展阶段的心理特征、认知方式与学习习惯等因素。心理学研究和教学实践都表明，学生的实际特点与教学处理之间存在着相互作用。所以，教学过程中教学方法的选择要受到学生的个性心理特征和他们所具有的基础知识水平条件的制约。这就要求教师能够科学而准确地分析研究学生的上述特点，有针对性地选择和运用相应的教学方法，使学生在学习掌握知识、形成技能的同时，能够促进学生的身心向更高的水平和阶段发展。

（四）依据教学环境选择教学方法

这里所说的教学环境，主要是指学校教学设备条件（实验仪器、实验设备、图书资料等）、教学空间条件（教室、场地、实验室、活动室等）和教学时间条件等。教学环境状况对教学方法功能的全面发挥也有着一定的制约作用，特别是现代化教学手段的充分运用，会更进一步地开拓教学方法的功能和适用范围。教师选择教学方法时，应该在时间条件允许的情况下，最大限度地运用和发挥学校教学设备和教学空间条件的功能与作用。

（五）依据教师自身素质选择教学方法

教师素质在教学过程中主要表现在他的表达能力、思维品质、教学技能、个性特长、教学风格特征、组织能力以及教学控制能力等方面。任何一种教学方法，只有适应了教师的素养条件，并能为教师充分理解和把握，才能够在实际教学过程中充分地发挥出它的功能和作用。教学方法本身虽然好，但并不一定适合于每一位教师。因此，教师在选择教学方法时，应当根据自己的实际优势，扬长避短，选择与自己最相适应的教学方法。同时，教师应当在自己的发展过程中，不断提高自身素质和水平，并能根据自己的素养条件，丰富和改造现有的教学方法，逐步形成具有明显个性特征的高水平的教学风格。

四　教学调控的策略

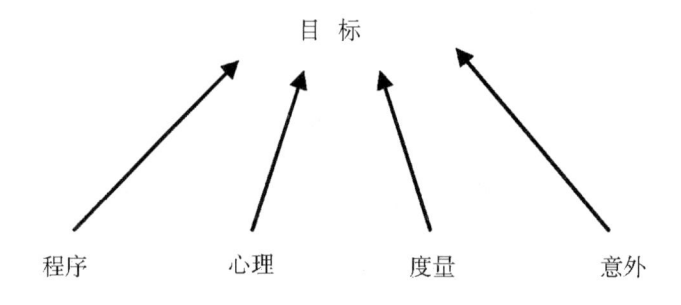

目　标

程序　　心理　　度量　　意外

（一）目标调控

教学目标是课堂教学的主宰，教学目标的合理定位、合理选择及实施对于教学至关重要，教学目标的制定如何做到准确、具体、合理是实施教学控制的前提，在准确合理的目标定位的前提下，是否对目标实施有效控制非常重要。那么如何对教学目标进行调控呢？

1. 要有明确的要求和导向

要上好一堂课，要避免教学的盲目，必须做到目标明确，目标明确是实施有效控制的前提。教师在进行教学时，心中一定要有明确的目标。具体到每一节课时，不仅每节课的总目标要明确还要将这些目标分解，每一步的目标也要明确。教师在组织教学、指导阅读时一定要做到目标明确、具体，有可操作性。

2. 踏踏实实，抓好落实

要保证教学目标的实现，不仅要做到目标明确，还要做到步步落实。教学调控实际上就是教师运用多种教学手段，调动各方面的因素保证目标的落实。教师要通过多种形式创设学生自主学习的平台，组织引导好学生实现目标。

3. 运用反馈、评价等机制有效调节

课堂教学是一个动态的过程，教学目标的达成不可能完全按预设的进行，要保证教学目标的顺利实现，必须运用反馈、评价等机制进行有效调节。

课堂信息的反馈应该是双向互动的，课堂调控最有效的措施是评价及引导。根据反馈信息与目标的距离，可以进行如下的调控：

（1）与既定目标一致，充分肯定。

（2）与目标部分一致的，肯定合理部分，不合理处要引导。

（3）错误的要拨正，脱离目标的要拉回。

（二）程序调控

教学程序就是教学步骤的先后顺序。在指向目标的学习过程中，程序的安排显得尤为重要。应遵循事物的内在发展逻辑，遵循学生心理发展的特点，遵循学生认识事物及学习语言的规律，教学才会条理清晰、井然有序，否则，就会陷入混乱。

教学程序并非一成不变的，可以根据教学情况的实际需要进行一定的调控。基本要求是：

1. 总体有序，循序推进。确定好的教学程序就应该对教学过程起引领作用，教学步骤、环节和活动安排应该按照既定教学程序依次推进。

2. 根据学情，灵活变序。"教无定法"，"教亦无定序"。根据教材特点、学生情况、班级进度、教师设计等等，可以灵活改变教学程序，或直切重难点，或关键词句导入，或案例故事铺垫，只要教法重点突出、层次分明，即使打破原有程序，也一样能实现教学过程的最优化。

（三）心理调控

学生学习心理状态是指学生从事学习活动时，学生心理活动在强度、稳定性、持久性方面所表现出来的特征。它是学生有效、高效学习的前提和保障。对学生学习心理的调控是教学调控的一项重要内容。

1. 随时关注学生的注意力，引导学生保持良好的注意力。

2. 有效激活学生的内驱力。此外，确立明确的目标，也有助于激活学生的内驱力，培养学生的自主学习意识。

3. 充分引导体验。体验是指对外界事物、情境的内心感受、体味或亲身经历，体验既有情感的刻骨铭心，又有知识的深刻烙印，还是一个渐进的过程。教学中引导学生体验就是通过创设一定的情境，提供一定的条件，让学生亲身去感知、尝试、应用，从而发现知识、理解知识、掌握知识，形成能力。

（四）度量控制

任何事物都是质和量的统一，度是指一定要保持自己质的量的限度、幅度、范围，是和事物相统一的数量界限。任何事物要保持自己的稳定性都要有度。教学也一样，"度"的分寸把握尤其重要，一定要适量，否则就可能引起质的变化，难以取得教学的最佳效果。

课堂教学的度，依据教学内容和环节，大致包括教学内容的度、提问的度、理解的度，教学方法使用的度、评价的度和拓展的度。教学中，我们应努力把握好如下几个度：教学容量及难易适度、提问的数量和坡度适中、课件的运用、学科的整合适度和课堂评价、生成和拓展适度。

（五）意外控制

课堂上的意外有多种，这里讲的意外指的是和教学内容密切相关的意外事件，不包括一般违纪性的意外事件。对于课堂上意外情况的发生，教师要调控好课堂，敏锐捕捉这些意外中有价值的信息，把它们整合到课程资源中去，并充分发挥教学机制，灵活调整预设，在意外中绽放精彩。

课堂上如出现了与预设不同的意外，教师首先要进行敏锐的判断。哪些是积极的、正面的、价值高的，哪些是消极的、负面的、价值低的，哪些需要马上处理，哪些可以延时处理。然后，有针对性的采取如下措施：

1. 适当缓冲，顺学而导。
2. 耐心倾听，积极评价。

更多的时候，当课堂上出现意外，我们可把解决问题的主动权交还给学生，充分发扬民主，让他们在合作探究中化解意外，精彩生成。

【拓展阅读】

浅谈新课改背景下小学语文教学策略的创新

贾东凤

摘 要：新课改后，教学追求变成一种以学生自主学习为起点，推动学生之间的合作、探索、创新为目的的教育模式，这在很大程度上区别于传统的教育模式，能够较好地调动学生的学习兴趣，较为方便地营造轻松并有秩序的课堂气氛，可以全面性地提高学生的整体学习质量和学生的素质。

关键词：新课改；小学语文；课堂教学；创新

小学语文教学对于学生创新思维能力的培养，着重在于语言、文字学习方式上的创新。本文针对新课改的要求对小学语文教学创新进行分析并提出建议。

一、通过活跃多变的课堂氛围激发学生的学习兴趣

课堂是小学语文教学的主要平台，构建一种良好的课堂氛围就成为小学语文课堂教育中首要考虑的一个问题。兴趣自然是爱好的衍生产物，学生的学习兴趣可以从个人爱好的这个源头来探寻，换个角度来说，如果教师能够很好地将学习过程中所需要灌输的知识转变为学生的学习爱好，这些知识自然就会成为学生学习兴趣的一个倾向方向。在语文教学中，传统的教学方式通常是将知识进行直白的表述，然后由学生进行硬性的记忆，这明显不会让思维活跃的小学生产生太大的兴趣，如果在教学过程中将重点内容进行变化性的调整，例如以选择式、竞答式的方式进行提前性的问题创建，那么学生在学习的过程中就有了互相讨论、竞争回答这样的机会，这种机会可以让学生之间增加交流。并在一定程度上促进学生的学习积极性，当然这种方式更为突出的作用表现在可以使得学习气氛更加的活跃。

二、通过多样化的教学手段培养学生的创新能力

文中虽然提到语文教学具备培养学生创新能力的作用，但是语文这个以文学和语言内容为主的学科本身的创新需求并不高，因为语言和文学的理论知识是在民族长期的演进过程中由民族习惯和具体应用的长期总结逐渐形成的，那么学生的创新能力培养就需要进行适当的方向性调节。小学生由于年龄上的限制，虽然具备较为活跃的思维，但是思维方式不固定，也没有较好的概念意识，因此需要教师对于学习方式进行方向上的引导，从而使学生在学习过程中逐渐地总结和归纳，找到适合于自身的学习方式。学习方式的创新其基础是能够较好地促进学生的学习，学生之间必然存在着一定的差异，所以各人的学习方式上也会存在一定的区别，因此教师在教育过程中必须通过多样化的教育方式来提供给学生多个方向的指引，只有这样才能让学生了解到更多的选择空间。学生在学习过程中可能更习惯通过象形的方式进行记忆，一些学生可能习惯使用谐音的方式进行记忆，也有些学生会习惯先硬性记忆再进行深入理解等等众多不同的方式使用于不同的学生，因此教师在课堂教学过程中应当尽量通过看图说话、

音乐配合、朗朗上口的诗词等方式将教学内容进行穿插。

三、通过扩展、联系性的教学提升学生的思维能力

新课改中有对于教学内容开放性的要求,这种开放性打破了传统教学中学科封闭的现象,也就是说现在的课堂教育应当注重学科间的关联,不仅仅在于知识内容上,也包括了某个科目特定的学习方式和思维方式的关联,甚至于可以将内容和方式扩展到没有固定学科的方面,只要这种方式有利于学生的学习。多方向的学习内容关联和扩展能够很好地打开学生的思维,使得学生在学习过程中敢于大胆地联系各类相关的内容进行学习。例如比较直观的语文扩展阅读,教师可以经常性地推荐给学生适合小学年龄段的书籍,并鼓励学生自主阅读,这种方式下学生能够更广泛地了解语言和文字的习惯性用法、有区别的内涵等等,学生在阅读后会有各自不同的理解,各自具有特色的理解方式在学生的首次应用中也会给学生带来一定的信心,长期的扩展学习还能够使得学生之间更为广泛和深入的沟通交流,这对于学生的开放性思维有一定的促进作用。不仅仅是扩展阅读,语文教学也可以应用一些理性学科或者素质培养学科的内容进行相应的教育,学生在这个过程中可以进行自主的选择。

总之,在新形势要求下,要注重尊重学生这一教育核心来开展教育工作,才能从根本上符合新教育模式所要求的教育目标。

(摘自:《新课程·教研版》2011 年第 10 期)

【我思我行】

在《司马光砸缸》一课教学中,了解了司马光救同伴的智慧和举动后,老师提出问题:"如果是你,你会想出什么办法救同伴?"学生们纷纷发表意见。这时,突然有一个孩子说:"老师,如果你掉在水缸里了,一时又没有人来救你,你会怎么办?"

老师提出问题让大家讨论,目的是要拓展学生的思维,让学生在比照中进一步认识司马光的机智。学生反倒问起老师来,而且这一问显然带有调侃的意味。顿时,老师恼怒起来,觉得学生冒犯了自己,对该生一顿训斥。

你认为这一问题的出现涉及哪类教学策略?你对案例中老师的反映作何评价?如果你是那位老师,你将如何应对小学的提问?选择应对策略的依据是什么?预期达到怎样的效果?

【参考文献】

1. 巢宗祺、雷实、陆志平主编：《全日制义务教育语文课程标准（实验稿）解读》，湖北教育出版社 2002 年版。

2. 钟启泉等主编：《为了中华民族的复兴　为了每位学生的发展——基础教育改革纲要（试行）解读》，华东师范大学出版社 2001 年版。

3. 朱慕菊主编：《走进新课程——与课程实施者对话》，北京师范大学出版社 2002 年版。

4. 王文彦、蔡明主编：《语文课程与教学论》，高等教育出版社 2002 年版。

5. 张鸿苓：《语文教育学》，北京师范大学出版社 1993 年版。

6. 倪文锦主编：《小学语文新课程教学法》，高等教育出版社 2003 年版。

7. 崔峦主编：《小学语文教学论》，中国人民大学出版社 2006 年版。

8. 李秉德：《教学论》，人民教育出版社 1991 年版。

9. 教育部基础教育司组织编写：《走进新课程》，北京师范大学出版社 2002 年版。

第三章 小学语文教学口语技能

【开篇语】
　　本章着重阐述小学语文教学口语技能两个方面的内容：第一，小学语文教学口语技能概述，主要包括小学语文教学口语的主要特点（规范性、教育性、生动性、综合性），小学语文教学口语技能的基本要求（精确、规范，易懂，富有节奏感），小学语文教学口语的语音特点与功能（洪亮、清晰，响度适宜，语流顺畅，富有变化，符合儿童语言）。第二，小学语文教学口语技能专项训练，通过教学口语的语音训练、修辞训练，基本达到话语清晰、生动、有感染力；通过导入语、讲授语、提问语、诱导语、应变语、评价语、小结语的训练，初步掌握运用教学口语的基本技能。

【问题情境】
　　教师口语诊所来了几位"病人"，经诊断分别为：
　　1. 话语啰唆症
　　语病症状：大多数语句以"哦""嗯"开头；频繁使用"我们知道……""就是说……""大家明白……"；语句结尾都带上"对不对呀？""你们说，是吗？"等句；双语症，担心学生听不清楚，每句话都重复两遍，如"今天我们学习语法，单句的结构，嗯，单句的结构……"
　　2. 语速失调症
　　语病症状：①新教师上课多数有讲话过快的现象。一方面是对学生的能力不够了解，期望值过高。另一方面，一堂课讲授的知识点过多过全，害怕考试会考到而自己没讲过，进而担心自己完成不了教学任务，因此如连珠炮似地讲课。
　　②讲话拖沓，让人焦急。有些教师在阐述某个难点时，由于缺乏深思熟虑，边讲边想，耽误时间。

3. 语音不清症

语病症状：语声弱化，虚化，最后一个字的字音消失；发音器官运动不到位造成的语音含混；音节间有再拼合现象；语音发飘，话语朦胧。

4. 语流阻滞症

语病症状：讲话不顺畅，吞吞吐吐，时常有卡壳现象。有时是忘词了，讲了上句，不知下句。有时是思维停滞。

5. 话语干瘪症

语病症状：老是那几个词语翻来覆去地说，不会运用同义词。

6. 语调沉闷症

语病症状：讲话老是一个调，一个节奏，让人昏昏欲睡。

7. 语义混乱症

语病症状：语义杂乱，语义跳跃，让人不得要领。话语颠三倒四，随意插说，不着边际，东拉西扯，说话跑题。

8. 话语伤人症

语病症状：出语欠思考，话语过重。有时对基础差的学生缺乏耐心，说一些如"烦死了"、"讨厌"、"随你去"、"去去去"、"刚才说过了，怎么还问"的话；对学生片面评价，不如见机委婉地说，如"一塌糊涂"、"头脑简单、四肢发达"等；甚至讲脏话粗话，如"笨蛋"、"呆子"、"傻瓜"、"神经病"、"滚出去"、"死进去"。

9. 满堂灌症

语病症状：① 一讲到底，无提问，无启发。采用目中无人讲授法。② 语气无间歇。话流似洪水，造成学生听力疲劳。

10. 语态呆板症

语病症状：① 教师授课时只看书本，不看学生，与学生没有眼神交流，这样只管自己唱独角戏。② 教师上课时就站在讲台上不走动或频繁走动。③ 没有手势语或手势单一，老是重复同一动作，面孔无表情。

请问：你还见过哪些教学口语"病症"？上述"病症"应该如何诊治？

【理论导学】

小学教学口语是指教师在教学活动中用于课堂教学的工作用语。小学语文教学口语通常受到特定的教学内容、教学对象、教学任务、教学场地、教学时间等因素的限制，同时还受到教师思想、学识、审美情趣以及语言能力的影响。

第一节　小学语文教学口语技能概述

一　小学语文教学口语的概念及特点

（一）规范性

语音标准，用字准确，语法正确，逻辑性强，符合儿童语言特性。

（二）教育性

教书育人是教师的天职，教师的职责是用自己的语言向学生准确地讲授教材中的科学知识和所包含的思想意义。

（三）生动性

教学口语要达到使学生如临其境、如闻其声，使抽象的道理具体化、深奥的道理浅显化的效果。

（四）综合性

教学口语在实际运用中是叙述、说明、描述、议论、抒情等多种表达方式的综合运用。

二　小学语文教学口语的基本要求

（一）精确、规范

科学知识本身是严密的、系统的，而教学又要求在规定的时间内完成一定的授课任务，这就要求在课堂上教师的语言要做到精确、规范。"精"，少而有分量，"确"是恰切地表达内容；规范，就是说教学口语必须语音正确、用词恰当、说话合乎语法、逻辑。

（二）明白、易懂

教学口语既要有书面语言的精确，又要有口头语言的明白易懂。大量的教学实践表明，教学取得成功常常是因为教师能深入浅出地讲清问题，不成功的教学往往是教师不能明白地表达自己的意图。教师要学会用浅显的语言，讲述就会通俗易懂。语言是否通俗易懂，还有赖于造句的能力。在组织教学用语时应注意长句短化，繁句化简。既要渗透教学大纲的要求，又要按照一定的线索和需要调整讲授知识的先后，还要把书面语言转变成学生喜闻乐见的表达形式，从而使学生容易接受和理解。

(三) 抑扬顿挫，富有节奏感

教学口语表达要讲究声调、音速和节奏。声调要有高有低，起伏得当；音速，要快慢适宜；节奏，是由教师内在感情引起的语言的轻重缓急变化决定的，要做到平稳、分明、适度。以音质激发学生的兴趣，以音量拨动学生的心弦，以音速牵动学生的思绪，以音色调节课堂的气氛。

第二节　小学语文教学口语技能专项训练

【训练目标】

把握课堂教学口语的特色，通过教学口语的语音训练、修辞训练，基本达到话语清晰、生动、有感染力；通过口语表达训练、教学环节训练，初步掌握运用教学口语的基本技能。

(一) 教学口语的语音训练

1. 响度训练

同学们，我们今天学《少年闰土》这一课。闰土是谁呢？这篇课文在介绍这位少年时，描绘了这样一幅动人的画面：深蓝的天空中挂着一轮金黄的圆月，月亮底下，海边沙地上，是一望无际的碧绿碧绿的西瓜地。夜深人静，田野静悄悄。就在这碧绿的瓜地里，一个十一二岁的少年项带银圈，手捏一柄钢叉，向一匹偷吃西瓜的猹尽力地刺去……这少年就是闰土。多么勇敢机灵、活泼可爱的少年啊！鲁迅先生用他生花的妙笔，塑造了"少年闰土"这一生动鲜明的形象，真是栩栩如生啊！我们今天就来仔细研究一下，鲁迅先生是怎样具体地写少年闰土的。

【训练方法】

熟读数遍，先独自试讲，然后在讲台上做讲述。

【训练要求】

要有一定的响度，体现响度的层次性。运用学过的发声用气、吐字归音的科学方法。

2. 流畅度训练

"我们是有想法的，这个……我们是这样认为的，学校厨房嘛，炊事工作、炊事人员，这个这个，在有些方面是有困难的，有麻烦的。他们嘛，有他们的难处。这个……我们学校，一所师范学校，大致算起来有700多人，这个这个700多人有学生、有教师、有职工、有家属，这个这个，当然不能把外面搭伙的什么小工啊、开汽车的啊、做小生意的七七八八的人算在内，他们不能算是我们学校的人。这个这个……700多师生员工。各有各的情况，各有各的的需要，各有各的脾性，各有各的爱好，这个这个各有各的胃口，说实话，要做到每个人都说好，各个人都没有意见，人人都满意，同志们哪，这是困难的，是很难办到的！"

【训练方法】

　　删削上面这段话的冗余部分，然后重讲一遍。

　　3. 响度、流畅度、清晰度综合训练

　　"……这个嘛，这幅图，当然是中国地图，也是中华人民共和国的地图。嗯……是我们祖国，我们国家就这么大，当然，是960万平方公里，对不对？这是我们的祖国，这个祖国，为什么叫祖国，当然，我们看，看看这几人就知道了。这是男的，有胡子，当然是老人，我们的爷爷当然有胡子啰。女的是奶奶，很老，当然是奶奶。这个……嗯……还有小孩，他很小，他们喊他们是什么呢？是……当然……爷爷奶奶。他们大家住在什么地方呢，当然住在我们中国。嗯……那么好了，我们的爷爷奶奶，祖父祖母，当然还有爸爸妈妈，当然还有更早的祖先，当然是我们的祖祖辈辈，嗯，都一直生长在这块土地，这个国家，所以叫做'祖国'。"

【训练方法】

　　先讨论这段话的中心意思是什么，然后看语言表达的问题出在什么地方，先作修改，再用清晰、流畅的口语说一遍。

　　（二）教学口语修辞训练

　　1. 语音修辞训练

　　同学们，你们想去杭州旅游吗？你们知道杭州为什么这样出名吗？这是因为那里有一个美丽的西湖和高达数丈的钱塘潮。西湖三面青山环绕，湖面碧波荡漾……湖心吸引着游人……所到之处令人流连忘返；钱塘潮又以它的壮观而令人神往。我们今天就来学《杭州西湖和钱塘湖》这一节。

【训练方法】

  A. 将这两段话作一些口语化处理；

  B. 面对录音机试讲；

  C. 互讲互评。

【训练要求】

  把握重音、停顿和节奏。

【重点提示】

  A. 防止习惯性重音的干扰；

  B. 注意表明强调的重音、停顿的运用。

2. 修辞综合训练

  师：看了这段课文，我们知道了车夫是怎样的人呢？他是一个饱经风霜的人，是一个受苦的人，是个穷人。是不是这样？

  我们请一位同学读课文。

  生：（读）

  师：我们会看到，书上用了一个很有表现力的词，那就是"饱经风霜"，他是一个饱经风霜的人！那么，什么是"饱经风霜"呢？

  生：就是吃过不少苦。

  师：是的，是吃过不少苦。"饱"就是充分的意思，很多、很充分；"经"是经历，"风霜"呢？可不是平时看到的刮风下霜，这里是比喻用法，比喻什么呢？

  生：艰难困苦。

  师：对。我们把它串起来来就是——

  生：经历了许多艰难困苦。

  师：对，经历了许许多多的艰难困苦，已经有许多年了。书上说，他的脸上现出"难以忍受"的痛苦。什么是"难以忍受"呢？

  生：就是很难忍受。

  师：对，很难忍受。"难以忍受"，这就突出了痛苦的程度，书上又说，他的嘴唇是灰白的。为什么他的嘴唇是"灰白的"，可我们的嘴唇是那么的红润，这是怎么了？

  生：因为天太冷了。

生：因为他流血了，流了很多血。

师：是的，天很冷，在风里奔波，又流了血，所以他的嘴唇是灰白的。那么他的腿又怎么是"抽动着"？

生：是疼得发抖。

生：是冷得发抖。

师：啊，又疼又冷，又流了很多血，他的腿发抖，抽动了起来，他难受极了，所以他发出的声音是怎么样的？

生：低微的。

……

【训练方法】

  A. 逐句阅读，讨论并分析其口语修辞方式；

  B. 同桌同学分别仿说这段教学实录，看看口语的语音修辞方面，作哪些加工才能增强表达效果。

  3. 口语化、儿童化训练

  小公鸡和小鸭子一块出去玩。他们走到草堆旁，小公鸡的嘴尖尖的，在草堆里找到许多虫子吃得很欢。小鸭子的嘴扁扁的，捉不到虫子，急得直叫。

  改为儿童化口语

  小公鸡和小鸭子是一对好朋友。有一天哪，他们一块儿出去玩儿，走到草堆边儿，小公鸡的小嘴儿尖尖的，在草堆里找到了许多小虫子，他一边吃一边唱："唧唧、唧唧！真好吃，真好吃！"小鸭子呢，它的嘴呀，又扁又平，在草堆里找了半天，还找不到一条虫，用嘴一啄，没吃到虫子，反把草哇、土哇弄到嘴里，小鸭子吃不到虫子，急得"呷——呷——呷"直叫唤。

【训练要求】

  请作口语化、儿童化加工，然后试讲。

为什么植物需要水？

  没有水，植物就会枯萎死去。水分通过植物的叶片蒸发，为了补充蒸发掉的水分植物需要其根部源源不断地提供水。

一株植物体的 90% 是水分。这似乎显得过多了，但对于植物来说都是必不可少的。首先，在植物细胞中的所有化学反应都只有在水中才能发生。光合作用的过程也会消耗水，另外，水能帮助每个细胞保持活力。如果这些细胞没有足够的水，就会失去活力，植物就会枯萎。

植物的水分是通过叶背的气孔散发的，这一过程叫蒸发。同时，植物的根部又从泥土中获得水分。蒸发有两方面的作用。一是通过叶片蒸发水分帮助植物保持凉爽。另外，通过茎部输送上来的水分，带来了从泥土中获得的植物生长所不可缺少的矿物质。

【重点提示】

将书面语转为口语，要注意用词避难就易，多用常用话、双音词将难懂的书面词改为口语词；将长句改为短句，并采用惯用语序；修饰成分多的要改成几句来说。在说上面内容时应富有儿童情趣。

讲故事

小乌龟

小乌龟从河里爬到岸上，对妈妈说："我在这里住够了，想到城里去看看。"说完，它躲在路旁，等着好机会。

一辆运蔬菜的大车停下来。趁车夫去河边提水，小乌龟悄悄爬到车上去了。

车夫在城里卖菜的时候，有个男孩子看见小乌龟，他说："叔叔，这真好玩，请你卖给我吧！"他丢给车夫两角钱，把小乌龟带回家里。他把小乌龟放进厨房的水池，就忙别的事了。

水池的四壁很滑，小乌龟怎么也爬不出去。好在这儿不愁没有水喝，还可以捡些菜叶、饭粒来吃，日子蛮不坏。

每天，男孩子洗脸时总要看它一次，洗碗时又来看它一次，洗手帕时再来看它一次，别的时间，他就不来了，小乌龟感到很寂寞。

有一天，它见到男孩子，心里一急，就急出话来了，说："你怎么不陪我玩呀？"

男孩子说："真对不起，我得自己叠被子，还得上学、写作业，没有时间啊！"

转眼过去了一年，小乌龟实在受不了啦，就借着水池里的一个盆子，爬了出来。它爬上窗台，爬出了窗口，从三层楼上滚下去。幸好它的背甲十分坚固，一点也没有跌伤，它白天躲起来，夜里爬行。爬了一个多月，终于又回到了故乡。

　　一天，城里的小学生来农村春游，那个小孩子又在河边遇到小乌龟。他惊喜地说："啊，你原来在这里！你走了以后，让我找得好苦哇！"小乌龟说："真对不起，让你白白花了两角钱。可我，实在是想家呀！"

　　"不不，我早就应该把你送回来。再说，我升到三年级，更没有工夫陪你玩啦！"

　　小乌龟在河里几次浮出水面，好像在说："好朋友，我永远忘不了你！"

【重点提示】

　　① 择词以浅代深，多用表现形状、色彩、声音、动态的形容词和动词；

　　② 句式更短小、更简单；

　　③ 适当用后续句诱发儿童参与；

　　④ 多用体态语助说话；

　　⑤ 语调甜一些、语气柔一些，更富有童趣。

【资源链接】

假斯文自讨苦吃（笑话）

陶曼

　　古时候有个白面书生叫贾思文，肚子里有点儿墨水就爱咬文嚼字穷卖弄，常闹点笑话，人家就索性叫他"假斯文"了。

　　不久，他进京应考，钱花光了，就写信给父亲要钱，又想显露文采，就这么写："值此应考之际，鉴于该生业以断银，兹责成其父速汇银20两，接函速办是荷。"

　　贾思文的父亲见儿子用公文套语对他"打官腔"，气得七窍冒烟，把信撕得粉碎，一个子都不寄给他。贾思文名落孙山，没钱回家只得卖书作盘缠。

一回到家，又羞又怕，钻进被窝蒙头大睡。半夜，一只蝎子把他蜇醒了。贾思文便坐起来，摇头晃脑道："贤妻，迅燃银灯，尔夫被毒虫所袭！"连说几遍，酸溜溜的八股腔叫他妻子一句也听不懂。贾思文疼得实在受不住了，脱口大喊："哎哟，老婆子，快点灯，我被蝎子蜇啦！"

这位"假斯文"，地道一个"寻章摘句老雕虫"。说话不得体，当然到处碰壁了。

（摘自：中国主持人网：主持人口语修辞）

（三）教学口语表达方式

1. 叙述和描述训练

（1）课题讲述

【典型案例】

斯巴达克的最后决战

在布林迪西港附近，最后的决战就要开始了。战友们把黑色的战马牵到斯巴达克的身边。他在沉思中抚摸着马头，像有千言万语要对这匹跟随他南征北战、出生入死的战马诉说。然而，他什么也没说，只是默默地把自己的头靠近战马的眼睛，依贴在战马的嘴边。突然，斯巴达克怒目炯炯，一跃上马，拔出利剑，果断地对战马说："如果我胜利了，我可以从克拉苏那里获得更多的战马；要是我牺牲了，我也决不让你成为俘虏！"斯巴达克一剑向战马尾部猛刺下去，战马在嘶鸣中向前直冲而去。斯巴达克挥剑招呼战友们："冲啊，杀死克拉苏！"在激烈的战斗中，斯巴达克身先士卒，一往无前，跃马横剑，来回冲杀，接连砍杀两个敌军军官，可就是没有找到大剑子手克拉苏。突然，斯巴达克腿部被敌人的长矛刺伤，鲜血直流，他从马背上跌落了下来。但他又慢慢爬起来，弯曲着一条血肉模糊的腿，手握盾牌，继续浴血奋战，直到壮烈牺牲……

（摘自：赵秀环著：《播音主持艺术语言基本功训练教程》，中国传媒大学出版社 2011 年版）

【教师点评】

这是用描述性语言再现一个历史场面的例子。它从现有的历史资料出发，通过合理想象和加工，运用了肖像描述和表情、语言、动作的刻画，使我们看到了斯巴达克的英雄形象；它的形象可感的场面描述，有动有静，有声有色，气势宏大，动人心魄，使我们看到了永载史册的"永恒的瞬间"。

【训练内容】
讲一位英雄的英勇行为或壮烈牺牲场面。

【训练要求】
A. 叙述要注意相关情节的交代；
B. 描述要注意细节的刻画；
C. 做到形神兼备、声情并茂。
（2）口头写生

【典型案例】

自贡一条街（口头写生）

清晨，天灰蒙蒙的，我在自贡一条极普通的小街漫步。街两旁是独具四川特色的木房，黑黝黝的木梁、粉白的墙。街的中段有小茶馆，两层小楼，一色红漆桌凳，一个镏金的"茶"字嵌在黑漆漆的木板上，清早雾还没有散净，临街的一口大黑锅已经翻腾着热气。一把黑漆漆的大铁水壶比煮饭的锅还大，伙计提着它楼上楼下窜，黑布鞋踏得楼板蹬蹬响，吆喝声却毫不打战，依旧是热辣辣地道的四川话："茶——来了！"紧靠茶馆的是一排小吃摊。临街搭几张芦苇席，排几张桌子、几条长凳，架几口大锅就做起了买卖。热气腾腾的"抄手"（馄饨）一个个圆滚滚的，浇上一瓢辣椒油，吃得人满头大汗。那砧板上的凉粉洁白如美玉，厨子熟练地把它切成小丁，倒上酱油，浇上一瓢红辣椒，再撒上绿油油的葱花，白、绿、红色彩相间，吃起来清凉爽口。远远有个货郎挑卖"担担面"。扁担一头是小炉子和柴火，一头是些小碗和作料，还有细长细长的面条。货郎不吆喝，从小街刚走过，大人小孩一个个跟了过去。货郎不慌不忙地拣一处干净地停住，放下挑子，燃起炉子。一碗"担担面"不过一两多点，大家却吃得很有味。"食在广州"？我看"食"也在天府。

（摘自：赵秀环著：《播音主持艺术语言基本功训练教程》，中国传媒大学出版社2011年版）

【训练方法】

"口头写生"是对近在眼前、身边的事物作原原本本的、生动传神的描述，是将口语作为一支高明的画笔，画出一幅幅活生生的生活画面。请站在阳台、窗前或操场旁边，对眼前的景物或生活场景作观察，然后用平静的语调作力求准确、生动的口头写生。说的时候可以使用便携式录音机录下当时所作的描述，然后复听，并在班级交流，请别人作出评价。

2. 解说训练

（1）话题训练

①请说说你理想中的老师是怎样一个人；

②请说说你近期看过的一部电影或电视片的内容梗概，并讲讲观后感；

③如果请你当班长或学生会主席，请说说你的"施政方针"；

④请你说说某一门功课的学习方法或介绍自己克服学习困难的经验。

（2）语境训练

① 有外宾来你校参观。如果请你接待并担任向导，你怎么向他们介绍学校概况？

② 你的邻居阿姨想给一个上小学五年级的侄儿买一份生日礼物，买什么礼物最好？如果她想买一本书，请你向阿姨推荐一本好书，说一说这本书好在什么地方。

③ 邻居李奶奶刚从农村搬到城市来住，不会使用液化石油气灶具，请你向她说说怎样安全使用。

（3）设计并试讲

运用下列材料，设计向小学四五年级学生解说的教学口语：

怎样写请假条：请假条是一种应用文，是每个同学都应学会写的文体。写请假条，关键要掌握请假条的格式。

请假条的格式是：第一行顶格写称呼；从第二行空两格开始写请假原因和天数，转行要顶格；这些写完了，在右下方分两行写上请假人的姓名及请假日期。

写请假条，除了格式要正确外，还要注意：话要写得简单明白；要运用礼貌用语；字要写工整，标点不能用错。

3. 评述训练

（1）话题训练

【训练内容】

请就下面的文字发表一段评述：

据1989年1月29日《新民晚报》报道，11月14日傍晚5时许，公交101路新风车驾驶员杜明生驾驶一辆公共汽车从吴淞驶前北站，途中，人们看到一辆外地汽车油箱起火，那位驾驶员急得束手无策。杜明生看见后立即停车，拿起车厢里的灭火器，冒着呛人的浓烟和油箱随时会爆炸的危险，奋不顾身去扑灭了烈火。外地司机拉住杜明生的手感激不已。但遗憾的是，当杜明生回到车上时，车厢里隔车观火的部分乘客竟指责他多管闲事，自讨苦吃，并责怪他耽误了他们回家的时间。

【训练方法】

先想好自己的观点，打好腹稿，然后即席发表评述。

【重点提示】

① 注意述有选择，评有针对；

② 先述后评、边述边评均可。

（2）课题训练

作文教学中的评述

【典型案例】

师：大家听我讲个故事。北宋时有位著名诗人，叫梅尧臣，诗写得又快又好。有一次，他同几位文人朋友一道乘船到一个地方，船开得很慢，大家觉得很寂寞，很无聊，就聚在一起吟诗、对对子。一个诗题一出来，别人还皱着眉头苦苦地想，梅尧臣已经一边吟诵一边提笔写出一首绝妙的好诗来，人人都惊叹梅尧臣有"一肚皮好诗"。但是不久人们就发现了其中的秘密。大家发现梅尧臣身边有一个布袋，他不管是靠在船舱休息，默默地看江面美丽的景色。还是上岸游玩、谈笑，甚至在吃饭、睡觉时，常常会突然掏出一张小纸片儿，在上面写些什么，然后塞进那个小布袋里去。有人趁梅尧臣不在意时打开布袋。一看，原来里面许许多多的小纸片写的全是妙言佳句——大家终于明白，梅尧臣时时都在认真观察、思考，在积累材料，时时都在锤炼语言。他提笔就能写出绝妙好诗的原因全在这里。

有人说，他这么做不累吗？原来，他懂得，写作虽然在于一时。但是积累全靠平时。有的同学平时没有积累，写作文时脑子里是空空的，最后勉强凑几句，敷衍交差，这样文章怎么能写得好呢？俗话说，"巧妇难为无米之炊"，没有"米"，怎么做饭呢？没有材料怎么作文？用脑子记，当然是可以积累一些东西的，但是完全靠脑子记，能记多少东西呢，而且也记不住。"好记性不如烂笔头"，我们要养成随手勤记的好习惯，比如准备一个小本儿，有什么好的想法，好的语句，就记在上面，这样对写作文是大有好处的。

【教师简析】

这段评述，教师首先生动地介绍了梅尧臣勤思勤记、落笔成诗的逸事，然后对其作评述。由于是面对小学生，"述"可以更生动、更丰富一些，而评价又须切合小学生理解水平，并指出如何去做。这几方面在这段评述中都体现得比较好。

(四) 主要教学环节的口语技能训练

【训练目标】

能将教师教学口语的基本技能用于具体的课堂教学环节，掌握导入语、讲授语、提问语、诱导语、应变语、评价语、小结语的主要特点及表达技巧。

1. 导入语

导入语，亦即开讲语，指的是教师在上课开始时对学生讲述的与教学有关的，能激起学生学习兴趣的一席话。好的导入语如同桥梁，联系着旧课和新课；如同序幕，预示着后面的高潮和结局；如同路标，引导着学生的思维方向。教师精心设计的导入语，可以起到先声夺人的效果，起着对整堂课的"定向"作用，导入语是一种艺术，是教学口语重要的一环。

(1) 导入语的语用策略

①沟通：导入语的"沟通"有两层含义，一是心理沟通。有经验的

教师登上讲台，往往不匆匆开讲，而是用亲切的目光、关切的询问或提示架设信任、理解的桥梁；二是教学内容的沟通。教师紧扣本节课的教学目的，用简明扼要的讲述沟通新旧知识的联系，或作为教学内容相关的中介，然后进入新课的教学。

②引趣："兴趣是最好的老师"，为了使学生对教学内容产生兴趣，教师一上课就用与教材内容相关的趣味性讲述，牢牢地吸引学生的注意力。如果教师在语情语态上稍作渲染，不紧不慢地说得饶有兴味，学生就会很愉快地投入新课的学习。

③布疑 亚里士多德说："思维自疑问和惊奇始。"教师一上课就紧扣教学内容设置悬念，提出疑问，语调从容不迫，语势异峰突起，一个强调性的重音，一个回味出的顿歇，会很快调动起学生的求知欲。

④激情 "激情"就是激发感情。一节课上，教师要用声情并茂的开场白，把学生很快带入教学内容和气氛中去。若要学生动心，教师先要动情，因此，讲述时教师要有激情，才会说的有感染力。

（2）导入语的基本形式与方法

教学有法，但无定法。由于教学内容、对象、场地、教师兴趣及习惯的不同，导入的技法也就各异。下述几种常见的方法：

①释题导入

标题常是文章的精义所在。标题涉及人名、地名、物名、题意、结构等内容，教师可从解释这些课题词语入手导入新课。

【典型案例】

讲莫泊桑的小说《项链》，一位教师这样开讲——

什么叫"项链"？"项"是颈项，就是脖子。项链，就是套在脖子上垂挂胸前的装饰品，多用金银、珍宝或珠玉制成，价值比较昂贵。

这篇小说，以项链为线索写了女主人公玛蒂尔德为参加一次舞会而借项链——丢项链——赔项链的故事。那么，这个女人为什么要借项链呢？这串项链是怎样改变她的命运的呢？她是否值得同情呢？有人说，"项链"就是"锁链"，你同意吗？等等，这些问题，我们读完小说就知道了。

这样释题，既帮助学生了解有关项链的知识，理解题意，同时又牵出了小说的情节线索，提出思考性的问题吸引学生尽快地进入课文中学习。

②故事导入

教师可结合教学内容，从故事、趣事、轶事、寓言、典故、取材原型等方面导入，激发学生学习的兴趣。

【典型案例】

钱梦龙老师教《词义》一课，化抽象为具体，极大地提高学生学习的兴趣和理解能力。

师：今天，我先给大家讲一个小故事。我国维吾尔族有个很聪明的传奇式的小老头，你们知道他叫什么？

生：阿凡提。

师：对，阿凡提。有一个时期，阿凡提当了理发匠。有个大阿訇（伊斯兰教主持讲授经典的人）经常到阿凡提那儿去理发，却从来不付钱，阿凡提对此很恼火。就想整他一下。有一天，大阿訇又来理发了，阿凡提先给他剃光了头，在刮脸的时候问他："你眉毛要不要？"大阿訇说："当然要！那还用问？"阿凡提就刷刷两刀把他的眉毛剃下来了。"你要眉毛，给你！"大阿訇气得说不出一句话，自己是说过"要眉毛"嘛。阿凡提又问："您胡子要不要？"大阿訇有漂亮的大胡子，于是忙说："胡子？不要！不要！胡子我不要！"刷刷，又是两刀，阿凡提把他的胡子也剃掉了。那个大阿訇站起来，对着镜子一照：头光溜溜的，像个剥光的鸡蛋似的。（师生大笑）这一下，大阿訇暴跳如雷，气势汹汹地责问阿凡提："你怎么把我的眉毛、胡子都剃光了？"阿凡提从容回答："我是遵照您老人家的吩咐来做的呀！"这时，那个大阿訇就无话可说了。

听了这个故事，你们说说，阿凡提究竟玩了个什么花样，让那个大阿訇上当了？

生：阿凡提在"要"这个词的词义上玩了花样。

师：阿凡提开头问"眉毛要不要"的"要"是什么意思啊？

生：是"给"的意思。

师：好！就是"给"，你要嘛，我就剃下来给你！后来那个胡子要不要的"要"又是什么意思？

生：是"留"。

师：对，"留"的意思。可是那个大阿訇是怎么领会的？他认为还是

"给"他胡子，所以连忙说"不要胡子"，于是就上当了。你们看，这个"要"在这里有两种意思，可以这样理解，也可以那样理解。阿凡提就是利用"要"这个词的两种不同含义，使大阿訇上了当。这个故事告诉我们，掌握一个词的词义和注意它的使用范围很重要。

③温故导入

巴甫洛夫指出："任何一个新问题的解决都是利用主体经验中已有的旧工具实现的。"温故而知新，以故引新，可以使学生不断拓宽学习内容。

【典型案例】

有位教师在上《茶花赋》时，注意以旧带新。他说：

同学们，现当代散文作家杨朔是我们的老朋友了，可以说，每个学期我们见一次面。第一册他奉献给我们北京的香山红叶，第二册他请我们尝了广东甜香的荔枝蜜，也许我们现在还能回忆起它的甜味呢！今天他又将捧给我们春城昆明的一丛鲜艳的茶花，大家喜欢不？学生异口同声地回答："喜欢！"老师接着说："《香山红叶》中作者借红叶喻老向导，越到深秋越红得可爱，《荔枝蜜》借蜜蜂赞美辛勤的劳动人民，今天的'茶花'又是象征什么呢？"

④诗词、格言导入

【典型案例】

讲朱自清的散文《绿》时，一位教师这样开讲——
同学们都熟悉王安石的诗《泊船瓜洲》，大家一齐背诵：
京口瓜洲一水间，钟山只隔数重山。
春风又绿江南岸，明月何时照我还。
大家都知道这首诗第三句写得最好，第三句中"绿"字用得最好。据说他为选用这一字煞费苦心，曾用过"到"、"入"、"过"、"满"等十几个字。"绿"字用得妙，形容词动词化，有色有形，化静为动，一字用妥，尽得风流。

我们今天将要学习的朱自清的散文，也以《绿》为题，表明他对绿的钟爱。绿是生命的象征，生命之树常青！《绿》这篇散文是一幅明丽诱人的图画，是一块纯洁温润的美玉，是一首情采横溢的诗歌，是一曲优雅动听的乐章，让我们一起来欣赏这"绿"的美吧！……

这样的导入语，使学生产生浓厚的兴趣，激发起强烈的情感。

（3）导入语的技能训练

【训练目标】

训练各种类型的导入语设计。

【训练要求】

①根据不同的情境让学生设计不同的导入语。
②训练学生初步掌握导入语技巧。
③时间限定在2—3分钟，完成导入语的讲述。

【训练方法】

根据教师指定的教材，写一篇导入语，然后在全班讲述。

【在线讨论】

根据下面对小学语文课《古井》的介绍，分析这段介绍文字后面所引用的一位教师的导入语，指出它存在什么问题，请重新设计并作讲述。

《古井》这篇课文讲作者故乡有一口古井，大半个村子的人都从这口古井里取水。村里的人常年给两个挑不动水的老人送水，不计报酬。作者想到，古井不仅为村里人无偿提供用水，还使他们懂得怎样做人。很明显，教学这篇文章，是要启迪学生努力做"对人们无所求，却无私地向人们贡献自己的全部力量"的人。

2. 讲授语

讲授语是教师较系统、完整地阐释教材内容的教学用语。

（1）讲授语的基本要求

①准确清楚

组合A：是什么 + 为什么

组合B：怎样做 + 为什么

组合 C：是什么 + 怎么做 + 为什么

【典型案例】
1928 年毛泽东同志在井冈山革命根据地讲战术课节选

"……白军强大，红军弱小，我们以弱斗强，只能采取游击战术，什么叫游击战术？简单扼要的说就是'敌进我退，敌驻我扰，敌疲我打，敌退我进'十六个大字。"

"从前，井冈山有个山大王，叫朱聋子，他和当时的统治者斗了好些年，总结了一条经验：'不要会打仗，只要会打圈。'朱聋子前一句话不对，后一句话是对的。我们改它一下就好了：既要会打仗，又要会打圈。这样才能歼灭敌人，使根据地不断巩固，不断扩大。"

"打圈是为了避实就虚，迷惑敌人。强敌来了，先领着他兜几个圈子，看出他的弱点，抓准就打。要打得干净利落，要能缴到枪，抓到人。打得赢就打，打不赢就走，赚钱就来，蚀本不干。"

②有侧重面

教师的讲授不可平均用力，在一个表述语段中必须有所侧重，教师必须在难点、重点和关键处着意强调。体现侧重面的方法，除了运用语音节奏的变化外，主要是重复性追加。

【典型案例】
《狐狸与乌鸦》教学片断

师：那么，什么是"奉承话"？
生：奉承话就是说人家好的地方。
师：是这样的吗？老师表扬一位同学，说他有些方面做得好，老师是不是在说奉承话呢？
生：老师表扬同学不是奉承话。
师：说人家好的地方，有两种，一种是人家说好就好，是老实话，是表扬人的话，目的是自己向人家学，也希望大家向他学，这不能说是奉承话。另外一种就不同了。说大家好，故意夸大，有的时候把别人说得快快活活的，晕晕乎乎的，心里却有自己的打算，这就是奉承话了。人人都知道，乌鸦的羽毛没有公鸡的羽毛漂亮，更比不上凤凰的羽毛多姿多彩。要是鸟儿比羽毛，乌鸦黑乎乎的羽毛恐怕要倒数第一，但是狐狸却花言巧语说乌鸦的羽毛最漂亮，这就是讨好对方，心里却有自己的鬼主意。这种不切实际的话就是奉承话。

【教师点评】

教师有意识地把侧重面放在对"奉承话"特征的分析上。为了突出这个侧重面，讲清这个难点，教师先做词义解释，然后结合课文中的有关情节作对照说明。在这两层讲授中，教师有意识地选用了"花言巧语""讨好""有自己的打算""有自己的鬼主意"这些词语，使学生对"奉承话"这个概念有了正确、全面的理解。

（2）讲授语训练

【典型案例】

课文《我的战友邱少云》教学片断

一位教师执教《我的战友邱少云》文中"邱少云像千斤巨石一般，趴在火堆里一动也不动"这一比喻颇给人以启示。现把教学片断实录在下，并略作评析。

师：邱少云是一位伟大的战士，作者为什么把他比作"石头"呢？烈火中的邱少云与石头有哪些相似之处呢？

生（思索后回答）：石头在烈火中是不会动的，邱少云在烈火中也一动不动，所以作者把邱少云比作"石头"。

师：这是他们的一个相似之处。还有吗？

生：石头在烈火中是不会发出声音的，邱少云在烈火中连一声呻吟都没有发出，所以比作石头。

生：老师，还有一个原因。石头是坚硬的，不怕火烧的，邱少云也像石头那样坚强，不怕烈火烧身。

师：噢，石头是不动的，烈火中的邱少云也纹丝不动；石头是无声的，烈火中的邱少云也一声未吭，石头是坚硬的，烈火中的邱少云也意志坚强，不怕火烧。正因为有这三个相似点，所以作者才把烈火中的邱少云比作"石头"。这一比喻句用得多么恰当啊！

师：为什么作者不说"邱少云像石头一样趴在地上一动也不动"，而说"邱少云像千斤巨石一般"，这里的"千斤"和"巨"两个词各突出了什么呢？

生："巨"是高大的意思。这里用上"巨"字突出了邱少云趴在烈火中的形象高大，仿佛要抬起头来才能看得清楚！

生：老师，我是这样理解"千斤"的，"千斤"说明很重很重，这里的邱少云像泰山一样稳稳地趴在烈火之中，即使别人去推也推不动的。这里突出了邱少云为了严守潜伏纪律，宁愿牺牲自己，绝不暴露潜伏部队的决心。

师：看，普通的一个比喻句竟然包含着这么丰富的内容，我们祖国的语言文字是多么地有表现力呀。我们读书就应该这样咬文嚼字，体会出语句所表达的情感来，读出语言的味道来！

3. 诱导语

在讲授的过程中，适时插入诱导语，可以使学生在活泼、和谐的气氛中学到知识，同时，思维也得到了锻炼。

（1）诱导语的语用策略

①导之有序

诱导是通过环环相扣的逐步迁移，把学生引入新的知识领域，因此，语序要符合学生的认识规律，并反映由易到难的坡度。诱导语的语速要缓急得当，做到循循善诱。

②适时点拨

诱导是想方设法让学生自己去寻求答案，一般的做法是引而不发地激疑激争。当学生感到困惑时，要适时给予点拨，或"垫"上一两句话，或运用归谬法提出反问，或指点门径，让学生通过判断、推断，自悟其理。

【典型案例】

《威尼斯小艇》诱导语一例

师：谁能说说什么叫"新月"？
生：新月就是新的月亮。

师：是吗？月亮还分新的、旧的？

生：新月就是月亮。

师：大家看书。书上说"船头和船梢向上翘起，像新月的样子"这么说，新月是——

生：新月就是刚刚升起的月亮。

师：是吗？歌词里唱"十五的月亮分外圆"，农历月半，月亮刚刚升起，并不是两头向上翘的呀？

生：（大悟）新月就是农历月初时候的月亮。

师：说对了。农历月初时升起的月亮是新月。

（2）技能训练

【训练要领】

① 运用教学口语中"追加""问询"的几种形式。

② 讲授语以独白方式为主，可以进行语段表达训练，程序是：消化教材、揣摩设计教学口语、个人预讲、登台作模拟教学、校正后复讲。

【训练方法】

① 将讲授语与诱导语结合起来，设计给五、六年级介绍日食、月食以及四季成因的教学口语，并进行模拟教学。

② 为小学语文《粜米》一课设计一段讲授语，介绍这一课的时代背景，并作教学情境的讲述。

③ 按照由果推因的顺序，诱导学生理解小学语文《要下雨了》一课中，燕子、小鱼、蚂蚁为什么雨前有那些异常表现，进行模拟教学。

④ 小学语文中有《鸟的天堂》一课，其中有一句话："那翠绿的颜色明亮地照耀着我们的眼睛，似乎每一片树叶上，都有一个新的生命在颤动。"设计诱导语，引导学生理解这句话。

4. 提问语

教学过程实质上是提出问题、分析问题、解决问题的过程，所以提问是一种常规教学手段。

（1）提问的种类

从质疑指向集中与否可分为宽问和窄问；从提问用语是直表还是委婉可分为直问和曲问；从提问的问题组合情况可分为单问和重问：单问是一

问一答的问，重问是就一个问题提出追问；从问句特征是否明显来划分，可分为明问和暗问：明问是用疑问句发问，暗问是通过设置"悬疑情境"含蓄地发问。

另外，提问语应具备思辨性、量力性、协调性等特点。

（2）提问的方式

在小学课堂教学中，单刀直入的直接提问不宜多用，提问语应当富有变化，我们可称之为"变式提问"。包括：

①趣味性提问语。如体育教师做跳远落坑的示范动作，提问道："谁能用个比喻描述我的落坑动作？"当一位学生说"老师的身体像折水果刀那样"，教师予以肯定，教师没有用一个专业术语，学生却掌握了落坑动作的要领。教师饶有趣味的提问语，激发了学生的求知欲和想象力，可以使接受提问变成一种轻松愉快的事情。

②选择性提问语。这是"藏答于问"的提问语，教师提问的答案，以"多项选择"的方式隐含于提问语之中，使全班同学的思维因"似知而不尽知"而兴奋起来，这样让他们调动已有知识进行筛选，并展开争论，教师适时地追问、补问，会收到事半功倍的教学效果。

③迁移性提问语。这是"移答作问"的推进式提问。这种提问，循着学生的思维流程小步迁移，渐渐地由"已知"推知"未知"，有助于培养逻辑思维能力。

④情境性提问语。情境是启迪儿童思维的钥匙。教师要善于用情境的描述或叙述，把学生带出迷困的情境，调动他们解答问题的积极性。

⑤探究性提问语。常言道："似寻常处最奇崛。"教师善于提出看似平淡却有思维价值的问题。

例如：特级教师袁瑢教《颗粒归仓》一文时，对"小弟弟，你是好样的"一句提出的问题是："'好样的'是什么意思？"学生不假思索地回答："好样的就是好榜样。""好样的就是模范。"……袁老师追问道："非得这样吗？"这一问一答，使学生的理解由肤浅推向深入。

5. 应变语

课堂教学处于多边交往的动态语境中，教师的表达要随时作适应性的变化和调整，这时说的就是应变语。应变语是教学机智和言语机智的结合体，对提高课堂教学的质量有重要作用。

（1）应变语的内涵

①变遣词组句，包括整句与散句的变换以及用词分量、感情色彩的调整等；

②变语音语态，包括语气、语调、重音、节奏以及态势语等方面的适应性调整；

③变表述方式，包括变直表为委婉，变独白讲述为交流探讨，变枯燥的解说为风趣生动的说明或点拨等；

④变释疑角度，包括变直接说明为间接说明。为了快速地化繁为简、化难为易，可以通过取喻明理、归谬诱导、比中见异、举例证明、引用论证等解答疑难。

其他，还可以变教学流程、变教学内容等。

（2）应变语的技能训练

【训练目标】

能较轻松敏捷地答对提问，能运用"变"的基本技能较快地对教学中的难题作适应性表达。

【训练要领】

①应变语训练的重点是训练快速的言语反应能力，因此要抓速度，同时要抓表达的质量，力求做到平中显巧，说话干净利落。

②机敏的应变表达非一日之功，要注意在欣赏、评析中总结规律，并注意基础训练。

【训练方法】

①快速接句练习（可设计同类题目进行训练）

a. 金钱能买到伙伴，但不能买到（友情）

金钱能买到权势，但不能买到（　）

金钱能买到谄媚，但不能买到（　）

b. 背着油桶救火——（引火烧身）

七窍通了六窍——（　）

小猴子偷黄连——（　）

②快速答问（可设计同类题目进行训练）

a. "雷鸣电闪""电闪雷鸣"哪种说法合理？
b. "话不投机""投机取巧"，两个"投机"意思相同吗？
c. 处于困境又遇生路可用什么成语表达？
d. 小说是作家凭空虚构的，这种说法对吗？

【问题情境】

①教《送孟浩然之广陵》一诗时，有学生问："诗中说'孤帆远影碧空尽'，老朋友已经送走了，为什么又加一句'唯见长江天际流'呢？"请用应变语启发学生，理解这个诗句。

②一位教师教《小壁虎借尾巴》，教学中出现一段对话，请帮助这位教师作应变性表达：

师：大家还有什么要问的吗？

生：小壁虎吃蚊子，那蛇为什么要咬它的尾巴？

师：这个问题提得很有趣……

生：我晓得，那蚊子是蛇的好朋友，壁虎吃蚊子，蛇就替蚊子报仇，就咬壁虎的尾巴了。

师：（作应变表达）……

6. 评价语

评价语是指对学生的答问、演示、作业等活动所作的评说。

（1）评价语的注意事项

评价语分为详评、简评和点评三种。评价语一般是在教学过程中的即兴表达，这就要求教师在特定语境中很快决定，"说什么""怎么说"，因此：

①要注意观察听辨。根据教学目的，很快确定有必要作出评价的信息。
②语意不可旁逸，对于着意要强调的某个侧面要讲得清清楚楚。
③要恰如其分，用语有分寸感。

（2）评价语的技能训练

【训练要领】

① 熟记本节介绍的变式提问的类型及特点。

② 独白方式的评价是静态表达，属初级训练，重点要放在对动态语境的适应，即面对教学实际，有冷静的思考，稳定的心理状态，快速组织

语言，进行准确、得体的评价。

【训练方法】

① 设想面对四年级学生，以"怎样写信"为课题，作试讲，将提问语与评价语结合起来。

② 就"森林被破坏必然会对农业造成不良影响"为课题，设计一组逐步迁移的提问并试教。

③《草船借箭》一课上完以后，学生对"借"字展开了争论，学生有3种说法：

A."借"字不妥，没征求同意，也没有打借条，应改为"骗"；

B."借"字用对了，20只船收满箭，诸葛亮令军士高喊"谢谢曹丞相的箭"，如果是"骗"就不会谢人家了；

C.10万多支箭，一开战都射向曹营，不都还了人家吗？所以"还"该说"借"。请针对这几种看法，设计评价语并试讲。

7. 小结语

"编筐编篓，重在收口。"一节课或一部分内容教完以后，说一段小结语，很有必要。

（1）小结语的语用策略

①概括：小结语一般要用提纲挈领的话表达，由于知识信息比较密集，话要说得慢些，语调应比较平稳。

②确定：不论是独白方式还是师生交谈方式的小结，对于关键性、结论性的句子，教师必须用肯定的语气说出，用语要精确、简洁，一句句说得清楚明白。

③强化：小结语具有承上启下的特点，因此要着眼于知识的过渡和拓展，启发他们举一反三，去解决新的问题。有时，小结语可以着眼于思想感情的启迪和升华，教师的"点睛"之语，会使教学效果延伸到新的层面。

（2）小结语的技能训练

【训练目标】

在模拟教学中，小结语要注意概括性、确定性和启发性，能对别人的小结语作评价。

【训练要领】

① 设计相应的小结语，注意避免过多地纠缠于教学方法的研究。
② 将口语修辞技巧用于小结语的表达。
③ 要注意使用口语化和儿童化的语言。

【训练方法】

①设计小学语文《威尼斯的小艇》的小结语。

《威尼斯的小艇》是美国作家马克·吐温的作品，主要描写小艇的外形，介绍小艇对水上城市威尼斯的作用。新课结束前老师让学生用一两句话说出自己读后的感受。有的说："水上城市威尼斯美极了"，有的说："威尼斯的小艇妙极了"，还有的说，"我真想到威尼斯尝试一下坐小艇的滋味"。

②结合《司马光砸缸救人》这篇课文训练学生的发散思维。

问："司马光是采取砸缸的方法救人的，如果你碰到了小朋友落进水缸，你会想什么办法去救他？"大家的回答如果是："用梯子爬下去，把他拉上来。""用一根大的钓鱼竿把他钓上来。""用一根大的吸管把水吸干，他就死不了。" "派一辆吊车或一架直升机把落水的小朋友吊出来。"……学生一下子说出了十几种方法。请设计评价语和小结语。

（3）设计小结语并试讲

①仔细研究教材，设计教法框架，依据教材内容设计小结语。
②先个人试讲并征求别人意见，然后公开进行模拟教学；模拟教学时，先对这一课教学的先期过程作一说明，然后再讲。

【我思我行】

回忆自己中小学时任课教师教学口语的特点，或到附近小学作调查研究，举出正反两方面的语用教例，作分析评价。

【拓展阅读】

10种成功的课堂用语

（一）赞扬式——"这三点概括得多好啊！这位同学多会读书啊！同

学们就要像他这样读书。"

（二）商量式——"我跟你商量一下，你刚才回答的这个词语能不能换一个更恰当的？""我想请一位同学来朗读课文。刘小伟，请你读好吗？"

（三）逗趣式——"这个问题虽然难了些，但是如果能回答正确，我们为他鼓掌好不好？"

（四）鼓励式——"你主动举手回答问题。这很好，但不要照注释念，应该用自己的语言加以概括。""你读得不错，但还要进一步体会作品的思想感情。"

（五）诱发式——"这么多人举手，太好了！下面一个一个地讲，看谁讲得最好？"

（六）追问式——"你说得对，还有没有其他的含义？""对，为什么要这样？你能说说其中的道理吗？"

（七）补充式——"'反抗意识'，说得好！但如果说成'自发的反抗意识'会更好。"

（八）壮胆式——"大家想好了吗？站起来讲讲，不要紧。陈文骁，你讲。""她讲得很好。但我们不是固定一种答案，大家还可以各抒己见嘛。说错了没关系。"

（九）投石式——"《社戏》写了许多人物，都富有个性。你最喜欢哪一位？为什么？"

（十）归纳式——"同学们充分发表了意见，都很有见解。我要说的都被你们说完了。我只能把大家的意见稍微归纳一下……"

【参考文献】

1. 国家教育委员会师范教育司组编：《教师口语》，语文教育出版社2001年版。
2. 刘伯奎、王燕、段汴霞编著：《教师口语训练教程》，中国人民大学出版社2009年版。
3. 国家教委师范教育司组织编写：《教师口语训练手册》（修订本），万里、张锐主编，教育部师范教育司组织修订，首都师范大学出版社2001年版。

第四章　小学语文板书技能

【开篇语】

在小学语文教学中，板书是必不可少的一种教学手段。从语文教学培养学生汉字书写能力的角度来看，教师的现场板书技能，具有显著的榜样示范和引导鼓舞的作用。没有板书的语文教学是不完全的语文教学，板书技能是教师教学技能的组成部分。本章包括小学语文板书技能概述和板书技能专项训练两部分内容。

【问题情境】

在一所小学五年级一个班的教室里，语文老师正要给同学们教学一篇课文。课文讲述了美国洛杉矶大地震中，一位年轻的父亲经过38个小时的努力，终于从大楼倒塌的废墟中救出13个小学生和7岁儿子的感人故事。可是因为一个一时无法克服的原因，造成了教室的白板暂时不能使用。课前精心准备的课件不能发挥作用了。老师临时改变计划，打算不用课件，让同学听老师范读课文后，各自默读课文。可是，学生纷纷要求教师先在黑板上板书课文标题、本节课的教学步骤，然后依次序进行。老师怕自己的板书不好看，就不想写。同学们坚持说，总要比学生们写得好得多吧。课文标题和课堂目标挂在教室前面，我们大家心里就有了目标，学习有劲，效果好。老是觉得同学们的要求有道理，就很用心地把它们写到黑板上了。果然一节课也像使用课件时一样上得有板有眼，有声有色。教师的板书如下图：

17　地震中的父与子

教学步骤：
　①听范读课文。初步感知课文内容。
　②独立默读：进一步感知课文。
　③结合理解课文，复习巩固预习课文时自学的课文生字。
课文生字：杉 矶 混 昔 墟 曼 疾 爆 砾 砸 颤

同学们认为，板书在小学语文教学中有哪些作用呢？

【理论导学】

板书是各科教学普遍采用的课堂交流手段。为了弥补口头语言讲授的不足，教师要通过文字、符号、图表、图解等形式，把教学重点、难点或关键性的知识写到黑板上。这些留在黑板上的文字、符号、图表和图解等视觉信号叫做板书。板书既反映了教材内容的实质，又服务于教学方法的改革。如果把板书视为洞察教材的"窗口"，开启思路的"钥匙"，排疑解难的"桥梁"，实施教学的"蓝图"，是非常恰当的。板书虽然是"微型教案"，但它却展现了一个宏观世界；板书虽然是"微量元素"，但它却贮积了无穷的能量。

有教师认为，好的板书，集教材的"编路"、教师的"教路"和学生的"学路"于一体。从某种意义上说，板书设计和运用的优劣决定了课堂教学的成功与否。

第一节　小学语文板书技能概述

一　小学语文板书技能的基本要求

"课标"对前六年识字写字教学总目标的规定是："有较强的独立识字能力。累计认识常用汉字3000个，其中2500个左右会写。""能使用硬笔熟练地书写正楷字，做到规范、端正、整洁。""能用毛笔书写楷书。"小学教师，特别是小学语文教师应该具备这样几方面能力、素养。

（一）正楷字板书是教师进行小学语文教学、全面实现教学的目标必备技能

板书技能包括正确的板书姿势、正确的执笔方法与运笔能力，板书笔画、偏旁部首和字的间架结构准确无误。运笔方向角度、提按轻重、笔画的长短粗细恰当，不随意改变笔画比例和结构形态，不增减笔画，不违反笔顺规则。单个字横平竖垂，笔画均匀，字形端正，结构紧凑，干净大方，能让坐得最远的学生也看清楚。整板的字要大小匀称，风格一致，间隔停匀，行列规整。能根据教学需要预做板书设计，做到主次分明。主板居中，具有明显的系统性、完整性和直观性。临时性、补充性、辅助性的副板放在黑板的偏侧边缘。

（二）欣赏和点评板书和其他硬笔正楷字的能力是胜任小学语文的识字写字教学任务、指导学生规范书写的必要前提

要能够迅速、准确判别板书和硬笔书写正楷字的优点、缺字、成功、失误。进而分析寻找出造成缺点与失误的原因，并提出改正缺点、纠正失误的方法、途径。要能够引导学生自己比较分析前后书写的硬笔正楷字，发现自己进步、提高的情况，同时找出自己所面临的薄弱之处和突出问题，请教老师和同学，对症设法，逐一突破。

（三）良好的书写尤其是板书习惯是小学语文教师必备素养

教师板书的良好习惯包括：

1. 每次板书都保持正确的身体姿势，正确的执笔方法、运笔方法和遵守笔顺规则的习惯。

2. 每次板书都能平心静气，不慌不忙，一笔只写一画，不连笔带笔，不潦草歪斜，正确端正写好每一个字的习惯。

3. 意在笔先，想好了再动笔，谨慎下笔，不急躁，不赶速度，以写好为第一目标，力求一次写成。而不急促下笔，写完了一看不满意，马上擦掉重写。记忆不清晰、不准确、把握不大的字，必须养成动手查字典词典的习惯。

4. 整幅的板书，课前做好设计、计划好了然后下笔板书的习惯。每次都能分清主板副板，做到板面规整、干净、行款整齐、条目分明、脉络清楚。不出现毫无计划地随意乱写乱画的现象，板书完成后，发现错误，立即改正的习惯。

二　小学语文板书技能训练方法

（一）分项训练，由易到难，有条不紊，循序渐进

小学语文板书技能是一项由许多单项技能整合而成的综合技能。比如成功地写出基本笔画和偏旁部首的能力、将一定的偏旁部首，固定零部件，按比例组合成汉字的能力等等。板书训练要从最简单最基础的单项开始，每次确定一定具体目标，逐步加大难度和综合程度，日趋完备，直至能够独立综合运用。

（二）抓住要领，示范讲解，分散练习，检查指导

每项训练开始，教师都应该首先进行示范性操作，将操作的方法和动作要领层层分解，分步操作，力求让学生看仔细、清楚、完整。

同时辅之以讲解说明，让学生知道操作之前的各项准备，必须的条件，又要知道操作要求，方法要领，先后顺序，所得结果的标准。以及操作中容易发生的偏差，错误动作可能导致的不正确的结果，纠正它的方法等。

学生的操作练习以分散进行为主。课堂练习时，教师进行普遍检查，个别指导，对带有倾向性代表性的错误、偏差，要面向全体同学重点讲解、演示。

课后练习的情况，可以通过课外作业予以检查指导，力争让每个学生都能达到预定目标。

（三）严格要求，重视过程，常抓不懈，持之以恒

板书训练是一项细致工作，训练的任何一项内容都必须到位。否则差之毫厘，谬以千里，过后纠正，事倍功半。绝不可以满足于大体上过得去。汉字是一套精密的符号系统，许多相似的字之间只有细微的区别，稍有疏忽就会出错。降低标准，放松要求，绝对不行。

知道应该怎么写是知识、方法，能够实实在在地按要求写，而且保证每次写出的字都符合规范，才是技能。技能是经过多次操作运用才可能形成的，仅靠讲一下，或读一读是不可能达到训练目标的。所以一定要重视能力形成的过程，重视训练过程的各个环节，常抓不懈，持之以恒。

技能在许多时间表现成为一种牢固的书写连续动作的习惯。技能形成的过程，其实就是牢固地形成板书每个字时，正确的连续动作的习惯，同时纠正一些不正确的连续动作的习惯。形成正确的动作习惯需要一定时间，经过必须经历的过程。改正一个已经形成的不正确的动作习惯，需要更多的时间和更困难的过程。只有到任何情况下都不出现动作错误，自然而然地，熟练流畅地写出符合规范的字，才可以看作板书技能基本形成。

（四）充分准备，挖掘资源，能者为师，互相合作

准备包括学期前准备和课前准备两部分。学期前准备是对学期或学年教学内容，教学总体目标的宏观思考与把握。从研究大纲或课标，明确、熟练训练目标和要求，熟悉、熟练教学内容，课时分配，现有教学条件和可供选用的教学方式方法，考试考查方式方法，成绩评定标准，补救和弥补措施等。课前准备包括：根据进度计划确定教学内容，教学目标；根据

已有教学资源选定教学方式方法与手段，设计安排教学环节，分配教学时间，确定各教学环节间的衔接转换的方式。课前准备的核心，是教师对教材的分析研究和教师板书示范的充分、熟悉和精准。这是决定板书训练成败的关键。

　　板书技能的形成，必须要借助于毛笔字、钢笔字书写能力的基础。板书技能训练应当与毛笔、钢笔书写训练相互衔接，可以收到相互促进、相辅相成的效果。在用力轻重、笔画形态等方面与毛笔书写、钢笔书写比较着示范、讲述，寻找和体会它们之间的差别，以期尽快掌握板书要领。

　　板书法帖可以选用硬笔楷体字帖，也可选用九年义务教育一、二学段语文教材或专为板书技能训练编写的教材。

　　板书训练的板面，除教室黑板外，可以因地制宜，就地取材，利用可供利用又无损环境的一切材料和设施，如写完后可擦掉字迹的墙壁、可悬挂或直立的木板、甚至在墙壁上贴上一大张耐磨耐擦的厚纸片，都可作为板面练习书写。

　　板书技能训练的主要途径是个人独立训练，这是任何人的讲解、指导评点，都无法取代的。教师的示范讲解和同学指点，可以帮助训练，少走弯路，提高效率。必要时可以请书写水平较高的同学作训练助手，协助教师工作。也可以将学生编成训练小组，自练互评，教师巡回指导。

第二节　小学语文板书技能专项训练

【问题情境】

　　在一节小学语文板书技能训练课上，老师请一位同学板书小学五年级上册第一课的标题和课文生字。然后请全班同学点评这位同学板书的优缺点，并且动手改正上面出现的错误，直到大家找不到错误为止。

　　被指定的同学板书的情况如下图：

窃读记

窃 炒 锅 踮 哟 饿 惧 充 檐 皱 碗 酸 撑 柜

同学和老师帮助那位同学找出的错误有下面几点：

1. 窃字的左下角不是提土，而是七字。只是七字的第二画把原来的竖弯钩变成竖提。

2. 炒字的左边，火字旁最后一画不是捺，而要改成一点。

3. 读字右下角最后一画应该是点，而不是捺。

4. 记字右偏旁是已，不应该写成已。

5. 锅字右偏旁是呙，下面是内不是内。

6. 恐惧的惧，右偏旁是具，上面框内有三横。

7. 檐字右偏旁是詹字，刀头下、广字头上没有一点。

8. 碗字右下角是　，不是巳。

9. 酸字左偏旁是酉字，不能把一个竖撇和一个竖弯写成两个短竖。

10. 撑字的右下角是手字，第一画是平撇，不是一横。

11. 柜字的左偏旁木字旁，最后一画要变成点，而不能继续写成一捺。

改正后的板书如下图：

窃　读　记

窃　炒　锅　踮　哟　饿　惧　充　檐　皱　碗　酸　撑　柜

学生感想：

1. 板书是一件很重要的事。必须一丝不苟，稍一疏忽就可能出错。

2. 平时写字就应该像板书课题和生字一样，一笔一画，既写得正确，又清楚、美观。

3. 上课之前，一定要把计划板书的字仔细看清楚。不放过任何一笔一画。把字形记清楚做到烂熟于胸。最好先练写几遍，保证能写对、写好，万无一失。

4. 平时也没有见多少错字，也不觉得字有多么丑，怎么一上黑板就那么难看呢？可见，系统训练板书技能是非常有必要的。

一　板书时的身态姿势

板书时的身态姿势，对于写好板书，养成良好的书写习惯，以及师生身体健康都有一定的意义。

板书是用粉笔或硬笔在直立于面前的板面或墙面上写字。板书时要正对黑板站立，身体与黑板的距离，以胳膊能够自如地在板面上写字为度。身体端正，自然站立，两脚分开，与肩大致同宽，两脚尖微向外裂开。脚步可随板书需要而左右灵活走动。腿、腰、胸、腹自然直立，不特意用力挺直，也不故意向前弯曲。头要端正，两眼平视黑板。左手下垂，右手持粉笔伸向黑板。全身放松，思想意识专注于书写内容和板书字迹。

如果是用小黑板练习板书，应尽量设法将它挂起，或顺墙面立起，最好不要把它平放在桌子上。在平放的黑板上，练不出板书技能。

二　执笔方法

板书的执笔方法，大致与硬笔书写时握铅笔、钢笔的方法相同。用大拇指、食指的指面与中指靠近食指一侧的指尖侧面，从左、右、上三个方向捏住粉笔尖。粉笔尖顶以45°左右斜角抵住板面。无名指和小拇指依次紧靠在中指外侧，用力帮助中指抵紧粉笔尖，指关节一律向手心弯曲。手腕部大致与黑板平行。指实而掌空，书写时用力在指，运笔在腕。写大字时 要用臂力，甚至牵动身体。

粉笔受潮则过于松软，书写时容易断裂，手指应稍往前挪一下，用力应该稍轻一点。粉笔太干燥则过于坚硬致密，书写时用力应当重一点。

三　板书运笔方法

板书运笔方法与铅笔、钢笔等硬笔书写的运笔方法基本一致，运笔时用力大小可以直接决定笔画的粗细。加力重按则粗，减力轻提则细；顺锋入笔则画端尖细，侧锋横按则画头粗壮；渐行渐提则笔画由粗变细，渐行渐重则笔画由细变粗；硬折顿按则棱角分明，顺势图转则弯曲柔和；画末轻提则出锋锐利，笔画到位后即顿笔迅速回锋则末端厚重。

粉笔的运用与铅笔的运用方法一样，都是依靠笔锋处的摩擦损耗而留下痕迹，形成笔画的。笔锋连续磨损某一点，就会形成小小的平面，守住这个面继续写，笔画必然宽扁粗拙。因此，每写一两画就要转动接触面，使刚刚形成的棱角接触黑板。训练到能习惯于自动转动粉笔头就能又快又好地写出符合要求的笔画了。

下面从入笔、行笔和收笔三个方面分别加以说明。

(一) 入笔法

1. 顺锋入笔法。笔锋沿着笔画走向轻轻落下，渐行渐重。如侧点"、"、"✓"、横"—"、竖"丨"、撇"丿"等笔画，常用顺锋入笔法。

2. 侧锋入笔法。先将笔锋在笔画起笔处侧向右下方落下，接着转锋向右，或向下，或向中，或向右下，中锋行笔。如横画"—"、竖画"丨"、撇画"丿"、提画"╱"等，多用侧锋入笔法。

(二) 行笔法

行笔法主要讲运笔过程中的提、按、转、折方法。

1. 提，是运笔过程中用力时由重变轻。如右尖横"—"、提（挑）"╱"等。

2. 按，是运笔过程中由轻到重的力度变化。如左尖横"—"、侧点"、"、"✓"、捺"乀"。

3. 转，转就是在运笔过程中，笔锋沿弧线改变运行方向，用力轻重和行笔速度基本不变，如弯钩"亅"、竖弯钩"乚"、竖弯"ㄥ"等。

转的行笔要点是走弧线，笔在板面写成的痕迹是圆弧，行笔方向改变的方式是缓慢柔和的渐变，书法术语称为圆笔中的一种。弯钩的要诀是上面开始弯的地方和下面开始钩的地方应该在同一垂线上，否则以它为主要笔画的字就会歪斜。弯钩笔画在书写时容易出现的错误，是将圆转的弯写成了硬转的方笔折画，出现了明显的棱角。同样的错误也会使竖弯钩和竖弯在转弯处变成折笔有了棱角。

4. 折，折就是在笔锋沿某一方向运行中，突然停笔，接着改变运行方向，新的方向与原来的方向之间形成一个鲜明的夹角，笔画拐角处棱角分明。如：横折竖"┐"、竖折横"└"、撇折"ㄥ"等笔画。折笔运行一旦失去了转折的特点，就出现了错误，变成了圆转运笔。而折笔一旦出差，变成弯，字就失去了该有的棱角。

(三) 收笔法

收笔法有回锋收笔法和出锋收笔法。

1. 回锋收笔法。回锋收笔法就是行笔到位后停笔，稍顿，然后轻提笔锋，沿原来运笔路线逆向返回，且迅速渐行渐轻，直至离开板面。如横"—"、竖"丨"、点"、"。

回锋收笔时用力的分寸很要紧，容易出现的错误是用力过重，在横画或竖画的末尾成了大疙瘩或者使一个点画大得失去了在这个字里应有的比例。

2. 出锋收笔法。出锋收笔法就是运笔即将到位时，笔锋一边继续沿原来方向运行，一边迅速提起，笔画渐行渐细，直到笔离板面，收笔。

四 小学语文板书基本笔画训练

（一）点的特点及写法

点的形状，像一只头朝下、尾巴朝上的蝌蚪。点的基本写法是，顺势入笔，渐行渐重，到位后顿笔，回锋成点，收笔。

点可以分为左点"丿"、右点"丶"、长点（反捺点）："㇏"

左点例字：丶壹心宣恰写

右点例字：丶夕言之卜主门

长点例字：㇏不责外贡头

点画的不正确写法常见的有两种：一种是在顿笔处将粉笔头或硬笔笔头反复旋转研磨，而不向上回锋。这样写出的点画就是一个圆点，根本不分左点、右点或长点；另一种是用写横画的笔法写点，结果是写出的点画全变成了短横。

【例字举隅】 小、心、兴、点、冬、矮、知、和、区、外、劝、从、以、必、忍、梁、主、寸、情、态、安、要、义、文、立、究、竟、之、杰、热、烈、忠、志。

在点画参与组成的字里，"以"字的第二画是右点，容易被错写成一提，而且往往被写得很低，低到与第一画的末尾连在一起。州字的第一画、刃字的第三画、办字的第三画都是左点，而且都没有与它右侧的撇画连接。容易被错写成右点，并错误的与右侧的撇画连在一起。卜字的点是与竖画连在一起的，还有："卦"、"下"、"卡"、"卞"、"外"等字都是容易被错写得点与竖画不相连。

（二）横画的特点及写法

横画是由左向右写成的，左微低，右略高的一杠。入笔时，笔势可逆峰而入，也可以顺峰而入。转成中锋后，微向右上行笔，到位后顿笔，回锋收笔。入笔用力稍重，写长横渐行渐轻，过中点后用力渐重、到位后稍顿、回锋收笔。笔画呈两头略粗，中间略细的扁担形。

横画里有一种左端粗重、右端尖锐，左端更低、右端更高、倾斜更明显的右尖横。写法与长横写法的区别，仅在于起笔用重笔，接下来越来越轻，向右上方行笔，到位，出锋收笔。其实通常人们说的提，从形状到写法都与右尖横毫无不同。

长横：一 三 王 者 大 五

短横：一 上 工 三 土

斜横：一 七 皂

书写横画时容易出现的错误有两种：一种是横画的左右两端完全在一条水平线上，没有一点左低右高的倾斜度。这样的结果是没有手写楷体字的姿势，是手写印刷体字的样子。写出的折画、横画部分与竖画部分的夹角一律是直角，十分呆板；另一种是在横画的末尾不顿笔、不回锋收笔，而是像写隶体字的横画一样，向右上方轻挑起，出锋收笔，使横画带上燕尾，使手写楷体字的规整性大受影响。

【例字举隅】一、工、王、丰、士、土、丁、下、三、上、目、非、垂、拜、作、做、直、习、正、慧、打、拍、堆、峰、虫、谁。

以横画为主要笔画的楷体字，常见的错误有两种：一种是把最上面的第一个横画错写成平撇。如：把"丰"错写成"手"，把"吞"错写成"吞"，把"蚕"错写成"蚕"，把"奏"错写成"奏"。另一种是把几个横画的长短关系弄错，造成错字。如：把"言"错写成"言"，把"亲"错写成"亲"，把"辛"错写成"辛"，把"章"错写成"章"，把"垂"错写成"垂"。

(三) 竖画的特点及写法

竖画是垂直一杠。根据收笔动作所造成笔画下端的形状，把竖画分为两种：末尾顿笔、回锋收笔、形成圆头的是垂露竖"丨"。末尾不顿笔、出锋收笔、形成尖头的称为悬针竖"丨"。

悬针竖：丨 中 申 平 千 年

垂露竖：丨 下 木 州 竹 甲

写竖画时容易出现的错误有两种。一种是将悬针竖画写得过长，长到格子外面，这样就使有悬针竖的字失去了方块形的特点，这类字一多就让板书显得不规整、凌乱；一种是该写成竖画的笔画被写成了竖撇，如月字底的第一画，往往被写成竖撇。

【例字举隅】十、千、中、申、木、禾、未、末、休、体、们、仆、行、千、升、并、门、半、吉、到、斯、听、甲、山、用、井、开、神、针、卸、平。

(四) 撇画的特点及写法

撇画是上粗下细，形如兰叶或弯刀的笔画，"丿"。撇画分为三种：笔势弯又斜的称斜撇。

丿 月 兆 丹 周 火

笔势稍平，常居上部的称平撇。

一 千 千 禾 斤 反

笔势上直下弯，组字时，多占右侧位的称竖撇。

丿 人 入 合 少 广

撇画的写法是：侧锋顿入、由右上向左下方行笔，入笔重，渐行渐轻，出锋收笔。

写撇画常见的错误是，从入笔到行笔到收笔，全过程中用笔轻重毫无变化，入笔时用力多重，直到收笔还是那么重。结果是写出的撇画没有粗细变化，平撇是从右向左的一斜横，斜撇成了从右上到左下的一斜竖，竖撇就写成了直直一竖。还有一种错误是直截了当地把平撇当横画来写，不是从右向左稍斜下撇去，而是从左向右稍上行笔。结果是造成首画平撇的字，一律成了横画起笔："千"、"禾"、"竿"、"斤"写成了"干"、"禾"、"竿"、"斤"。

【例字举隅】人、从、千、大、义、文、个、父、广、禾、合、和、秀、彩、交、水、天、反、舌、任、香、受、秒、着、羞、家、多、度、用、周。

(五) 捺画的特点及写法

捺画像由左上向右下伸出的一条锦鸡尾巴，或把子在左上，尖子朝右下的一把大刀。捺画分为斜捺和平捺两种。笔势与中竖形成45°左右夹角的是斜捺。

乀 之 乏 远 延 走

比斜捺笔势稍平的是平捺。

乀 大 人 天 放 水

捺画的写法是，顺锋入笔，由左上向右下方行笔、笔力由轻到重、最重处略顿笔，再向右前方平向行笔，笔力趋轻，出锋收笔。

写捺画的常见错误：一是把斜捺写得很直，无一点波势，或斜捺写得过长，使整个字失去方正的形态；二是把平捺写成长横画或长弧，造成整个字走样。

【例字举隅】八、入、米、全、会、合、水、故、本、分、公、夫、奋、夺、盆、连、过、这、还、进、送、边、辽、迁、迁、达、双、建、延、廷。

（六）钩画的特点及写法

钩画就是在直画和弯画的末端，加了一个向上或向下的钩。写法是，在前面的直画或弯画写完之后，接着稍一停顿，然后钩出去、出锋收笔。根据钩画前半段笔画可以把它分为直钩和弯钩两种。

1. 直钩：直钩包括横钩"⁻"、竖钩"亅"、竖提"乚"三类。
2. 弯钩：弯钩包括竖弯钩"乚"、弯钩"亅"、斜钩"乚"、卧钩"乚"。

在直钩的直画之前，弯钩的弯角之前，加上笔画，就构成了更加复杂的钩画。如横折斜钩"乁"、横折弯钩"乙"、横折折钩"ㄅ"、横折钩"フ"、横折折弯钩"ㄋ"、横折折折钩"ㄋ"。

弯钩：写弯钩时要留意向右"弯"的弧度，并注意收笔处与起笔处几乎在同一条垂线上。钩法同其他，如：

卧钩：可以理解为将斜钩"卧倒"，但起笔轻，弧度更大，出钩要向左上，以求与其他笔画呼应，如：

横折钩：根据横折画的夹角，横折钩又有两种形态，写法参照横折画与钩的写法，如：

竖弯钩：先写竖画，再右转弯（如画圆），收笔时正向上轻快钩出（可略向内钩，但绝不能向外钩出），如：

横折弯钩：先写横画，于横画的结尾处折向内弯，曲如画圆，收笔时向上轻快挑出。注意斜弯有几种形态，如：

横撇弯钩：横要短，撇和弯钩连接的地方不要顿笔，注意弯钩的长短和弧度，有折有弯，形成对比，如：

横折折钩：横不要长，转折的地方要轻顿，折钩要向左收，成倾斜状，如：

竖折折钩：转折处要轻顿，最后的折钩要倾斜，如：

㇉ 弓 马 马 弓 与

【例字举隅】子、手、长、比、飞、家、象、恳、铁、弟、我、武、字、究、忽、仍、写、陪、您、教、范、袋、凤、号、马、秀、静、场、郎。

书写钩画参与组成的字，尤其是书写以钩画为主要笔画的字，常见的错误是把斜钩错写成了弯钩，如"飞"、"凤"、"气"等字，其中的横折斜钩常被写成横折弯钩，造成整个字形改变。

五　笔顺规则

笔顺规则是历代书写活动中总结出来，约定俗成，共同遵守的，书写时笔画出现的前后顺序。

出：| 5 出 | 丨 | 凵 | 屮 | 出 | 出 |

区：| 4 区 | 一 | 丆 | 区 | 区 |

卑：| 8 卑 | ノ | 丿 | 𠂉 | 甶 | 甴 | 甶 | 卑 |

快：| 7 快 | 丶 | 丷 | 忄 | 忄 | 怏 | 快 |

脊：| 10 脊 | 丶 | 丷 | 丷 | 丷 | 𠚥 | 𠔿 | 脊 | 脊 |

垂：| 8 垂 | 一 | 二 | 千 | 壬 | 壬 | 乖 | 垂 | 垂 |

叟：| 9 叟 | 丨 | 𠃊 | 𠃍 | 𠀆 | 日 | 申 | 叟 | 叟 |

乘：| 10 乘 | 一 | 二 | 千 | 千 | 壬 | 乖 | 乖 | 乘 | 乘 |

敝：| 11 敝 | 丶 | 丷 | 丷 | 尚 | 尚 | 敝 | 敝 | 敝 | 敝 | 敝 |

肃：| 8 肃 | 一 | 𠃍 | 肀 | 肀 | 肀 | 肀 | 肃 | 肃 |

人们都在遵循的笔顺规则，体现了运笔路线中最短小、最简捷的路线。符合用右手书写的动作特点和科学合理、工整美观地组合楷体字的规律，也体现了人们分析、评价、鉴赏楷体汉字的规律。违反了笔顺规则，不仅直接影响楷体字的书写水平，而且在练习行书草书字书写时找不到正确的法则。所以，从一开始板书训练，就应掌握笔顺规则，并严格遵循。

楷体字的笔顺规则主要内容是：有上有下，先上后下。如"言"，有左有右，从左到右。如"从"，有横有竖，先横后竖。如"十"，有撇有捺，先撇后捺。如"人"，以上包下，先外后内。如"用"，左下包右，先内后外。如"这"，四面包围，最后封口。如"国"，口内伸出，先封后伸。如"里"，中画系边，先中后边。如"小"，边画连中，先边后中。如"乎"，中上左上，有点先写。如"高"、"就"。字下右上，有点后写。如"烈"、"成"。被包之点，包后再写。如"叉"、"母"。

特殊笔顺的字，可以从书写规范字典等专项工具书中查寻笔顺，见第160 页。

六 偏旁部首的类型、特点、写法

汉字的偏旁部首可以分为字头（部首）、字底、偏旁和字框四大类，每一大类具有共同的特点和写法。

（一）字头

字头类都是居于字上部的。又可分为点画起笔的字头、横画起笔字头、竖画起笔字头和撇捺起笔字头。

1. 点画起笔字头有六字头、立字头、文字头、宝盖头和秃宝盖、羊字头、两点头。

凡最上方正中是一点的，这一点要放在竖中线上较高的位置，一般应在上五分之一处。最上面是两点的，两点分居于竖中线两侧近似于对称的较高位置。

【例字举隅】六、立、言、京、市、玄、亩、音、章、亲、意、辛、文、吝、斋、齐、紊、字、宇、宁、家、宝、穴、空、究、帘、穷、容、军、冗、冢、罕、冤、着、差、美、羔、善、姜、曾、兽、关、并、兑、弟、前。

2. 横画起笔的字头有十字头、大字头、草字头、春字头。

横画（首笔）的中点应放在竖中线上，而且要根据下面笔画多少、确定它在横中线以上的位置。

【例字举隅】士、土、古、支、去、吉、志、袁、夯、夺、奈、奔、奋、芸、芝、草、花、苗、荣、营、杏、南、寺、喜、春、奉、秦、泰。

3. 竖画、撇画起笔的字头有山字头、八字头、竹字头、折文头、人字头。这几种字头组成的字里，山字头和竹字头组成的字，字头占字的高度的四分之一。八字头、人字头、折文头组成的字，字头占字的高度的二分之一。

【例字举隅】今、全、金、含、命、会、舍、念、分、公、翁、瓮、忿、岔、盆、岸、崇、岁、岩、巍、岗、崩、崖、答、等、第、笔、笋、算、笑、筒、笨、各、条、冬、务、备。

（二）字底

字底经常放在字的底部。可以分为末画是点或捺的字底和末画是长横的字底两类。

1. 末画是点或捺的字底，包括四点底、心字底、水字底、竖心底、示字底、系字底、大字底、木字底、又字底。

这些字底里，凡居于中间的竖画和竖画与横画的交叉点、撇画与捺画的交叉点，都应落在竖中线上，四点底的宽等于字宽，高占字高的四分之一。示字底、系字底、竖心底和部分水字底的宽，占字宽的五分之三。心字底、大字底、木字底、又字底的宽度等于字宽。

【例字举隅】点、杰、热、烈、然、熬、煞、熟、忘、态、忠、志、忍、怎、意、思、泰、黍、求、录、黎、隶、恭、慕、添、籴、示、佘、奈、票、察、禁、系、素、累、索、紧、絮、天、尖、夹、夫、类、奕、呆、果、采、某、阜、栗、柴、桌、杀、杂、条、亲、寨、支、变、受、叟、曼、夔。

2. 末画是长横的字底，包括土字底、皿字底。这两种字底的宽度、等于字的宽度，高度可等于字的高度的三分之一、二分之一，土字底的高度有时会等于字高。

【例字举隅】土、尘、圣、至、坐、垒、盂、孟、蛊、盆、盒、盖、益、盘、篮。

（三）偏旁

偏旁包括左偏旁和右偏旁。

1. 左偏旁包括点画起笔、横画起笔、撇画起笔和竖画起笔的四种类型。

左偏旁的形状多窄而长。其高度从全字高的二分之一到等于全字高度；其宽度从字宽的三分之一到二分之一。具体比例，视右边笔画多少和形状的高低宽窄而定。

（1）点画起笔左偏旁包括：两点水、三点水、竖心旁、言字旁、衣字旁、方字旁、示字旁。

两点水和三点水，均以横中线为中线，对称分布。七种偏旁都居竖中线左侧。

【例字举隅】次、冲、冰、冷、冼、江、汉、汀、汁、汗、没、沿、忆、忱、忙、忏、快、怕、悄、计、订、认、议、识、论、礼、社、视、祈、祖、祥、祠、补、初、衫、袜、袖、被、放、於、旗、旋、施。

（2）横画、竖画、撇画起笔的左偏旁有：提手旁、马字旁、石字旁、提土旁、歹字旁、口字旁、日字旁、月字旁、绞丝旁、白字旁、夕字旁、反犬旁、食字旁。

这些偏旁里，只有口字旁占字高度的四分之一。其余偏旁的高度和宽度，都要占到全字高度与宽度的三分之一到二分之一，有的字偏旁与字等高。

【例字举隅】扎、打、扑、扒、扔、扫、找、折、马、驭、驮、驰、驱、驴、驶、驿、研、碍、破、砖、砂、砌、砸、圾、地、堆、坝、坎、坑、坊、列、歼、残、殊、殖、弹、叶、叮、叱、叽、叼、叫、叨、吐、时、旷、明、昨、晒、曙、曝、月、肌、肋、肝、肚、胜、胖、脚、红、约、纪、级、纯、纱、结、给、综、饥、饱、馍、饭、馆、馀、饿、的、皈、皎、皑、皓、皖、魄、夕、外、飨、舛、狗、猪、狼、犯、狂、犹、狠、狸、猫、猛。

2. 右偏旁

右偏旁包括鸟字旁、隹字旁和斤字旁三个以撇画起笔的偏旁。另有横画起笔的七个偏旁，它们是：单耳旁、双耳旁、力字旁、立刀旁、见字旁、页字旁和戈字旁。

右偏旁是每个字最后写出的部分。一般占字宽的二分之一左右，其高度大多与左旁相同，只有单耳旁每次都低于左旁四分之一左右，双耳旁也略低于左旁。

【例字举隅】鸠、鸡、鸣、鸦、鸭、鸽、鹅、鸿、鹅、所、斩、断、斯、新、难、雄、雅、雏、雌、印、卯、却、即、卸、邦、邢、那、邯、邮、邵、邻、郊、郑、郎、都、郭、部、劝、功、幼、动、劫、劲、刈、列、划、刚、则、创、刘、别、钊、利、删、判、到、观、规、视、舰、顶、项、须、顺、顾、顽、顿、预、颖、戏、战、戗。

（四）字框

字框，是把一个字的部分构件或笔画，从两面、三面或四面包围起来的框架。前两种是半包围字框，后一种是全包围字框。

字框的宽窄大小，要根据被包围笔画的多少和字形方正匀称的要求而决定。既不能让被包围部分拥挤不堪，又不能使框架显得过于空阔。

1. 半包围字框

半包围字框包括两包和三包两类。

（1）两包字框有左上包围、左下包围和右上包围三种。

① 左上包围字框有：厂字框、广字框、尸字框、户字框、病字框五个。这几个字框，书写时横画宜平，撇画要舒展，被包围笔画既要贴近字框，又要注意保持字的整体结构平衡，最右边的竖画或捺画，应稍伸向框外，以与左边的撇相对应。

【例字举隅】厅、历、仄、压、厌、厉、原、厘、辰、广、庄、庆、床、序、店、府、启、房、肩、扁、扇、雇、疒、疗、疝、疚、病、症、疾、痛。

② 左下包围的字框：走之底"辶"和建字底"廴"两个。书写时走之底的第二画"㇉"和建字底的第一画"㇉"，都应向右收，以贴近被包围的笔画。

【例字举隅】迁、辽、边、过、这、近、还、连、迟、通、遥、避、建、廷、延。

由于印刷体的影响，走之底写错的情况十分频繁，据统计，占笔画性错误发生总量的三分之一左右，造成走之底错误的直接原因，多数在写走之底的第二画，即横折弯撇的最后一部分，撇写得过长，没有给第三画平捺留出面积，第三画不能写到应写的正确地方，只好将错就错。一种错法是手写印刷体，即有横折弯撇独占了字的左下角，让它挡住了平捺的起笔，成"辶"；一种是干脆写成了印刷体的走字底"辶"。这两种错法都是撇截住了平捺。另一种是撇已先期占位，平捺又不甘收缩，于是与前一画交叉起来，成了"辶"。更有将这种写法里加进了行书笔法，把两画连成一笔写成的，变成"辶"。还有一种错误是，横折弯撇的末尾收笔处，不是靠后，平捺的入笔处也不往左写到位，而是凑到第二画收笔点，成了"辶"这种形状。似对而非对。在走之底这个偏旁构成的字里，体现字的全部宽度的笔画是平捺，它最长，其他笔画都比它短，而且都一律在它的上方。平捺只有在建字底和处字底里才与撇交叉。走之底的平捺不能交叉，要用三笔写出来。

③ 右上包围字框有字框勹"勹"、戈字框"戈"、栽字框"𢦏"、习字框"𠃍"、可字框"丁"五个。写法要点相似于左上包围字框，只是方向相反。

【例字举隅】戈、戊、戌、戒、咸、威、栽、裁、哉、截、载、习、司、刁、句、勾、匀、勿、可、河、何。

（2）三面包围字框

三面包围字框，都是只有一面开口的，包括向右开口、向上开口和向下开口三种。书写时被包围笔画要向框内靠。

① 向右开口的称为三匡儿。书写时上下两横要平行、下横稍长。

【例字举隅】区、匹、巨、匠、医、匣。

② 向上开口的三面包围字框有凶字框"凵"、山字框"山"两个。书写时注意，被包围笔画不能放在框外，只应有一半突出。

【例字举隅】凶、画、函、凿、幽、击、出。

③ 向下开口的三面包围字框有同字框、用字框、门字框、风字框四个。被包围字框应居于框内偏上位置。

【例字举隅】冈、网、罔、用、周、丹、角、闪、门、问、间、闲、风、凤、凰。

2. 全包围字框

全包围字框就是四角都不开口的字框。框的大小要适中，框内笔画要充实而不拥挤，清楚而不纤弱。

【例字举隅】日、目、曰、田、回、国、园、因、团、困、围、图。

七　板书正楷字的结构法则

板书正楷字的结构法则，不但是处理楷体字结构的方法要领，而且是分析评价楷体字优劣的标准，分为下面四条。

（一）端正平稳

端正是指每个字都站立得直挺，没有倾倒歪斜的形态。为了要做到这一条，首先要做到所有的竖画都垂直，最少也应该基本垂直。同时横画写得基本接近水平。左低右高的倾斜度在四五度左右，斜横倾斜八到十度左右。

要使板书端正平稳，平时训练毛笔硬笔书写，就要养成纸端人端的好习惯，形成按方格写字，按田字格、米字格分布笔画的习惯。以竖中线为中轴，尽量做到左右两边平衡，甚至对称。

【例字举隅】 羊、平、甲、申、重、垂、兼、善、益、春、泰、不、木、林、天、夫、音、慧、宣、宜、宝、室、贵、中、水、火、西、南、正、主、旦、爽、文、交、县、肃、画。

（二）均匀一致

均匀指书写时笔画的粗细、长短、字的大小，每个字笔画排列时的疏密，以至字的间距、行距都要大体上一致，最少要基本相称，不可以悬殊很大，而且从一开始确定下来的规格，要一直保持到全幅板书终了，这才符合均匀一致的准则。

为了要使笔画的粗细长短大体上一致，用力轻重在运笔过程中必须一致。用力时轻时重和运笔幅度大小不一，都会破坏匀称的一贯不变。为了要使笔画的分布匀称，不至于多笔画字因笔画过于密集而不清楚，应该适当地把字笔画写得细一点。反之，对笔画少的字则应把笔画写得粗壮一点。

【例字举隅】 一、壹、二、贰、三、叁、四、肆、走、趁、代、待、自、鼻、共、恭、憩。

（三）严整紧凑

严整紧凑是楷体字独有，而行书不讲求的一条重要结构准则。楷体字不严整，笔法和字法的规律便不能被彰显出来，还会造成笔画随意变形，行款散乱，字迹潦草，破败凌乱。

要体现出楷体字的严整紧凑的准则，让板书显出精神来，应该做到：

1. 笔画到位，衔接紧密。每一个笔画的入笔、行笔和收笔动作到位，笔画脉络分明。该相接就相接，该交叉就交叉。

2. 分清主次，突出主笔。次要笔画为主要笔画铺垫映衬，主要笔画充分展现风姿形象。一般情况下，一个字的长横、长竖、斜钩、卧钩、平捺、长撇都是主要笔画，书写时不能打折扣。

3. 明确重心，充实重心。每个字都有重心，它是笔画交汇密集点。一般在这个字格的中心点。个别情况下，重心会向上、向下、向左或向右稍稍偏移。当然那里肯定是这个字的笔画最密处。凡过重心区的笔画，都必须真正从那里经过，笔画也不要太纤弱，要让重心区充实饱满。

【例字举隅】口、凸、国、图、冒、美、垂、羌、监、武、威、我、风、意、念、态、来、麦、产、步。

(四) 生动活泼

板书应保持手写楷体字的笔势和结构形态。不应该写得像印刷体、仿宋字一样刻板拘束、缺乏生气。

首先，笔画要写得活泼有生气，比如平直的横、竖等笔画里有波动感，所谓一笔之中，常含三波。或粉笔头在板面上平直运行中隐含俯仰波动；或粉笔在端直的运行中，因用力轻重变化而发生提按动作转换，笔画的粗细出现渐变。

其次，追求多姿多彩。相同的笔画不能完全一模一样地重复出现，哪怕是在笔势、粗细、长短的任何一方面有些微的变化，也是好的。同样，两个毫无差别的字或结构部件，必须要左收右放或上小下大，或一宽一窄，才能共同组成一个字。

再次，往往有特点截然相反的两个部件组合成一个字，相映成趣。或宽窄结合，或长短错落，或斜正搭配，或大小映衬。在相互对比衬托中，增加汉字的形体美。

【例字举隅】二、八、七、九、衣、丰、食、国、富、兵、强、船、翠、膏、谢、宣、安、政、腔、差、名、君、都、鸣、昌、双、朋、视、顽。

八 板书楷体字的结构类型

板书正楷字的类型，包括独体结构和合体结构两大类型。

(一) 独体结构。独体结构根据结构特点可分为高形、矮形、宽形、窄形、方形、圆形六种结构方式。每种结构的特点，都可以从它们的名称上准确地知道。较难理解的是圆形结构，它是指将字最外面笔画突出的点连接起来，构成字的轮廓是近似于圆形的，如小字。

【例字举隅】身、木、车、东、鸟、见、贝、口、工、士、西、白、日、而、也、土、月、牙、才、司、国、豆、正、里、是、小、十、垂、个。

(二) 合体结构。合体结构可以分为固定比例结构、包围结构和垒集结构三种类型。

1. 固定比例结构。固定比例结构的字，均由几个偏旁部首或部件，按高低、宽窄、大小的一定比例组合而成的。写这种结构类型的字，必须严格按照原有的比例安排结构。

固定比例结构由等比例结构和非等比例结构两部分组成。

（1）等比例结构。等比例结构的字，各组成部分之间的比例是均匀的。由左右两部分或上下两部分组成的字，左右或上下两部分各占字宽或字高的二分之一。由左中右三部分，或上中下三部分组成的字，左中右三部分或上中下三部分，每一部分，各占字宽或字高的三分之一。

【例字举隅】秋、朋、林、顺、权、打、拧、的、约、棚、掷、树、尘、益、思、需、意、素、慧、翼、衔、翎、榭。

（2）非等比例结构。组成非等比例结构的字的各部分，所占字的高度与宽度形成不等比例，其具体比例因字而异。书写之前要仔细观察，务必确定出在占字高、字宽方面的比例，然后下笔。

【例字举隅】没、待、刘、都、吕、炎、奇、泉、普、黎、春、冬、蓄、算、黄、霄、储、撒、拽。

2. 包围结构。包围结构包括半包围结构和全包围结构。

（1）半包围结构包括两面包围（左上包围、左下包围、右上包围）和三面包围（右开口、上开口、下开口）。

（2）全包围结构即四面包围。

包围结构是依靠字框的参与而实现的，其结构方法要点，已在字框部分阐述。

3. 垒集结构。垒集结构是三个相同的部件堆垒成一个尖塔形的字，或用四个小方框从四角围住，被包围的部件在中间，这样构成一个四角形的字。这两种结构都是垒集结构。

（1）尖塔形结构。在构成尖塔形字的三个字或部件中，在塔尖上的一个要写得扁一点，下面的两个要写得窄一点，靠拢得紧一点，这样结构紧凑，稳定坚劲。

（2）四角形结构。组成四角形的字的四个口，和被围在中间的那个字，都要比单独成字时收缩、紧凑、方正、坚固。被包围的字既要紧缩又要清楚。

【例字举隅】品、晶、森、磊、鑫、器、嚣。

九 小学语文板书类型

板书是小学语文教学中简捷、直观地展示教学内容的教学方式。板书设计是课前准备的重要环节之一。

(一) 小学语文板书的一般要求

小学语文板书的一般要求是：内容集中，语言精练，主次分明，丰富生动，清楚美观。

1. 内容集中。一副板书的内容往往直接服务于一个课时，或一篇课文，或一次练习，一次活动。主要反映课堂教学内容，比如教材篇目，学生识、读、写、练的辅助材料，思考讨论练习题等。应该具有明确的针对性，最好是一题多用，一题多练。与本课、本节的教学或活动没有直接关联的内容，既不应该出现在教师的口语中，也不应该出现在黑板上。

2. 语言精练。学生必须要学习掌握的字、词和必须书的阅读、思考、活动、练习题以外，能够删繁就简的句、段应尽可能压缩，使板书具有一定概括性、提示性、启发性、引导性。可能的话，只出现几个关键词、中心词即可。可书也可不书的一律不书。生字、新词、短语解释，可以代之以组词、造句、选词填空、词句比较。板书段落大意，中心思想，写作特点，可代之以学生口头练习归纳段落意思，课文中心意思以及写法优点讨论。辅之以教师帮助诱导和口头总结，归纳示范。

3. 主次分明。做板书设计时，应将展示主要教学内容和教学活动的部分板书，放在黑板的中间位置，占据有效板面的主要部分。而将辅助性、临时性、不系统的板书放在黑板侧边处，做到主次分明。在尚不能运用多媒体课件教学的班级，板书的设计运用，仍须遵循这样的要求。在能够运用多媒体课件进行教学的班级，课件就成了展示主要内容的版面，板书就起随机补充、映衬和说明的辅助作用。

4. 丰富生动。这里主要指板书所选用的形式和所运用的形象与色彩。形式的多样、丰富包括字母、符号、文字、简笔画、图片、卡片、示意图、模型、儿童玩具、实物标本、照片放大等等，配合使用。颜色搭配应尽量鲜亮艳丽。板书文字，在需要特别唤起儿童兴趣而集中注意力的地方，应采用彩色粉笔，使黑白板书彩色化，平面板书立体化，板书就可以在提高学生学习兴趣，优化教学过程，促进学生进步方面发挥更大作用。

5. 清楚美观。板书字，不宜过小，应该在黑板面积许可的条件下，最大限度地把字写大，让坐在最远处的学生都能看清楚。板书一定要用正楷，规整地写字，大小粗细匀称，整洁好看。没有随意格外放肆、夸张的笔画，没有不成形、不好看的字。要行列分明，排列整齐。板书应尽量做到让学生喜爱，给学生提供雅致的视觉享受。

为了要使自己的板书常用常新，与时俱进，要不停顿地学习、思考、改进、创新。切不可一成不变地将板书程式化。板书水平停顿不前，其实从一个侧面反映了教学水平的停滞不前。

（二）小学语文板书的常见类型

小学语文板书常见的类型有：步骤条目型、教材再现型、要点提示型、脉络勾勒型、表格归纳型、读想写练型。

1. 步骤条目型板书。步骤条目型板书是把教学过程所包括的几个步骤或教学内容包括哪些条目，都分别纳入板书计划。随着教学步骤的进行和教学内容的展开，将教学步骤或教学内容的条目，逐层逐次用板书揭示出来。这一类型的板书，可以明确教学过程，增强教学节奏感，协调统一师生活动，完整地、提纲挈领地展现教学内容或教学过程。

【精选示例】五年级上册8《小桥流水人家》教学步骤板书

```
              8. 小桥流水人家
    （1）导入。
    （2）自读课文，初知文章内容。
    （3）深入理解课文，感受作者情感。
    （4）交流汇报。
    （5）赏析课文。
    （6）拓展学习。
```

2. 教材再现型板书

教材再现型板书是把文本教材上的课题、新字词、精彩词句、段等板书出来。这样的板书可以很有针对性地放大、突现部分教材内容，便于集中大家的思维活动于正在思考、讨论的问题上。

【精选示例】小学一年级上册10《比尾巴》识字、组词教学板书。

```
                  10. 比尾巴
bǐ
比： [比] [一] [上] [比] [比]  对比、比赛、评比

bā
巴  [巴] [一] [コ] [コ] [巴]  尾巴、锅巴

cháng
长   [长] [ノ] [一] [长] [长]  长江、长城

hǎo
好  [好] [人] [女] [女] [好] [好]  好心、好看

bǎ
把  [把] [一] [十] [扌] [打] [扣] [把]  一把刀

sǎn
伞  [伞] [ノ] [人] [介] [介] [伞]  雨伞、一把伞
```

3. 要点提示型板书

要点提示型板书是为了帮助学生，快速背诵，精彩生动优美隽永的课文段、首，或帮助学生的理解、感受课文的内容，而摘出课文片段中开头的词语，诗句前面的词语，或段落关键词句组成的。这类板书利于提示学生顺畅地背诵，深切地体会和有效地积累语言材料，丰富内心世界、陶冶道德情操。

【精选示例】 三年级上册9《古诗两首》背诵提示板书

```
                9. 古诗两首
      夜书所见              九月九日忆山东兄弟
      叶绍_____          王_____
      萧萧梧叶_____，    独在异乡_____。
      江上秋风_____。    每逢佳节_____
      知有儿童_____，    遥知兄弟_____，
      夜深篱落_____。    遍插茱萸_____。
```

（这种背诵提示型板书，学生每熟背一两遍，便从后面擦去一二字，在学生全文（诗）背完，诗文，连同作者姓名、题目全部擦完。）

【精选示例】 三年级上册11《秋天的雨》朗诵背诵欣赏提示板书

> 11. 秋天的雨
>
> 秋天的雨，是一把钥匙
> 秋_____，有一盒五彩缤纷的颜料
> _____，藏着非常好闻的气味
> _____，吹起了金色的小喇叭
> _____，带给大地 丰收的歌
> _____，小朋友 欢乐的歌

4. 脉络勾勒型板书

脉络勾勒型板书是将课文各段落的内容，凝练成为短句或一两个词语，再把各段落之间的关系用箭头、线段、括号等符号连接起来，用以形象地揭示课文结构脉络的板书。它们对于帮助学生理清课文结构方式，深入透彻的感受课文情感，逐渐形成表情达意的思路都有一定作用。

【精选示例】一年级下册26《小白兔和小灰兔》脉络勾勒板书

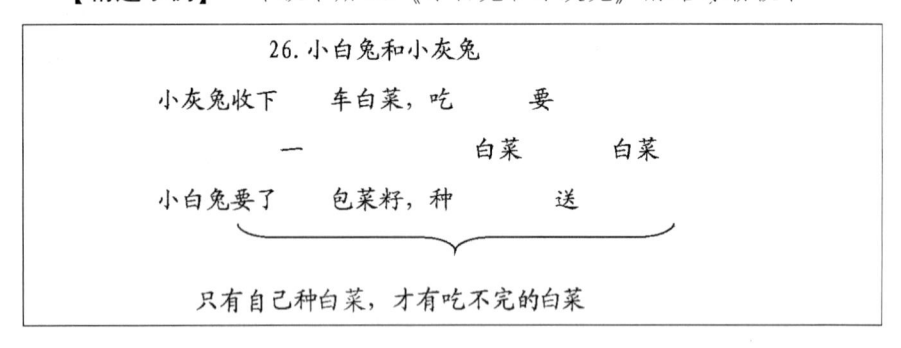

> 　　　　　26. 小白兔和小灰兔
>
> 小灰兔收下　　车白菜，吃　　要
> 　　　　　　一　　　　　白菜　　白菜
> 小白兔要了　　包菜籽，种　　送
>
> 　　只有自己种白菜，才有吃不完的白菜

5. 表格归纳型板书

表格归纳型板书是用表格形式，把归纳项目分别排列在表格的第一行与第一列中，把归纳出的词、短语、句子填入相对应的格内，而形成的板书。这种板书条目分明，要点突出，既可以归纳课文中的某些内容，又可以用来收集归纳学生课文阅读和开展其他活动的情况。

【精选示例】五年级上册1《海上日出》导读板书，随着导读逐层逐段进行，表格内容逐列填入。

日出阶段	景色方位	重点词语
日出前	天边景色变化	蓝 红 亮
日出时	由海面下跳出来	露出小半边脸，慢慢上升，冲出云层，光彩夺目
日出后	云层中情景	躲进云层，透出重围

【精选示例】五年级上册5《挑山工》课后练习表格填充题板书

登山者	目的	登山方式	结果	你的看法
挑山工				
游 人				

6. 读想写练型板书

读想写练型板书，是为引导学生阅读教学内容，拓宽知识视野，丰富语文涵养，增强语文技能而设计的，课内外活动和练习题的板书。课内的题可提示学生在课堂内，单独或相互合作完成。课外的题，则由学生抄下来，按题目要求做。必要时，可以请父母亲或懂行的亲戚或邻居大人参与指导，按时完成。

【精选示例】五年级下册8《跳水》课后思考练习题板书

> 8. 跳水
> 课后练习：
> 我很想把给我留下深刻印象的活动记下来，同时写下它们对我的影响。

【精选示例】对我留下深刻影响的活动统计表

时间（年月日）	地点	经过和结果	给我留下的深刻影响

【精选示例】五年级上册17《军神》读想写练作业题板书：

> 17. 军神
>
> 课外自由阅读思考：
>
> 我想把感动我的英雄人物集合在一起，编一个英雄谱，记下他们的感人事迹和名字，还有对我的影响。

【精选示例】六年级下册7《詹天佑》课后拓展学习读想写练作业题板书

受詹天佑为中国近代铁路建设作出卓著功勋这一壮举的启发，我想试着把看、听、读到的科技工作者对祖国无限忠诚，为国立功作贡献的事迹，收集记录下来，登记在表上。

功臣名字	主要事迹	给我的鼓舞、启发

【我思我行】

1. 我认为小学语文板书技能的基本要求应该包括以下几条内容：

2. 我打算采用这样一些方法督促自己，坚持板书练习，努力提高语文板书技能。

3. 我愿意和前后左右的同学互相帮助、共同纠正书写时的不好习惯，养成良好的书写习惯。

4. 为了便利自己坚持练习语文板书，我要准备一块小黑板，从基本笔画开始直到能够独立设计、完成一篇课文的教学板书，坚持系统训练。

5. 我很想发起以宿舍、学习小组甚至全班、全年级为单位的年粉笔字大赛、小学语文教学板书大赛。

【参考文献】

1. 倪文锦主编、王荣生、李求真副主编：《小学语文新课程教学法》，高等教育出版社2003年版。

2. 《小学语文教学法》编委会编，朱松生主编：《小学语文教学法》，经济科学出版社1998年版。

3. 戴宝云主编：《小学语文教育法》，浙江教育出版社1993年版。

4. 路棣主编：《师范书法基础教程》，天津古籍出版社2001年版。

5. 张永亮主编：《师范生三笔字教程》，陕西师范大学出版社2008年版。

第五章 小学语文教学技能

【开篇语】

　　本章以帮助学生形成基本的小学语文教学技能为本章根本目的，以小学语文识字写字教学、阅读教学、口语交际教学、习作教学和综合性学习为经线，以基本理论阐释和实践技能训练为纬线，构架起全新的小学语文教学论。各项教学内容的理论阐释注重时代性，体现新课程理念，重点介绍新课程中的理念与目标、内容及方法。各项教学技能实践技能训练在简明建议下提供经典案例，供揣摩学习，并另行安排实践训练程序。

【问题情境】

字母"O"到底怎么念？

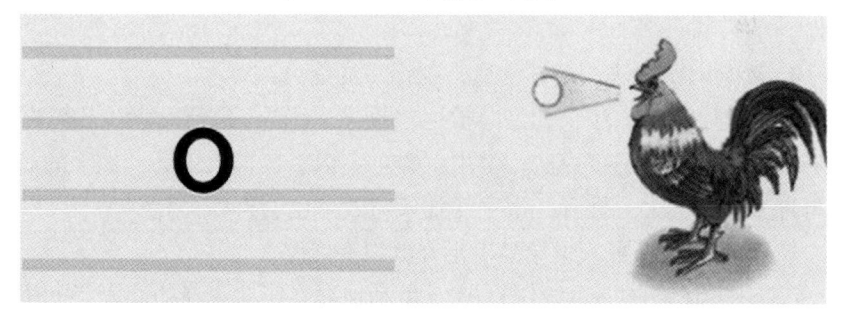

图一　　　　　　　　　　　　图二

　　字母"O"到底是念"喔"还是念"哦"？请与同学讨论，向老师请教，找到正确的读音。

【理论导学】

　　语文教学技能是小学语文教师完成教学任务、实现教学目标的重要前提和必备素质。以新课程的理念学习理解小学语文教学技能的相关理论，以实际操练掌握各项具体的教学技能，是本章学习的基本要求。

第一节　识字写字教学

一　识字写字教学概论

（一）识字写字教学的理念

1. 遵循儿童心理，激发学习兴趣，培养热爱祖国语言文字的感情

汉字以象形字为主，具有较强的画面感，汉字笔画横平竖直，适宜儿童观察；汉字读音一字一音节，清晰响亮，朗朗上口，便于模仿学习。识字写字教学的方法策略要符合儿童心理、突出汉字特点，让儿童充分感知汉字音形的优美，体会汉字意蕴的魅力，从而从内心自然萌生对祖国语言文字的喜爱、悦纳的心理。

2. 识写要求分开，低年级多认少写

小学低年级学生手部小肌肉不发达，对笔画的长短、轻重的控制不大精确，手眼还不够协调，写字既缓慢又吃力，学习写字的能力较弱，教学中应结合学生实际，多识少写。具体办法是"识写分流"，即将生字分为两类：一类是能识会写，另一类是只识不写，以减轻低年级小学生的课业负担。

3. 教给识字方法，培养学生自主识字的能力

教给学生识字方法，就是向学生"授之以渔"，是帮助学生构建联通生字的桥梁。掌握识字方法，学生就会自主识字，自觉识字，识字的成就感与自豪感也会大大提升，识字的效果与效率也会得以提高。

4. 开拓学生视野，引导学生走开放识字之路。

汉字作为母语的书面形式，广泛生动地存在于儿童身边。识字的机会与途径并不仅限于课堂与校园。引导儿童从日常生活中识字，在社会环境、家庭环境中发现生字、学认生字，扩大识字机会，发现汉字与生活的息息相关，理解汉字对人们的影响与帮助。

（二）识字写字教学的目标

1. 情感态度目标

"课标"在各个学段都提出了情感态度目标。"喜欢学习汉字，有主动识字的愿望"，"对学习汉字有浓厚的兴趣"，"养成正确的写字姿势和良好的写字习惯"，"在书写中体会汉字的形体美"，"体会书法的审美价

值"等，从激发学生的兴趣，培养良好的习惯，培植热爱汉字的感情等方面，提出了目标要求。

2. 质量目标

"认识"和"学会"要求不同，"会认的字，只要求读准字音，不抄不默不考。要求学会的字，能读准字音，认清字形，了解字词在语言环境中的意思，并能正确地书写。"这体现了认、写分开，多认少写的精神。既可让学生尽早地进行阅读，又可减轻学生的负担。

3. 数量目标（累计完成）

学段	第一学段	第二学段	第三学段
认识	1600—1800	2500	3000（左右）
会写	800—1000	2000	2500（左右）

可以看出，低年级识字量较大，这样可以让学生尽早地进行阅读和习作的训练，同时更有利于小学生的正常发育和健康成长。

4. 识字能力目标

指在识字教学时要教给学生识字的方法，培养识字能力，即学生独立学会汉字的能力，它是自学能力的基础，可为独立阅读和顺利地进行书面表达创造有利的条件。

二 识字写字教学技能实训

（一）拼音教学方法简介

1. 示范模仿法：教师在黑板上书写示范，学生模仿教师的写法。教师示范书写时，要背对学生，右手高举，在黑板上的四线三格内用规范的字体、正确的笔顺书写。要保证全体学生都能看到教师的手部动作。一边书写，教师还应一边念诵拼音书写歌诀。歌诀可以帮助学生记忆书写位置与顺序。

2. 观察辨析法：让学生观察拼音，发现其中的异同，并用他们自己的方式来说明各个拼音字母的特点及与其他拼音字母的区别。

3. 行动记忆法：即结合小学生具体形象的思维特点，利用手部动作、身体动作等方式，加强对易混淆字母的记忆。如有的教师教学生们用竖起拇指拳头来帮助学生区别"b"和"d"、"p"和"q"。还有小学生自己发明了用身体动作、用毛线和小棒拼摆的办法来表示字母的方法。

4. 歌谣记忆法：汉语拼音的一些拼读规则比较抽象，对于小学生而言不能向他们讲授过多的拼音原理，但可以借助形象活泼的歌谣来帮助小学生记住拼读规则。如 j、q、x 与 ü 相拼，书写时应去掉 ü 上两点。可以利用小学教师自创的歌谣"j、q、x 小淘气，见了 ü（鱼）儿把眼去"、"小 ü 见了 j q x，去掉两点还是 ü"；y 与 ü 相拼，"小 ü 小 ü 有礼貌，见到阿姨（y）就摘帽"。

5. 练习巩固法：小学生的记忆力好，学习字母的时间有限，常练习多巩固才能起到良好的学习效果。可以让学生手、眼、口、脑并用地进行多样化的练习，如游戏记诵、空中书写、卡片识记、作业本练习等。

（二）拼音教学实训

1. 拼音书写技能实训

请在四线三格按拼音书写笔顺写出全部拼音字母，并经小组评议后请教师点评总结。

【资源链接】

汉语拼音字母书写笔顺歌诀

a 先写多半圆，竖弯写右边。b 长竖出二线，右下写半圆。

c 一笔写成多半圆，上下紧挨二三线。d 中格先写左半圆，右边长竖出二线。

e 中格正中写横线，接笔再写多半圆。f 左竖弯，出二线，短横写在二线边。

g 先写左半圆，竖弯下三线。h 长竖出二线，弯竖写右边。

i 短竖写中间，一点出二线。j 左竖弯，下三线，上格正中写圆点。

k 长竖出二线，斜左斜右写中间。l 长竖出二线，写直才好看。

m 短竖写中间，弯竖弯竖写右边。n 短竖写中间，弯竖写右边。

o 从左到右写圆圈，上下紧挨二三线。p 长竖下三线，中格写上右半圆。

q 中格先写左半圆，右边长竖下三线。r 短竖写中间，右上一小弯。

s 8 字写一半，上下挨着线。t 竖右弯，出二线，短横写在二线边。

u 中格写竖弯，短竖写右边。ü v 字写中格，两点出二线。

w 斜下斜上写两遍，上下紧挨二三线。x 左斜右斜叉中间，上下紧挨二三线。

y 右斜中格慢，左斜下三线。z 2 字硬拐弯，中格要充满。

2. 拼音读音训练

（1）朗读声母，并结合甘肃方言对"n、l"进行有针对性的练习。

（2）朗读韵母，并结合甘肃该文对前鼻韵母和后鼻韵母进行有针对性的练习。

（3）根据自己家乡的方音，找出与汉语拼音发音有异的字母，进行有针对性的练习。

3. 拼音教学建议

（1）把握教学要求

课程标准中的拼音教学要求是："能读准声母、韵母、声调和整体认读音节。能准确地拼读音节，正确书写声母、韵母和音节。认识大写字母，熟记《汉语拼音字母表》。能借助汉语拼音认读汉字。"

（2）变革教学方式

将拼音教学生活化，将生活中获得的经验转化为学习新知识的基础，在生活中学，在生活中巩固。拼音教学游戏化。用儿歌、活动乃至游戏进行拼音教学。

（3）恰当运用教材，发挥教材优势

教材中的情境图、儿歌是帮助识记、诵读、感知字母的形、音的。教学时，可通过观察图画、诵读儿歌，找字母，学读音、说词语、组词汇、学说话。如 i "阿姨"、"衣服"，"阿姨晾衣服"，ü "小鱼"、"鱼食"，"小弟弟在屋前喂鱼"。

4. 拼音教学案例操练

先参照下面的教案进行解讲，再根据本教案的思路与格式，编写整体认读音节、声母、拼音等教案各一份，并各试讲一到两遍。

汉语拼音 1《a o e》教学设计教案

教学目标：

1. 知识能力目标：

（1）学会 a o e 三个单韵母，读准音，认清形，正确书写。

（2）认识四线格，学习使用四线格。

2. 情感目标：认识学习汉语拼音的作用，使学生明确学习的目的，激发他们的学习兴趣，使他们更加热爱学习语文。

教学重难点：

1. 能认清 a、o、e 三个字母的形。

2. 掌握 a、o、e 的发音方法。

3. 在四线格里写好 a、o、e。

4. 通过创设情境，让学生在情境中，自主探究发音方法。

教学设想：略。

教学用具：图片；录音带；字母卡片；画有四线格的小黑板。

教学过程：

一、谈话激趣，导入新课

小朋友，从今天起老师要带你们去一个非常奇妙的地方，那就是拼音王国。（用简笔画勾勒城堡图）拼音王国中有很多的拼音，认识他们了，你就能识字、读书，还会说一口好听的普通话，想与老师一同去认识他们吗？

拼音王国中有三大家族，他们分别是声母、韵母、整体认读音节。今天，我们来认识韵母家族中最可爱的一群孩子，他们就是 a、o、e。（出示带有手脚的拼音卡片）。

（挥动卡片）嗨，小朋友们好。

二、看图讲故事，唱一唱，引出字母

1. 这是一个美丽的王国，绿草如茵，小溪清澈。有一天，太阳公公还没有爬上山坡，一位小姑娘就站在小溪边唱起了 a 字歌：

| 1 3 5 i - | i 5 3 1 - |

a a a a a a a a

2. 小姑娘是怎么唱的，我们一起来唱唱。

小朋友学得真像，老师把它编成了一句顺口溜："小姑娘唱歌，啊啊啊啊"

3. 她在唱什么？（学生看图各抒己见，针对不同发言予以激励性、引导性评价。）

4. 读准 a o e

a. 我们的单韵母 a 很害羞，躲起来了，谁能把它找出来？（观察课本图片）

b. 顺口溜帮学生记住读音：太阳出来红通通，公鸡一叫"ooo"。清清池水一只鹅，水中倒影"eee"。

c. 运用日常用语帮助学生记住读音。

（1）啊！早晨的学校真美！（a 的读音）。

（2）噢，我知道了。哦？我不明白。哦，我懂了。（o 的读音）。

（3）丑小鸭变成了白天鹅。（e 的读音）。

三、探究发音，自编口诀

1. 小朋友在读语境歌的时候，老师听出来，今天学的 3 个拼音字母的音大家都发好了，这说明拼音字母的音就在我们生活的语言中间。赶快发挥小组的力量，一起把它们找到。（显示三幅音形图与相应的字母）

2. 小组反馈交流（根据学生回答，显示：小姑娘在唱歌"a"）

（1）尝试发音。

（2）示范发音。

小朋友仔细看，老师发 a 这个音的时候，嘴巴是什么样的。（张得很大，嘴巴不动，声音很响，很长）

（3）学生练习发音。

（4）仔细看，这个字母 a 像图上的哪一部分？

（5）讨论：看看图，能不能编句你喜欢的口诀记住这个"a"？

（嘴巴张大 aaa。小姑娘唱歌 aaa……）

3. 学习单韵母 o、e（方法同 a）

记住 o 和 e 的口诀为：嘴巴圆圆 ooo；公鸡的叫声 ooo；

嘴巴扁扁 eee，小白鹅的叫声 eee。

4. 小结

a、o、e 这 3 个字母发音时，嘴巴不动，声音响而长，所以有个共同的名字叫单韵母。（学生齐说"单韵母"）

5. 巩固复习

（1）练一练

小朋友，拼音字母发音时的口形很重要。今天，我们请来了一位好朋友，它能帮助小朋友检查发音时的口形对不对。（学生取出小镜子，对照镜子练习发音。)

(2) 猜一猜

①听老师发音，学生举出相应的字母。

②看老师口形（不发音），学生猜老师要发哪个音？

③小组合作学习：哪个字母不见了？（小组长藏去一个字母，其他学生齐念不见的字母，若对了，由小组长出示字母，齐说："×××，找到了。"）

四、识四线格，规范书写

1、认识四线格

小朋友，学习汉语拼音不但要会念，还要会写。

(屏幕四线格小黑板) 小朋友，这叫四线格，这四根线构成了3层楼。最底下的是一楼，向上第二层是二楼，最上面的是三楼。单韵母 a、o、e 喜欢住在二楼里。

2. 指导书写 a、o、e

(1) 显示：a、o、e 的笔顺规则及笔画数，教师讲解。

(2) 学生跟老师书写。书空：手指在空中书写，小字习字法之一。

(3) 指导描红。（教师在黑板上描一笔，学生照样子在练习本上红一笔。）

(4) 独立描红。（教师巡视指导写字姿势及握笔姿势。）

五、全课总结（略）

(三) 识字教学技能实训

1. 识字教学建议

低年级识字教学可以利用汉字象形性和小学生丰富的想象力、直观行动的思维性开展，具体方法有联想形象识字法（由字形联想物形）、比较联系识字法（比较认识形近字）、表演动作识字法（用肢体动作演示字的形义联系）、游戏巩固识字法等。

2. 识字教学案例

师：(出示图片) 今天，老师给大家带来了一位新朋友，它是谁呀？

生：这是一捉害虫的大青蛙。

师：跟它打个招呼吧！

生：（情绪高昂、七嘴八舌地）大青蛙你好！欢迎到我们班坐客！

师：（出示字卡）大青蛙想考考我们小朋友，谁能把它的名字叫出来？（正音：读准后鼻音"青"）

师：读得真好！谁能给青组词说话？

生：（争着举手）我来！青，青草，青草在风中跳舞。

生：青，青菜，妈妈买了许多青菜。

师：听，大青蛙正在夸奖大家呢！

……

师：今天，我们还请来了"青"的几个好朋友（出示有关偏旁）。谁来说说它们的名字？（指名回答。教学：竖心旁）

师："青"见到了这么多小伙伴非常高兴，和它们一个一个地照了相。

（出示不注音的生字：请晴清情蜻睛）

师：你认识过它们吗？怎么认识的？如果不认识，你能猜出它们叫什么名字吗？跟同桌说说他们的名字。（学生自主学习）

自主识字

师：（出示生字注音的词语：清洁 请坐 晴天 事情 眼睛 蜻蜓）自由读一读，你发现了什么？

生：我发现它们的韵母都是后鼻音 ing。

师：是吗？我们一起来读一读，看看是不是这样。（生齐读，体会。）

生：它们都有一个"青"字。

生：它们都是左右结构。

生：它们都是由一个偏旁加一个"青"字组成的。

师：这六个字为什么要加上不同的偏旁呢？（讨论偏旁与字义的关系）

师：这6个字都是左右结构的字，它们的读音都与右边的"青"有关，意思都与左面的偏旁有关，因此"青"是声旁，偏旁是形旁。像这样一部分表示读音，一部分表示意思的字，我们叫它形声字。

师：你能用自己的方法很快记住这些字吗？（学生踊跃举手发言。）

师：别着急，先把你的好办法在小组内交流一下吧！

生：我是这样记的：有日是晴天的晴，有目是眼睛的睛，有水是清洁的清。

师：你的顺口溜编得真有趣！

生：我编了一个谜语，请大家猜：水边长着一棵青草。

(众生举手抢着说："是个清水的'清'字！")

生：我用换一换的方法记住眼睛的"睛"字，只要把晴天的"晴"字的"日字旁"换成"目字旁"。

师：你们的方法真好！

……

3. 识字教学实训

（1）根据上述案例进行试讲。

（2）对试讲课例进行点评。

（3）总结你认为合适的识字教学方法。

（4）教师点评。

（四）写字教学技能实训

写字教学，不仅是小学语文教学内容的一个重要组成部分，更是小学教学科目中独立的一门科目，"写字"被当作一门课写入了小学课程表。写字教学，不只是一堂课、一篇课文中的构成环节，更是贯穿小学语文教育全部过程的一个教学整体。

1. 写字教学注意事项：写字姿势

正确的写字姿势不仅可以确保写出规范美观的字，还可以维护书写者身体姿态优美、骨骼健康。请参照上图与同伴合作，纠正各自的写字姿势。并谈谈如何指导小学生养成良好的写字姿势。

写字姿势

头正身直足平
眼离纸面一尺
手离笔尖一寸
胸离桌缘一拳

2. 写字教学案例

写字教学教案片段

一、导入

师：上节课小朋友们的"横"和"竖"写得真好，现在我们认识的两个字娃娃也想到自己的田字格里休息一下，我们笑着请他们进

握笔方法

拇指食指握笔杆
中指第一节托住笔杆
无名指小指帮助中指
笔杆斜后靠虎口

来吧!

二、新课

师:(出示两张生字卡)小朋友们把这两个字轻轻地读给自己听一听,看看你能发现什么?("木"比"禾"少了一个撇。)

师:(介绍笔画"撇")这是我们要学的新笔画"撇"。"撇"是一个很帅的大哥哥,他的头发梢还有一点点翘起来呢。(师范写起头顿笔,生书空。)

师:我们还要认识一个新笔画"捺","撇"和"捺"是兄弟,那也要顿起来写。(师范写书空。)

师:能写好撇和捺,我们就能把"木"请进来了。仔细看老师写"木",每一笔都在田字格的哪里,你们可以用手指在桌子上写。

师:老师帮你们放音乐迎接"木"到田字格中来,请你们先做好写字的姿势,在课本上慢慢地描起来,看谁竖得最直,顿得最好。(师巡视指导,纠正姿势。有错误的及时指出,并总结带有共性的问题在全班讲解。)

师:请同学们自己仔细观察"禾"字,然后在田字格里写出来。写完后和同桌比一比,说一说,说说怎样写最好看。

师:(将两位学生的"作品"放到投影上展示)仔细看看,你喜欢哪一个字,喜欢哪一个笔画?(指名说说)请小朋友们再看看自己的字,有哪些地方很漂亮,哪些地方还需要改正?自己再写一个满意的。

3. 写字教学实训

(1) 在田字格里书写:永、泳、咏、昶。
(2) 与同学交流写好这几个字的要诀。
(3) 设计这几个字的识字教案,并在小组内试讲。
(4) 小组评议教案和试讲效果。

第二节 阅读教学

一 阅读教学概论

(一) 阅读教学的概念

"课标"指出:"阅读是搜集处理信息、认识世界、发展思维、获得审美体验的重要途径。阅读教学是学生、教师、文本之间对话的过程。"阅读教学是在教师指导下的学生自主的阅读实践活动。

(二) 阅读教学的基本理念

1. 以生为本，以读为本

阅读教学是在教师引领下指导学生与阅读文本之间展开对话的过程。阅读教学要以学生为本，以学生的阅读、思考、感悟、领会为本。"书读百遍，其意自现"，通过学生自读（默读、朗读）、学生互读（你读我听、同读共赏）、领读（教师领读、学生领读）、听读（听录音、听师生朗诵时默读）等多种阅读形式充分感知文本，品悟文意、体会文情。

2. 阅读教学要珍视学生独特的感受、体验和理解

"一千个读者就有一千个哈姆雷特"，学生带着各自不同的生活经验、阅读经验、理解水平、思考角度与文本对话，其独特的感受、体验和理解，既是阅读教学的前提基础，也是阅读教学的成效与结果。

3. 阅读教学要注重语言积累，培养语感

"语感"，指对语言的感受、认识、把握能力，体现了一个人的语言素养，强烈敏锐的语感是阅读能力和写作的核心，是语言学习出发点和最终归宿，也是语文教学的核心目标。培养语感就是训练学生感知语言之神妙，洞察语言之精髓，把握语言之理趣，推动阅读教学，大幅度提高教学效率，大面积提高教学质量。语感形成来自于语言积累，只有多读、勤读、活读，才能积累好词佳句、美文佳作，也才能形成直观感知、整体把握、意会神通的语感能力。

(三) 阅读教学的目标

1. 情感、态度和价值观目标

"课标"特别强调在阅读教学中培养学生的阅读兴趣，在对阅读内容和方法的建议中也渗透着情感态度和价值观的培养要求，如"阅读浅近的童话、寓言、故事，向往美好的情境，关心自然和生命。""关心作品中人物的命运和喜怒哀乐。""说出自己的喜欢、憎恶、崇敬、向往、同情等感受。""受到优秀作品的感染和激励，向往追求美好的理想。"

2. 知识与能力目标

"课标"在"基本理念"部分就强调"丰富语言的积累，培养语感"，在总目标中又要求在阅读方面注意"有较丰富的积累，形成良好的语感"，在各阶段目标中又予以具体化。重视培养语感和语言积累。为实

现语感形成,"课标"强调在阅读过程中培养阅读能力,包括阅读感受力、阅读理解力、阅读欣赏力、阅读评价力和阅读迁移力五方面。

(四) 阅读教学的内容和方法

1. 词语教学:指导学生理解词语的内容;指导学生掌握理解词语的方法;指导学生理解词义、积累运用。

2. 句子教学:句子是由词和词组构成的,能够表达完整意思的语言单位。句子教学是阅读教学的关键环节。

3. 篇章教学:篇章的教学在学生能够理解词句、读懂自然段的基础上进行。包含四个方面的内容:一是理清文章思路;二是把握课文的主要内容;三是了解课文的中心思想;四是体会课文的思想情感。

二 阅读教学技能实训

(一) 课堂阅读教学建议

1. 词语正音明义:词语是课文的基石,也是课文的细胞。读准词语、理解词义,是学习课文、理解课文内涵和作者思想感情的前提。

2. 句段读通悟透:句段是课文的组织器官,是课文信息的"潜藏体"。句段是由词语建构起来的理解课文的桥梁,句段教学既要抓准关键词,更要理解段落大意,为掌握全文做好铺垫。

3. 篇章明理移情:词语、句段的学习都是为篇章学习做准备的。阅读教学要做到让学生明文中之"理"、移作者之情。

(二) 阅读教学案例

《飞夺泸定桥》教学实录

师:谁能讲一下"浩浩荡荡"?

生:"浩浩荡荡"就是气势浩大。形容人数众多,气势浩大。

师:人数众多,气势浩大。那比如今天老师们来听课,人数很多,气势也挺大。"浩浩荡荡"地坐了满屋子的老师。行不行?

生:不行。

师:为什么不行?这不是人数多,气势很大吗?

生:"浩浩荡荡"还得是行动着的。

师:还得是行动着的。这点补充得对不对?

生：对。

师：对是对了，不太准确。我再举个例子：自由市场上人多不多？

生：多。

师：自由市场上人来人往，熙熙攘攘，浩浩荡荡。行不行？

生：不行。

师：错误出在哪儿了？

……

生：还得是整齐的。

生：还得是形成队伍的。

师：有点道理了。

生：还得是向同一目标去的。

师：对，有方向性。大家行动一致向一个方向，这才叫"浩浩荡荡"呢。那么我再举个例子，长江之水，浩浩荡荡流向东海。这回可没有"人"了啊，行不行？

生：行。

师：谁说行？你说为什么行？

生：因为长江是向东海流去的，是有一定目标的。

师：对，有一定目标。规模大不大？

生：大。

师：没人行不行？

生：行。

师：其实这个词原来就是形容水的！你看"浩"字有没有三点水？

生：有。

师："荡"字有没有三点水？

生：有。

师：对了，原来就是形容水势浩大的，后来把它借用来形容声势浩大的群众运动呀，行走的队伍呀。

……

师：这篇文章重点应当是写红军夺桥的过程，那么第一自然段和最后一个自然段又是干什么的呢？咱们就从这个问题入手，来学习课文。谁发表自己见解，第一和最后一个自然段是干什么的？要想回答问题先得看书。你把第一和最后两个自然段读一读。看看明白不明白。（学生阅读）

师：考虑好了请举手。先说第一自然段。

生：第一自然段写的是红军要夺取的目标，所以我觉得应该写。

师：是讲了红军要夺取的目标——泸定桥。是不是？她认为应该写。别的同学呢？

生：我给她补充点，就是这段写红军为什么要夺取泸定桥。

师：好，那么为什么要夺取泸定桥，按照记事文的特点来说，它就是在讲这件事情的什么？大家说吧。

生：起因。

师：对。在讲这件事的起因。（板书："起因"）好，叙述一件事情没有来由，行不行呀？不行。那么这一段必要不必要？必要。这一点大家明白了。下面大家把第一自然段默读一次。再仔细地看一看，这一段介绍了天险，它是怎么介绍的。分哪几个方面介绍天险，用一支笔把它们画出来。找出一个方面来以后，拣重点字勾上一两个。看看谁能把这几点勾出来。（生读文）

……

师：（对全体学生）：好，大家坐起来。有的同学已经很准确地找出来了。谁很自豪地站起来发言。

生：写了"水"、"岸"、还有"桥"。

师：是什么？是"水"，是"岸"，是"桥"。介绍了几方面？

生：三方面。

师：对，三方面。我下面才问你"水""岸""桥"怎么样？

生："水"是水流湍急；"岸"是高山峻岭；"桥"是只有一座铁索桥可以通过。

师：对了。这就是"天险"。那么你根据这个意思给归纳一下，什么是天险？

生：天险就是天然形成的险要地形。

师：对，天然形成的非常险要的地方。你看，"水流湍急"，是谁把它催快了呀？

生：是天然形成的。

师：对，原来就这样。两岸都是高山峻岭，谁把山搬到那儿的？

生：原来就在那儿。

师：原来就那样。正因为有这样的水，有这样的山，人搭座桥吧，还不能搭那种平整整的桥，只能搭一个什么桥？

生：铁索桥。

师：险要不险要？

生：险要。

师：叫什么？

生：天险。

师：这就是红军要夺的天险。

……

师：下面咱们总结一下这篇文章，谁来总结呀？你们自己。（挂小黑板）谁来读一下？

生：（读）学习总结。1. 你怎么认识本课的结构和重点？2. 你今后的作文怎样才能写得又具体又生动？3. 学了课文，你在思想上有什么收获？4. 你还有什么想法和疑问？

师：需要考虑一下吗？好，想一想。然后咱们一块来总结今天的学习。欢迎成套地说，也鼓励想多少，说多少。

生1：课文按地点的转移写的。先写夺泸定桥前的路上，然后再写夺泸定桥，更重点是写夺泸定桥。

生2：我认为这篇文章是抓住经过和结果来的，重点是写经过。

生3：这篇课文是一篇叙事文，它有着事情的时间、地点及起因、经过、结果。文章在交代时间、地点、和历史条件的时候，都很简单。写经过的时候，文章写得很详细。在结构上运用了"总—分—总"的写法，和地点的转移，同时还运用了许多形容词和一些动词，写得非常生动。课文最后还做了必要的交代，使文章前后呼应。这些写法在我们以后的作文中都应当运用上。

生4：我觉得这篇课文是按事情发展的结构来写的。

师：按事情发展的顺序。

生：它的重点就是写夺泸定桥的那一段。我今后写作文要有详有略，还要点面结合。用一些关键的动词和形容词。

师：刚才同学们偏重于说这一课的结构与重点。大家都说，夺桥的经过，是作为重点写的。什么结构呢？如果现在我让你们分段，能不能分？

生：（齐）能。

师：……那么学了课文你在思想上有什么收获呢？

生5：学了课文，我觉得我们应当学习解放军战士，勇往直前，不顾个人安危……

师：你这次发言就没有好好学习红军那种精神。你要是学习了就不会这样胆小不敢说话了。现在马上就学！（笑声）

生：（提高声音）应该学习解放军叔叔……

师：是红军。

生：应该学习红军叔叔不顾生命危险，为了战斗的胜利，不怕牺牲，不怕困难，勇往直前的精神。

师：说得好。……还有什么疑问吗？

生6：课文的第五段，我们的战士高声答话"是碰上红军撤下来的"。我觉得这儿应该写成"碰上共军撤下来的"。如果说碰上"红军"撤下来的，对岸的敌人就会起疑。

师：他说得对，课文这里有点毛病。——"碰上红军撤下来的！"这是学谁说话呀？

生：国民党兵。

师：对。是以敌人的身份来说话。那么敌人会不会说红军是红军呢？

生：不会。

师：一般他们叫红军是什么军？

生：共军。

师：对。这是课文的一个疏忽。谁还有话要说？

生7：课文一开始就说下着雨，怎么在雨中还点着火把呀？

师：那阵不下了。（生笑）后来又下起来了，那不就不能点了吗？（生笑）

生8："夺桥"是由第6、7、8节写的，第6节只写了桥的险和大渡河水的样子，没有写"夺桥"呀？

师：你认为第6节不应该归在"夺桥"里边？是吗？刚才课间有一个同学和我讨论这个问题了。也认为这段不能算在"夺桥"里。我给他解答了这个问题。（指这个学生）你给他解释一下吧。

生9：因为红军看见桥，就给下面的夺桥开了头……

师：对。引起了下文。看见桥了，敌人又在对岸疯狂地喊，紧接着我们就飞过去了。要是归在上边和敌人赛跑更不行了。要把它单算一段，它又没有独立成段的资格。

师：下面给大家布置一个作业，你们知道了今后写作文怎样才能又具体又生动。刚才说用这些词，用那些词，要进行具体的描述。回去自己写一篇观察练笔，题目是（板书）《夺桥英雄素描》。素描就是让你很朴素地—咱们就先这样解释吧—很朴素地进行描写。用具体描述写出夺桥英雄的形象，照哪儿写呢？打开课文看彩图。正好是飞夺泸定桥。那里边画了几个英雄，你选一两个你觉得最带劲的来写。看看今天咱们学的能不能用上。好不好？

生：好。（下课铃响）

师：好。下课，同学们再见！

附：板书全样

  （起因） （经过） （结果）
  北上抗日—飞夺泸定桥—奔赴前线

注：本板书是借用上课初始板书的课题（黑体字）展开的。

（三）阅读教学训练

1. 自选一篇小学语文课文，设计阅读教学方案。注意字词、句段和篇章的阅读指导。

2. 在小组内进行阅读教学试教。

3. 撰写试教反思，分析试教中存在的问题，探索解决的办法。

（四）课外阅读教学指导训练

1. 学习"课标"，了解对小学语文课外阅读教学的要求。

2. 结合你所掌握的小学生课外阅读的现实情况，说说当前本地小学生课外阅读中存在的问题与成因。

3. 谈谈你认为的解决上述问题的最佳策略与途径，并提出有独特性、现实性与可操作性的建议。

第三节 口语交际教学

口语交际基于"说话"，但又不等同于说话。二者最本质的区别是语言的交际功能，教学活动是在具体的交际情景中进行的，是听说双方的互动过程。在这"交际"、"互动"中,学生进行着互相传递信息、交流思想、经验成果、情感态度、陈述意见等语言往来;在这种"交际"、"互动"中,学生们为了传情、传神,既有口头语言,又有非语言手段,包括动作、声调、表情、眼神等;在这种"交际"、"互动"中,学生是主体,但也强调教师引导、参与,教师是学生学习的"共同体"。因此,"口语交际"的课堂应该是一种开放的、富有生命活力的,充满着尊重与沟通,张扬着个性与智慧的课堂。

一 口语交际教学概论

(一) 口语交际教学的理念

小学语文教学的主要目的是指导学生学习、掌握母语这一思维和交际的工具。口语是语言的一部分,口语交际是人际交往最方便易行的常用方式,也是小学语文教学的任务之一。

(二) 口语交际教学的目标

"课标"明确提出"口语交际能力是现代公民的必备能力",小学生要"具有日常口语交际的基本能力,在各种交际活动中,学会倾听、表达与交流,初步学会文明地进行人际沟通和社会交往,发展合作精神"。上述口语交际的教学目标,整合了"过程和方法""知识和能力""情感态度和价值观"三个维度的要求,相互渗透,融为一体。同时具有知识能力目标更为科学、过程方法目标更为明确、情感态度和价值观目标更为突出的特点。

(三) 口语交际教学的类型

口语交际教学可根据口语的主体和交际的目的与对象"介绍"类(介绍人、物、景、事等)、"独白"类(说笑话、讲故事、谈愿望想法、诉经验谈教训、叙所见所闻等)、"交往"类(对话、询问、介绍、说明等)"表演"类(演讲、朗诵、致词、主持等)"讨论"类(议论、商谈、辩论、反驳等)。

(四) 口语交际教学的途径

1. 口语交际专题训练。小学语文教材中安排了口语交际的专题训练,训练内容与主题跟学生生活实际密切关联,具有广泛的适用性;训练程度由易到难、由简到繁,随年级学段增设而变化。比如小学低年级的训练专题一般是礼貌用语、口头用语等;中年级的训练专题一般是介绍、劝阻、找人、建议、约请等。高年级则是讲故事、编故事、讲述见闻、访问、解说、说体会、讨论、演课本剧、自由交流、辩论等。通过这些教材中的专题训练，使学生比较系统、快捷地掌握口语交际的有关知识，提高相关技能。

2. 依托课堂教学，强化双向互动的语言实践。课堂教学是学生学习语言的主要阵地，每一堂课都为学生口语能力的发展提供了用武之地，语文课尤其如此。在课堂上教师有意识地在课堂教学的各个环节中，营造一种轻松与和谐的气氛，使学生自由地参与交流，相互学习，在"听"与"说"的过程中相互补充，评价，启发与促进。

3. 随机训练。（1）紧扣生活随机训练。生活中存在着丰富的可供口语交际的话题与机会，且人人有口，事事可说，如欢送转学同学、商议演出节目、讨论调和矛盾办法、寻求问题解决途径等，都是良好的训练机会。（2）利用活动随机训练。课堂活动、课外活动；日常活动、节庆活动；环保活动、捐助活动等，丰富多彩的学生活动，都可以是进行口语交际训练的好机会。

二　口语交际教学实训

（一）研读案例，分析环节

请研读以下案例，分析其中的导入环节、教学环节和总结环节。

【优秀课例】

一年级说话教学设计

教学要求：

1. 知识点：感知什么是传话游戏，传话时要认真听，记住别人说话的内容，口齿清楚地把话传给别人。

2. 能力点：培养学生良好的听说习惯和与人口语交际的能力。

3. 教育点：感知准确传话的重要性，养成良好的听说习惯。

教学重点：通过传话游戏，知道怎样准确传话，培养良好听说习惯及口语交际能力。

教学难点：准确传话，培养良好的听说习惯及口语交际能力。

教具准备：多媒体课件、词语、图片。

教学过程：

一、创设情境激趣导入

师：老师有一点儿事，先出去一会儿，同学们，很对不起。

(一名值周生敲门进入)问：你们的老师在吗？(生：不在)请转告李老师，今天下午两点，一年级要举行拔河比赛，请她提前做好准备。

(生出去，师推门进入，学生纷纷举手)

师：刚才有点事，耽误同学们上课了，你们有什么事吗？(几个学生把事情说清楚)

师：在日常生活中，我们常常会遇到类似这样的事，怎样把别人的意思准确无误的传达下去呢？你们一定很想知道，今天我们就通过"传话游戏"来揭开这个疑问。(板书)

二、感知游戏含义

1. 师：什么是传话游戏呢？同学们先看看屏幕，认真想一想，说一说，你看懂了什么。(计算机课件动画演示：学生做传话游戏的情景)

2. 传话游戏真有意思，我们也进行传话游戏，好不好？既然是传话游戏，首先我们要宣布游戏规则。(计算机课件演示游戏规则)

3. 同学们自己读一读，不认识的字借助拼音读准。(计算机课件播放游戏规则的录音)

三、在游戏中明理

1. 第一轮游戏。(教师准备几组易混的词，如：乌云、乌鸦、乌贼等，分组传下去)

2. 评出优胜小组。

3. 师：怎样才能把别人的意思准确无误的传下去呢？结合自己小组的比赛结果，以小组为单位，大家研究研究，可以向优胜组请教，可以向听课的老师请教，也可以向老师请教。

4. 总结要领：听得准，记得牢，说得清。(师板书)

5. 进行第二轮游戏比赛，评出优胜组。(教师准备简单的句子分组传下去)

6. 进行第三轮游戏比赛，评出优胜组。(请学生从准备好的五幅图中选择一幅，用一句话概括图意，然后再传下去)

四、总结：通过今天的学习，你有什么收获？

(二) 总结口语交际教学的教学要点与方法

(三) 自选话题，组织教学

请在小学语文课本中自选口语交际内容，自行设计教案并组织模拟教学。

第四节 习作教学

一 习作教学概论

(一) 习作教学的理念

1. 兴趣领先，乐于表达

"课标"设定习作初始阶段的目标是培养学生的习作兴趣和增强习作自信心，首先要让孩子愿意习作、热爱习作、变"要我写"为"我要写"。相关表述有：第一学段是"对写话有兴趣"；第二学段是"乐于书面表达，增强习作的自信心"。兴趣、自信心是提高学生习作能力的内驱力，是改革创新习作教学首先必须解决的问题。

2. 突出个性，鼓励创新

"课标"对"习作"这一概念的内涵进行了崭新界定：认为"习作是运用书面语言进行表达和交流的重要方式，是认识世界、认识自我、进行创造性表述的过程"。并在"阶段目标"、"教学建议"、"评价建议"中都特别强调要鼓励学生有个性地自由表达，减少对习作的种种束缚，在习作中培养学生的创新精神。

3. 贴近生活，引导实践

"课标"十分重视引领学生在贴近生活中积累丰富多彩的习作素材，在多样化的习作实践中"学会习作"。在"习作教学建议"中要求"习作教学应贴近学生实际，让学生易于动笔、乐于表达，应引导学生关注现实、热爱生活、表达真情实感"；在"习作评价建议"中要求"用积极的评价，引导和促使学生通过观察、调查、讨论、阅读、思考等途径，运用各种方法搜集生活中的材料"。

4. 夯实基础，读写沟通

"课标"提出降低难度、减少束缚、自由表达等习作教学的思想理念，是为了"让学生易于动笔、乐于表达、有创意的表达"，并不是要削弱习作基本功的教学，恰恰要求夯实习作基础。"课标"在"总目标"中确立了"在发展语言能力的同时,发展思维能力"的总目标,而且在各阶段的目标中提出了具体的要求:"在写话中乐于运用阅读和生活中学到的词语"(第一学段);"尝试在习作中运用自己平时积累的语言材料,特别是有新鲜感的词句"(第二学段);"能根据习作内容表达的需要,分段表达"(第三学段)。

5. 合作分享,共同提高

"合作分享,共同提高"是"课标"关于习作教学的又一鲜明新理念,其主要内涵:一是突破了对习作主体(个体学生)和习作方式(独立习作)的限定,使合作习作成为可供学生自主选择的一种习作方式;二是突破了对习作阅读与欣赏人员(教师个体)的限定,使广泛分享习作的快乐及习作蕴涵的思想情感、信息财富成为每一个学生的权利;三是突破了对习作功能(练笔)与用途(交作业)的限定,使习作真正成为表达与交流的工具,使习作过程变为学生学会合作分享的成长过程;四是突破了对习作评改过程(教师个体与学生个体单向性联系)的限定,使习作修改、评析成为由教师主持开展的多维互动的"精神聚餐"活动;五是突破了对习作活动时间、空间的限定,学生习作在学生合作与分享需求的推动下向家庭、社会延伸,直至与学生生活完全融为一体。通过以上分析我们可以看出,合作分享既是习作的一种方式,又是习作的一种动力;学生在合作中分享、在分享中合作,可以创造出习作教学的理想境界。

(二) 习作教学的目标

研究"课标"中关于习作教学目标的规定,我们总结出以下特点:

1. 目标梯度明显

小学习作教学由易到难,循序渐进,经历写话—习作的过程,为以后的写作打基础。

低年级着重训练写话。写话,就是把说的话写下来,有较大的自由性。重点在于激发孩子们的写话的兴趣。三年级是学习写作的起步年级,写作带有练习的性质,故曰"习作"。二、三学段主要是让学生乐于表达,自由表达,故强调:(1) 鼓励学生写自己愿意写的内容;(2) 不拘形式,自由写作;(3) 相互交流,分享快乐。

2. 降低要求,淡化文体

"课标"对写作的要求很简单:内容"具体明确"、用词成文"文从字顺"即可。对于文体要求只笼统地提到了纪实作文和想象作文两种。这有利于消除小学生恐惧作文的心理，鼓励自由表达。

3. 重视情感态度价值观的正确导向

情感态度价值观直接影响着学生的学习行为。注重对学生价值观的正确导向，不只是重形式和技能，不只是在字词句上下工夫，还要培养诚实守信、负责任的美好品德。特别强调："要求学生说真话、实话、心里话，不说假话、套话。"

4. 重视读写联系，学用结合

"课标"要求在低段的写话练习中，运用阅读和生活中学到的词语，在中、高段的习作练习中，运用平时积累的语言材料，特别是有新鲜感的词句，做到读写结合，学用结合。

（三）习作教学的内容

1. 按各学段的教学任务分为：写话、书信便条和习作。

2. 按照文体划分为：记叙文、说明文、应用文、诗歌等。

3. 从教材专题的角度看：习作教学的内容基本与专题的主旨统一，与综合性学习有关。

4. 从与生活的关系看：习作教学的内容可以包罗生活万象，学生眼中万物、心中百情，皆可入文，皆需教师引导观察、思考、梳理、落笔、修改、成文。

（四）习作教学的方法

编者总结学界各方观点，提出以下习作教学的方法：

1. 观察起步，说话垫底

习作是个体将自己心中对生活的观察、认识和感触表达出来。观察是写作的基础，是"智慧的最主要的源泉"，培养学生敏锐的观察能力是习作教学的首要任务。观察方法在"习作教学实训"中会有详细介绍。

说话是习作教学的前提和基础。有言道："说话也就是口头写作，有出口成章之说；写作也就是书面说话，故有言在笔端之称。"故习作教学要以说话教学作为铺垫。

2. 生活着眼，仿写着手

叶圣陶说："生活如泉源，文章如溪水，泉源丰富而不枯竭，溪水自然活泼地流个不歇。"让学生走进生活，观察生活，在生活中充实自己的素材库；作文训练时，贴近生活；作文指导时，指导学生提炼生活，思考生活，学生自然就能写出鲜活的文章了。

著名语言学家吕叔湘曾指出："语文的使用是一种技能，一种习惯，只有通过正确的摹仿和反复的实践才能养成。"此话道出了语文学习的真谛，也告诉我们仿写是写作入门的必经之路，是学生作文的必由之路。仿写的过程也是学习的过程，学习优秀文章的内容、结构、语言、技法等。

二 习作教学实训

（一）习作指导实训

1. 选定话题，小组交流。如以"今年冬天不太冷"为题谈话交流。
2. 将小组内到的冬天景象进行总结，说说观察方法、角度与观察感受、结果之间的关系。
3. 阅读以下案例，说说你得到的启示。
3. 回忆当年自己写得最好的一篇作文，说说能写好的原因是什么。

【经典案例】

著名作家肖复兴曾谈到，一次儿子要写一篇《记一次难忘的课》，可儿子回家来说，没有哪节课让他难忘，写不出来。肖复兴没有急于告诉他，应该怎么写，如何去写。而是放下手中的事，和他聊起话来，让他说一说，回想一下，难道没有一节课在自己的脑海中留下印象？在聊天的过程中，肖铁谈到前几天发生在课中的一件事，但是他认为课后的延续更令他难忘，而且非常开心地有条理地谈起了课后发生在他们同学之间的事。肖复兴此时及时地指出：一节难忘的课，课后的延续也是它的一部分，按照刚才说的写，一定能写出一篇好的文章。果不其然，肖铁的这篇文章得到老师的赞扬，他也由此更愿意在写作之前先说说自己对于文章的构思，后来真写出了很多精彩的文章。

【资源链接】

课堂观察为佳作天成铺路

师：今天我们来玩一个游戏——乒乓球跳龙门。

（生兴奋不已，有的交头接耳、议论纷纷，有的手舞足蹈。）

师：请××同学来试一试。（一瘦小男孩信心十足地上台，但在他吹出的"微风"中乒乓球却纹丝不动，骚动声骤然而起。）

师：那请××同学再来试一试。（一力量型男孩大摇大摆地上来，一副胜券在握的神态。只见他涨红了脸，鼓足了气，猛一吹，乒乓球在水面上漂动了几下又停止了。在一阵哄笑声中，他带着满脸的水花灰溜溜地逃下阵来。）

生（1）：肯定是嘴巴没对准。

生（2）：力气用在刀背上去了。

生（3）：让我来，一定行。

生（4）：人要蹲得再下去一点，头往前一点。

……

师：这样吧，我们四人一组来亲身实践一下，看看到底应该怎样才能让乒乓球跳出龙门。但同时还有几个要求，请同学们一起来读一读。

（生齐读）

1. 仔细观察实验的场面，同学们是怎样吹的？他们的动作脸部表情怎样？

2. 乒乓球的运动又如何？

3. 围观的同学有何反应？

4. 你在吹的过程中表现又如何？你的心理感受怎样？

……

这次习作，学生因亲身体验，观察细致入微，所以内容具体，而且感情真实，佳作比比皆是。

生活观察为下笔有神奠基

老师安排孩子们写一篇描写北京冷的片段，肖复兴看完儿子的习作后说：你虽然用上了一些描写天气冷的词语，但这仅仅是词语的堆砌，这样的作文是你结合词语编出来的。今天就比较冷，你先出去观察一下吧，回来把你观察到的说给我再写。儿子回来后说，他观察到：风很大，把一位骑自行车的中年人的帽子吹掉了，中年人停下来去捡帽子，这边风又把自行车吹倒了；天很冷，在公交站牌前等车的人，有的相互拍着手，使劲的跺着脚，还有的在台阶上蹦上蹦下让自己暖和一些。爸爸高兴地说，这样来写，要比写北风呼啸、滴水成冰真实得多吧！

(二) 习作批改实训

1. 习作批改的有效方法介绍

（1）最大限度地保持原貌。批改习作时要尊重学生的劳动成果，力求保持学生习作的原貌，绝不能用教师的思路去代替学生的思路。只要学生写的是真话，是自己心里想说的话，表达的是真情实感，只要"其意义不谬误"，"字句已通顺"，哪怕是幼稚可笑的，也不必大删大改，弄得面目全非。因为我们批改习作的目的不是代替学生修改文章，而是要指导学生掌握修改文章的方法，让他们学会自己修改作文。

（2）充分考虑学生的个体差异，不挫伤每个学生的积极性。教师在评价、批改学生的习作时既要面向全体学生，注重学生习作整体水平的不断提高，又要因人而异、对症下药，针对不同程度的学生提出不同的要求。有的学生习作必须"求精"，而对另一些学生"求通"就行了，千万不能用一个标准去衡量。在批改习作时要坚持鼓励为主的原则，以增加学生对教师的信赖和亲近，激发对语言文字的兴趣，消除对习作的畏惧心理，打开内心世界的大门，让真情实感跃然纸上。

（3）更换批改形式。书面批改、口头评改；分数、等级评价、评语评价；教师批改、学生互批；自我评改、小组议改……多种形式促进学生审阅习作的能力、提高修改习作水平。

2. 习作批改案例操练

请你批改以下这篇学生习作，并在小组内交流批改心得。

妈妈出差回来了
甘肃省天水师范附属小学二年级四班　屈扬博

妈妈出差都好几天了，我很想念妈妈。昨天晚上，我给妈妈打了好几次电话，妈妈说她今天就回来了，可我还是很着急很着急。昨晚睡觉时辗转反侧，直到十一点多才睡着。

今天写完作业，我在家里走来走去。我说："爸爸，妈妈怎么还没回来，到底什么时候才来呀？"我心里像有许多小虫子在爬似的那么难受。我皱着眉头在阳台上左看看，右看看，就是不见妈妈的踪影。我心里像着了火一样真希望妈妈能一下子飞到我的身边来。

"咚咚咚"，"一定是妈妈回来了！"我高兴地嚷着，我脚下像抹了油似的飞快地奔向我亲爱的妈妈，这时，我的心情一下子明朗了起来，好像春天里晴朗的天空。我对妈妈说："妈妈，你怎么这么晚才来呀？我想死你了！"妈妈说："火车晚点了，对不起宝贝，着急了吧？"我高兴地拉着妈妈的手问这问那，妈妈说我高兴得连眼睛、鼻子、嘴巴都跳起了欢乐的舞蹈。

（三）习作讲评实训

1. 习作讲评的注意事项

（1）选择恰当的时机。作文后讲评可能会因时效性问题，降低对学生的指导作用。在学生草稿时、初稿后、成稿后等不同时机采用随机式讲评、形成式讲评、欣赏式讲评等讲评方式，可随时调整构思、草稿、初稿中的问题。

（2）激发激励的意识。激励性语言能够点石成金。老师真诚的赞扬、由衷的微笑、赏识的眼神，学生自读习作都会成为学生爱写、勤写的动力。

（3）创设民主的情境。讲评课的主角应是学生。应大力营造"童言无忌"的氛围，让学生就可以由被动接受评判变成了现在的主动参与点评，使学生从"评"中学会"写"，在"评"中更爱"写"。

2. 习作讲评案例

习作讲评：《我学会了……》

一、谈话导入讲评

师：同学们，前两天我们写了一篇作文题目是《我学会了……》。这是一篇半命题的作文，老师通读了你们的习作，同学们有的写了生活当中学会了洗衣做饭、游泳、骑自行车等等；有的写了学习中学会了唱歌跳舞，做应用题写作文，等等；有的写了公共场所写活了助人为乐，拾金不昧等等。全班总体情况较好，有优点，也有一些不足。我把它们归纳总结，给出了这些评语请大家认真看一看，读一读。(随机出示课件1)

师：好，同学们今天的这节作文讲评跟以往有些不同，以往老师都是把评语直接写在你们的作文本上，而今天老师要让你们亲自给自己的作文打分写评语，你们有没有信心写好？

生（齐答）：有！

师：有句话说得很好，那就是：会修改作文的人、会写评语的人就会写作文。好作文是改出来的，是大家评出来的。

二、围绕三个奖项展开习作讲评

师：这节课老师专门设置了三个奖项，它们分别是：最深印象奖，最具潜质奖，最佳习作奖。（随机出示课件2）先来介绍什么是最深印象奖，所谓最深印象奖是指不看自己的作文给自己的作文打个印象分，把你脑海中的作文与你眼中所看到的评语对照一下，看看哪几条评语是属于你的，看谁印象最深，谁就可以获最深印象奖。第二个奖项是最具潜质奖，是指你的作文虽然语句平平淡淡字迹不是很工整，但文章有潜力，有新意，比以前有进步，有值得别人学习借鉴的地方，这类作文就可获最具潜质奖。最佳习作奖是指大家一致公认，文章条理清晰，语句通顺，感情真挚生动感人。这类作文的得主就是最佳习作奖。同学们大家有没有信心拿奖！

生（齐答）：有！

师：好，俗语说得好，机不可失，时不可再来，看看名花有主，到底花落谁家呢？我们马上揭晓。

夺最深印象奖

师：第一个吃螃蟹的人是勇士。第一个最深印象奖，有谁能大胆的走上讲台把你印象中的作文与大家一起分享呢？

指名邓洋上台。师交代两个小要求，1. 先介绍作文的内容，2. 对照大屏幕点评习作。

师：（一生点评毕后）俗语说得好，耳听为虚，眼见为实，口说无凭，有理有据才能服人。让我们调出他的作文展示一下，一起对照，看看他印象中的作文与他写的是否一致，让我们一起来鉴赏一下他的这篇作文吧！有请××到幻灯机前诵读习作。

师：（读毕后）好，写得真不错，评得也有水平，那么还有谁能给他的作文点评点评吗？

师小结：（指名二生。点评完毕。）同学们，所谓文章不厌百回改，评语也不厌百回评，每读一篇文章，不同的人有不同的感受，这是很正常的，只要是优点我们就接受，是缺点不足之处我们认真改正，相信你们这样长期训练下去作文与学习成绩定会有一个飞速的提高。××你能接受同学们的建议吗？

生：能！

师：愿意改正吗？

生：愿意！

师：真是一个爱学习、愿学习的孩子。同学们，那他能不能评上最深印象奖呢？

生（齐答）：能！

师：好，那最深印象奖就是他啦！大家掌声鼓励，向他表示祝贺。

……

三、学生自评环节。

师：同学们，老师今天非常的高兴！同学们一个个自告奋勇，各抒己见，还能自己给自己点评作文，收获真不小！现在请大家给自己的作文打打分，写上相几句评语吧！相信你们一定能行！

3. 习作讲评案例操练

请你在小组内讲评以下这篇学生习作。

豆芽的小生命

甘肃省天水师范附属小学四年级二班　李辰媛

去年冬天，妈妈说我们生一些扁豆芽吃吧。我很好奇，就问妈妈扁豆芽是什么样子的？妈妈说那你就等着看啊，我好期待啊！

我看到妈妈抓了几把小扁豆放进一个盆子里，洗了几遍之后盖上了一个毛巾，放在了暖气旁边，我跑过去揭开毛巾一看，小扁豆们一个挨着一个，像安逸的娃娃一样躺在盆子里，似乎开心得很。妈妈每天早晚都给它们换水。它们似乎没有什么变化，只是长胖了些，过了两天，我再去一看，不由得瞪大了眼睛：扁豆宝宝们长出小芽芽啦！但是仅仅只有两三毫米。那些小芽芽呈黄绿色，卷曲着，好像不愿张开似的。看着小扁豆发芽了，我的心里有种说不出的激动。

又过了两天，我发现毛巾凸凹不平，揭开一看，哎呀！小豆芽爬满了毛巾，仔细观察，有些甚至穿过毛巾钻了出来，要使点劲才能把它们拉下来。拿着一个豆芽细看，哦！原来扁豆芽的最前端有个小钩子，怪不得可以巴在毛巾上呢。

看着这些小小的豆芽，我心里不由得佩服起了它们：豆芽个头虽小，却有着顽强的生命力，它们在没有泥土，没有阳光的情况下，仅靠一点点水和热量，不屈向上，茁壮成长，尽管它们的生命很短暂。我要学习小豆芽的这种顽强精神，珍惜生命，让有限的生命体现出无限的价值，使自己活得更加光彩有力！

第五节　综合性学习

一　综合性学习概论

（一）综合性学习的理念

小学语文综合性学习是以小学语文课程的整合为基点，加强语文课程与其他课程的联系，强调语文学习与生活的结合，以促进学生语文素养的整体推进和协调发展的实践活动。"综合"，既是内容的综合，方法、形式的综合，也是培养目标的综合。其中，内容的综合是指语文学科学习与其他学科知识点的结合。方法、形式的综合是指自探、调查、统计、讨论、汇报等多种方法合理的综合使用，课内与课外，校内与校外的有机结合。培养目标的综合，是指在全面整体提高小学生语文素养的同时，发展他们综合运用所学知识解决实际问题的能力，培养主动探究、团结合作、勇于创新的精神，通过接触自然，深入社会，增强学生的社会责任感和使命感。

（二）综合性学习的目标

1. 培养信息收集和处理的能力。

2. 学会沟通与合作，获得亲自参与与研究探索的积极体验。

3. 激活各种学习中的知识储存，尝试相关知识的综合运用。

（三）综合性学习的内容

1. 语文知识的综合运用。

2. 听说读写能力的整体发展。

3. 语文课程与其他课程的沟通。

4. 书本学习与实践活动的紧密结合。

（四）综合性学习的方法

1. 以教材为本，开发课程资源。现行小学语文教材，为进行语文综合性学习提供了丰富的材料，要真正做到以教材为本，积极开发课程资源，努力延伸课文内容，引导学生进行综合性学习。

2. 利用自然、人文资源，激发学习兴趣。"课标"指出："各地区都蕴藏着自然、社会、人文等多种语文课程资源。充分利用学校、家庭和社区等教育资源，开展综合性学习活动，拓宽学生学习的空间，增强语文实践的机会。"

3. 依托网络平台，拓展学习渠道。如今网络已走入寻常百姓家，网络中丰富的信息资源为开展语文综合性学习开拓了更为广阔的天地。合理利用网络资源，就能给学生综合性学习插上时代的翅膀。

4. 融入社会生活，提升综合素养。充分利用生活资源，引导学生融入社会，在观察与交往中体验社会生活，把课本知识与社会生活结合起来，培养并提升自身综合素质。

二 综合性学习实训

（一）小学语文综合性学习主题选择实训

【训练目标】主题是语文综合性学习活动的灵魂。学会开发和利用生活中广泛的课程资源，激发学生的学习兴趣和问题意识，把这些兴趣和问题经诱导启发、讨论协商，提升为有意义、有价值的主题，为综合性学习提供明确的指向。

【训练要求】

1. 所选主题要符合小学生的年龄特点、年级特点。
2. 所选主题要符合当地小学生的生活经验和阅历水平。
3. 所选主题要体现沟通学科、融合知识的特点。

【训练方法】

1. 研读小学语文教材，研究教材中综合性学习主题的特点。
2. 见习小学语文课堂教学，从中发现综合性学习主题。
2. 观察小学生生活实践，从中发现问题，提取小学语文综合性学习主题。
3. 整合小学学科知识，从中提炼小学语文综合性学习主题。

（二）小学语文综合性学习活动指导实训

【训练目标】教师指导是小学语文综合性学习活动顺利开展的重要前提。学会从整合知识、综合能力、联合学科、结合课内外等几方面指导小学语文综合性学习活动的实施。

【训练方法】

1. 小组合作设计小学语文综合性学习活动方案。

2. 用本小组的小学语文综合性学习活动方案组织指导另一小组开展小学语文综合性学习活动。

3. 本小组在另一小组的组织指导下按该小组设计的活动方案开展小学语文综合性学习活动。

4. 交流活动感受、评价活动效果、总结指导要领。

【训练要求】

1. 指导时注意把握好与主导教学活动的区别，要适度放手让学生自主活动、自由参与、自信表达。

2. 指导时要注意活动实施与方案设计之间的异同，找出值得肯定的地方和需要改进的地方。

3. 指导后要写出指导总结，将发现的问题和取得的经验进行分析总结，为下一轮训练提供借鉴。

（三）综合性学习评价实训

【训练目标】掌握综合性学习的评价原则，落实评价功能，学会基本的综合性学习评价方法。

【训练要求】

1. 注重学习过程评价。

2. 开展多种形式评价。

3. 展示交流评价结果。

【训练方法】

1. 任选择一种评价方法对前述小学语文综合性学习活动进行评价。

2. 写出评价报告，并在小组内交流。

3. 将小组中优秀的评价报告在全班展示，各组交流学习。

【参考文献】

1. 刘济远：《小学语文教学策略》，北京师范大学出版社2010年版。

2. 王守恒:《小学语文教学与研究》,人民教育出版社 2006 年版。

3. 江 平:《小学语文课程与教学》,高等教育出版社 2009 年版。

4. 管建刚:《我的作文教学革命》,福建教育出版社 2007 年版。

5. 徐会荣:《以趣激学、乐中求知——义务教育课程标准实验教科书小学语文(人教版)一年级上册〈汉语拼音〉教学建议》,《山东教育·小学刊》2007 年第 7 期,第 60 页。

6. 佚名:《低年级识字教学》,《中国教育文摘》2006 – 12 – 12(5)。

7. 参阅王丽鹃《小学语文新课程教学法》,郑州大学出版社 2009 年 7 月版,第 94—102 页。

8. 参阅江美香《口语交际教学的途径与策略》,《福建论坛》2006 年第 10 期,第 44—45 页。

9. 方亮辉、赵培敏:《小学语文教例研究》,宁波出版社 2006 年版。

10. 肖复兴:《我教儿子学作文》,广东教育出版社 2005 年版,第 37—38 页。

第六章　小学语文课堂管理技能

【开篇语】

课堂是教师的主阵地。良好的课堂管理是生成有效教学的基础和前提。在小学语文课堂上，由于小学生好动、好奇心强、自我约束能力差等特点，更是加大了小学语文课堂管理的难度。因此，要成为一名优秀的小学语文教师，首先要正确认识课堂中出现的各种问题，树立科学的课堂管理意识，预见课堂中可能会出现的问题，防患于未然；其次，要掌握一定的课堂管理技能，及时、恰当、有效地处理课堂中出现的各种问题，引导学生将注意力集中并持续保持在教学活动上，保障教学活动得以顺利进行，实现预定教学目标。

【问题情境】

课堂A：2分钟预备铃刚响，教师走进教室，她微笑地环顾四周，摆放整齐讲台上的作业本，用动作示意学生摆放好学习用品，挺起胸，坐端正。教师走至讲台前，轻轻地问一声：准备好了吗？稍停顿片刻，见孩子们已做好了准备，她微笑着并提高声音，短促而有力地说："上课！"由此，一堂课在轻松愉悦的氛围中展开……

课堂B：上课铃响，老师匆忙走进教室后，头也不抬地应着上课铃声，说："上课。"这时，有的同学还在找书，有的在写作业，有的在交头接耳……

【理论导学】

德国著名教育家赫尔巴特（J. F. Herbart）曾说："如果不坚强而温和地抓住管理的缰绳，任何功课的教学都是不可能的。"课堂是教师的"主阵地"。同时，课堂也是一个充满未知与偶然的空间，由一个个纷繁复杂的教育场景组成，其中有和谐、有序、美好的情形，也有嘈杂、无序、混乱的局面，如何使课堂教学能够和谐、有效地进行，需要学习相应的课堂管理知识和课堂管理技能。那么课堂管理能力包括哪些基本能力？实施课堂管理时，应遵循哪些基本原则？

第一节　小学语文课堂管理技能概述

一　小学语文课堂管理技能

在小学语文课堂管理过程中，语文教师始终处于管理行为的发动和主导协调的中心位置。语文教师必须具备相应的技巧和能力，才能使自己与课堂客观环境、与学生之间关系处于和谐之中。为此，我们有必要了解课堂管理技能的基本构成。

（一）课堂管理能力的基本构成

1. 教师自我管理的能力

（1）应变能力。教师必须有足够的心理准备以对付来自课堂内外环境和学生方面的突发事端，并在处理突发事端中表现出高度的灵活性。

（2）观察、分析和判断能力。在课堂教学中，教师要善于观察环境，关注学生行为反应，分析行为产生缘由，判断课堂现存关系状态，为管理的策略选择和实施作前导。

（3）情绪控制能力。情绪是情感的外在表现，是外界刺激作用于人所引起的反应，它对人的活动方式、方向乃至活动结果产生重要影响，并且具有对他人情绪施加影响的感染作用。稳定良好的情绪有助于活动开展，不良的易变的情绪则有碍于活动开展。在课堂教学活动中，教师无时无刻不处于课堂内外环境，必须具有较强的情绪控制能力，避免对学生产生不良的情绪感染。

（4）表达能力。表达能力是教师必须具备的重要能力之一，是教师职业技能的一项基本构成要素。在课堂管理的实施过程中，教师的认知、情感等信息要通过各种方式表达出来，才能达到教学交流的目的。对教师而言，表达能力不仅包括口头语和书面语，还包括了身体语言的表达能力。在课堂管理中，教师使用得最多的是口语和肢体语言。

①口语：人们通过说话的方式来传递思想情感等方面的信息，不仅仅是依靠词语的选择和组合来完成的，还必须凭借辅助言语、类语言和面部表情、手势动作等。这说明，口语表达是一种综合性技能，教师需要经过

训练才能使其在课堂管理中正常发挥作用。

②身体语言：我们身体各部分的姿势、运动等同语言一样都能传递各种信息，教师如果能较好地驾驭自身的身体语言，则可以成为对学生施加特定影响、调整双方心理距离的重要手段。

教师是学生聚目的焦点，因此，教师的衣着装饰也成了身体语言的一部分。教师衣着应大方得体，衣服颜色不能太深或鲜艳，装饰应简洁自然，不宜有发亮、反光或晃动、新奇等特点，否则会分散学生的注意力，甚至会引起学生对教师的性格、品行上的误解。为了尽可能排除分散学生注意力的因素，有经验的教师从来不放过任何细节，换上一件新衣服或把长发理成了短发，都要在上课之前利用适宜的机会让学生看到这种变化，以免使学生在课堂上因感到"突然"而分散注意力。

2. 教师管理学生的能力

（1）儿童课堂问题行为调控能力

儿童具有好动、好新、好问、好胜、好学、注意力不集中等特点，也正是由于儿童的这些特点，会给小学语文课堂教学带来很多"麻烦"，产生很多的课堂问题行为，如：做一些小动作、和前后排同学交头接耳、偷吃零食、看窗外等，老师刚批评完甲同学，又发现乙同学在课本上信手涂鸦，很多小学教师对此深感头痛，特别是新教师，由于缺乏课堂管理经验，面对问题行为，他们不知如何合理控制，不经意间方法已错，问题行为却越来越多，影响了师生关系的和谐及教学效率的提高，甚至打击了个别教师的教学信心。

首先，教师要正确认识儿童的"问题行为"。研究发现，儿童年龄越小，控制注意力的能力越差，小学一年级的学生一次集中注意力的时间最多也不超过15分钟，这是由于儿童的神经系统发育还不完善所决定的，并不是儿童要"成心捣乱""恶意为之"，没有谁是天生的"捣乱分子""坏学生"，他们之所以会"捣乱"，是由于他们的自我约束、自我控制力还没有形成或得到发展，这是由儿童的生理、心理特点所决定的。只有正确认识儿童课堂问题行为频发的原因，才有可能最大化地减少儿童课堂问题行为的发生。

其次，要允许儿童说、儿童动。课堂纪律是小学教师最为关注的问题之一，为了确保课堂纪律，很多教师要求小学生"小手背后，挺胸抬头，眼看黑板，不许说话，专心听讲"，这样的要求不仅不符合儿童的心理特点，也不符合教育教学规律，"安静"的课堂绝不等于好课堂。因此，要允许儿童动、儿童说，只是教师要巧设情境、精心设计、因势利导，引导儿童"说"该"说"的、"动"该"动"的，让儿童广泛、深入地参与到有趣、有效的课堂讨论、课堂活动中去，这既符合儿童好奇、好动、好说的心理特点，又有利于语文教学的顺利开展，语文教学效率的提高，还可使儿童"无暇"做小动作、看无关书籍等，减少课堂问题行为的发生。

儿童课堂问题行为调控能力包括问题行为的预防、问题行为的发现、问题行为程度的判断及问题行为的解决、纠正能力。

①问题行为的预防。问题行为的出现分为三个阶段：潜在的问题行为—轻度问题行为—问题行为扩大化。如果教师能够在"潜在的问题行为"阶段或"轻度问题行为"阶段进行良好有效的行为调控，那么课堂秩序通常是可以保证的。而有经验的优秀教师也主要是在这两个阶段就已经将问题行为转化或控制住。其成功的原因不仅在于能够正确地处理已发生的问题行为，更在于他们具有预见性，在学生问题行为发生之前就已经采取了一些预防性措施。这些措施包括：

● 在座位安排上尽量避免爱捣乱的学生坐在一起。

● 做出详尽和适当的口头指令和书面指令，确保学生时时刻刻明白该做什么，以及怎样去做。

● 对学习有障碍的学生要多给予宽容和特殊帮助。

● 安排学生活动时给予适当的时间。时间太长使部分学生提前完成任务，无事可做，容易出现交头接耳现象，太短则使部分学生难以完成任务，有可能在下一个任务开始后，思维仍停留在这个任务之上，容易出现分心或小声交流的现象。

②问题行为的发现。及时地发现学生的问题行为，可以避免问题行为的发展和"升级"，也许一个眼神就可制止的问题行为，如果教师不能够及时地发现，可使学生抱着侥幸心理，更加"胆大妄为"，发展到扰乱课堂教学的程度。

③问题行为程度的判断。课堂问题行为五花八门，甚至可以说是无奇不有，常见的如做小动作、交头接耳等，也有诸如恶作剧、起哄、打架等情节比较严重的行为，教师要对不同的问题行为可产生的后果进行预判，并采取不同的解决策略，既不可"小题大做""借题发挥"，也不可"熟视无睹""置若罔闻"。

④问题行为的解决、纠正。问题行为的解决和纠正，要因时、因人，依据问题行为产生的原因及程度而采取不同的解决方法，但忌粗暴，不分青红皂白，采用打骂、语言威胁、侮辱学生等。下面是小学语文课堂常见问题的一些有效调控措施，可供学习和参考。

问题1：如何使课堂安静下来？

● 尝试先什么也不做。静静地站着，完全平静。靠得最近的学生会注意到，渐渐其他学生也会注意到。在做出另一项决策之前留出一两分钟的时间。

● 不要大声叫！如果还是没有安静下来，请一定要克制住大声叫出"安静点"的冲动。先跟几个看上去已经准备好听课的学生安静地聊上几句。

● 利用人类的好奇心。有时小声说话是个好主意！人类天性里也包括了不肯错过任何事。与离你最近的几个学生小声说话，剩下的很多学生也将会停止谈话，以便能听到你们在说什么。

● 找一个分神的学生！向那些在听讲的学生提一个问题，但是却叫一个没有注意听讲的学生回答。当所有的眼睛都转向这个学生，他会觉得很不好意思。

● 使学生集中精神听讲的方法。可以先来一段需要听得很仔细的材料，比如说听一段录音或是看一段声音放得很轻的录像。

● 赞扬学生。赞扬那些精神集中的学生，特别是那些难得认真一次的学生；不要抱怨那些还没有集中精力的学生。

● 先布置一点任务。上课前先找点事情让学生们做。把这些任务印在纸上发下去，或者是提前写在黑板上。

● 挑选几个目标。课前，将班里的同学分成几组，点出班里有名的几个生龙活虎的学生，让他们做各组的组长，并交给他们特殊的任务。

● 几乎没有人希望被排除在快乐之外！如果你擅长制造快乐，那就在正式上课之前给那些已经做好听课准备的学生讲些有趣的事情！其他的学生很快就会希望他们也能够一起分享。

问题2：如何应付干扰？

"简直就不能上课了！"我们经常都会有这样的想法。当我们被干扰的时候，我们很自然地就会产生不好的情绪，会生气，会感觉失望、挫败。然而，在这些时候，所有的眼睛都注视着我们。以下建议可以帮你很从容大方地应付这些干扰。

● 接受你已被干扰的事实。想要忽略掉干扰的来源继续上课只有坏处没有好处，因为大部分学生的注意力已被干扰破坏，或者他们在注意着你将如何反应，而不再集中精力于你正在说什么或者正在做什么。

● 注意有些干扰事件重要而且必需。如此的话，切记这时不要批评产生干扰的学生或使他们难堪。

● 对个别人持个别态度。如果某个学生实在干扰太多，那么尝试一下课后与他做个私人谈话，不要在整个班级面前表现出你的愤怒。在整个班级的注目之下解决问题可能有效，但是必须小心对待！

● 准备一些事情让产生干扰的学生做。就当天的课堂内容准备一些相关的问题，如果需要的话，有学生干扰的时候就要求他回答一个问题。这对应付那些令人气馁的干扰很有用处。

● 注意你与学生的距离。离产生干扰的学生近一点。站在学生的旁边比站在教室的另一端对学生产生的影响要大得多。

● 找寻干扰的动机。如果干扰持续不断，那可能是因为学生们厌烦了听课，希望能有一些更明确的任务。这时要避免"既已开始，就要完成"的想法。

● 向同事学习。如果有机会，观察一下同事是如何处理干扰问题的。处理的技巧越多，那么你的方法就越有效。

（2）课堂突发事件处理能力

教师在授课过程中可能都遇到过一些意想不到的事件，如何处理突如其来的问题，是对教师临场应变能力的考验。如果问题化解得巧妙，不仅能使教师自己迅速摆脱窘境，保证课堂教学顺利进行，而且还会得到学生的敬佩；反之，则犹如掉进了泥潭，不要说这节课的教学任务完不成，教师在学生心目中的威信也要大打折扣。这实际上是对教师思想、知识、能力、素质以及个性修养的全面考验。

有学者根据课堂突发事件性质，将其分为三类：干扰型、矛盾型、尴尬型。教师对课堂突发事件的处理，应以排解（化解）和利导为目的。排除是指对一般课堂突发事件采取视而不见，姑且把它放置一边，暂不在课堂上作及时处理（除必要处理的事件而外）。利导是指授课教师巧妙地借助当时的情景，将突发事件向有利于教学方向引导，将不利因素化为有利因素。

① 因势利导，把突发问题生成为课堂资源，将干扰型课堂突发事件转变成宝贵的教学资源，利用所学的知识与"突发事件"相联系，达到运用知识、巩固知识为目的的引导方法。

【案例 6-1】

某位教师在课堂上正津津乐道。突然，一只小麻雀飞来，肆无忌惮地站在窗台上叽叽喳喳叫个不停。同学们都用好奇的目光看着它，甚至有的同学按捺不住，想跑去捉它。此时，我便转换了话题，来了小插曲："有这样一副对联，谁先对出来，中期考试多加 5 分"，同学们一听马上回过头来，显得激情洋溢。我接着说："上联是'一只麻雀鸣窗台'"，同学们深思后，有人对出"一行白鹭上青天"，也有人对出："满室学生看窗外"……"还有最好的对法，这就留同学们下去思考，现在言归正传……"这里，教师并没有板着面孔批评学生，而是将"麻雀鸣"和杜甫的《绝句》联系起来，再和对联知识联系起来，巧妙地将课堂干扰因素转化为有利因素。

②转移矛盾。根据矛盾的学生双方都有关注自己切身利益的心理特征，用某一事实，使学生的注意力从矛盾的事物中转移到另一非矛盾的事物上来，以缓和或消解矛盾。

【案例 6-2】

有一次，教师见两学生最初在课堂上专心听讲，后来因一个学生将另一个学生的笔弄掉在地上而相互抓扯起来，双方处于对峙状态，我马上改口道："这次作业纳入学期考试，先把作业本拿下去，陈××、李××……"两人听到叫他们的名字时，便放开了手，这样双方的激烈矛盾才得以排除。

③顺承话语，消解尴尬。这种方法的主要特征是授课者在尴尬的环境中，顺着尴尬事件向着自己有利的方向自圆其说。一次，某教师上一篇课文的导语是："同学们，你们喜欢过年吗？"当时，老师希望学生能作肯定回答，但出乎意料，同学们的回答是不喜欢，于是这位教师灵机一动："是呀，我也不喜欢，但是'青山遮不住，毕竟东流去'……"这样便排

除了尴尬局面，扭回了课前导入。

④巧用引用。在某些尴尬的情景中，恰当地引用一些与尴尬事件相似或相关的名言警句，不但使自己不感到尴尬，反而使学生在这种情景中学到了知识。

【案例6-3】

有一次，是下雨天，教室的地板被踩湿了，很滑。某教师上课时，摔了一跤。此时，同学们哄堂大笑。老师站起身来："醉卧沙场君莫笑，古来征战几人回"，同学们一听，顿时安静了下来。

⑤坦诚相对。在课堂中出现意想不到的意外，无法回避时就应该认真面对，用你的真诚换取学生的理解。比如：于漪老师在教学《木兰诗》时，一生突发议论：这诗不真实，因为古代妇女都缠足，木兰是个"缠足女"，怎么可能在军队"同行十二年，不知木兰是女郎"呢？对这一问题，于漪老师坦诚相告：自己也没有预想过，也真不知道答案，于是她提议全班同学和自己一起课后去查找有关古代妇女缠足的历史和知识，以佐证诗歌的真实性。这种处理，无疑是一种高度的课堂机智的体现，它既有效捕捉了课堂生成的教学资源，又让学生感受到了教师"知之为知之，不知为不知"的人格魅力！

对课堂突发事件的处理，其方法不是唯一的，而是灵活多样的。这就要求教师要充分发挥自己的主观能动性，找出行之有效的处理方法，才能达到处理目的，收到良好的处理效果。

(3) 驾驭课堂、保证教学的能力

教师驾驭课堂的能力是教师课堂管理综合能力的体现，也是体现教师素质的重要方面。课堂驾驭能力强的教师，往往能够根据自己的教学需要，收放自如、张弛有度，带动学生思维持续处于兴奋状态而不感到疲劳，甚至于学生而言，是一种"美"的享受。驾驭课堂、保证教学的能力包括以下几个方面：

①丰富的知识储备，既包括专业知识的储备，又包括相关知识的储备。"给学生一杯水，教师要有一桶水"，要想在教学中做到游刃有余，就要不断的充实自己，使得专业知识系统而扎实，相关知识广博而不杂。

②认真备课是驾驭课堂的有力保证。通过认真的备课，做到"心中有教材、心中有学生、心中有教法、心中有目标"，熟悉教材内容，掌握教学中的重点、难点以及学生的学情，预设课堂教学中可能会出现的问题，并设计出相应的"预案"，"凡事预则立，不预则废"，上课时就能很好地掌握节奏，驾驭课堂。

③扎实的教学基本素养。如规范、美妙的语言，漂亮、工整的板书，亲切、灿烂的笑容，得体的衣着等，都会在无形中为教师"加分"，引起学生对老师的尊敬，从而有效保证教学的顺利开展。

④有效的课堂管理。如创设民主、轻松、自由的教学环境，以保证学习气氛的轻松、和谐；良好的开端是成功的一半，重视一堂课的开端，根据不同教学内容设计不同的开课方式、注意观察学生的学习状态，适时调整教学节奏等。

⑤为保证教学的顺畅，教师对课堂管理要"有所为，有所不为"。这里所说的"有所不为"并不是说对学生违反课堂纪律的行为听之任之，放任自流，而是指对一些小问题或特殊问题采取"搁置"策略，在课后再进行处理教育。如教师正在讲课，突然一位迟到学生在外面喊"报告"，这时应让学生先进教室，不问明原因，继续讲课，待下课后，再单独了解情况，进行处理教育。这样做既达到了教育学生的目的，沟通了师生的感情，又没有影响其他学生的学习，保证了教学的顺畅。做到整体问题，当场处理；局部问题，个别处理；"个性"问题，无声处理；课上问题，课下处理；特殊问题，特殊处理。

二 小学语文课堂管理的基本原则

（一）坚持服从教学目的的原则

教学目的的实现是整个课堂教学的中心任务，课堂管理是达到实现教学目的的手段，因此在具体的课堂管理活动中，不能投入过多的时间和精力，不能围绕某一不当行为反应纠缠不休，喧宾夺主。作为课堂管理者的教师，课堂上所实施的一切管理措施，包括组织、协调、激励、评价等，都应当努力服务于设定的教学目标课堂管理的成败得失，也应当以教学目标的实现作为衡量依据。

（二）坚持鼓励引导为主的原则

课堂教学的目的无非是引导学生掌握和运用知识，启发学生思维，促进学生个体的健康发生，因此，在语文课堂管理过程中，对小学生开放的思维、大胆的想象，切忌动辄挖苦讽刺，而要善待学生的错误，善于在他们的错误中发现积极的因素并予以肯定，保护好学生的学习积极性。要充分认识激励的心理学意义，建立并运用课堂教学激励机制，从而达到以鼓励促兴趣、以引导求知启智的目的。

（三）坚持民主平等、互相尊重的原则

教学活动是特殊的社会交往活动，社会交往活动一条重要原则就是民主平等、互相尊重，作为课堂教学有机组成部分的课堂管理，自然也必须坚持这一原则。语文教师必须充分认识到，师生是两个互相独立的平等的个体，课堂管理是师生的合作活动，在具体的课堂管理活动中，教师平等对待学生，尊重学生人格，不仅有利于达到课堂管理的直接目的，而且有利于促进学生主动实施自我课堂管理，在自我课堂管理中得到知情意行各方面发展，形成良好的个性品质，最终实现"教是为了不教"的可持续发展策略。

（四）坚持个性化原则

语文课堂管理的个性化包括两方面的内容。首先是指课堂管理对象的个性化，任何具体情境下的行为反应都是个性化反应，课堂管理运作中，教师必须根据个性特点采取与之相适应的策略，此所谓因材施教。其次是指施控主导者教师的个性化，教无定法，同样，课堂管理也没有固定的方法，知识结构、个性禀赋等决定着教师的思维、行为方式，也就决定着教师实施课堂管理的方式，因此，我们学习优秀教师课堂管理技巧，不能刻意模仿，而只能从中借鉴，关键在结合自己的个性特点和课堂具体情境，扬长避短，灵活地、个性化地实施课堂管理。

【我思我行】

你的哪位小学老师的课堂管理能力比较强？他是怎样做的？遇到类似情况，你有什么更好的办法吗？

第二节　小学语文课堂管理技能专项训练

【问题情境】

任务1：以下是学生在课堂上出现的一些问题行为，你认为还有哪些可以补充吗？请你根据这些问题行为发生的比例，从高到低进行排列。

打架 小动作 侮辱老师 大声说话 吃零食 随便走动 讲废话 注意力不集中 不服从老师 侮辱同学 不恰当使用教材或设备 故意大笑

补充：

排序：

任务2：根据你对上述课堂问题行为的补充和排序，请你尝试根据不同的特征对课堂问题行为进行分类。

人格型问题：

行为型问题：

情绪型问题：

任务3：如果你的课堂上出现了上述问题，你会怎样去解决？

【资源链接】

人格型问题常常表现为退缩行为，有多种具体表现。例如：有的学生在课堂上忧心忡忡、提心吊胆，害怕被教师提问和批评；有的学生不相信自己的能力，缺乏自信心和学习兴趣，有的学生神经过敏，无端猜疑；有的学生在课堂上沉默寡言，胡思乱想，做白日梦等。

行为型问题主要表现为具有对抗性、攻击性和破坏性的特征。例如：有的学生在课堂上缺乏信心，容易冲动，不能保持安静；有的学生多嘴多舌，交头接耳，在被要求安静的时候总在寻找讲话的机会；有的学生坐立不安，传递小纸条，乱涂乱画，扮演怪相逗人发笑等；有的学生动手动脚，欺侮同学等。

情绪型问题行为主要是由于学生的过度紧张、焦虑和情绪多变而导致社会障碍的问题行为。例如：在课堂上有的学生态度漫不经心，冷淡漠视，态度扭捏；有的学生过分依赖教师和同学，不敢自作决定，不能独立完成作业；有的学生情绪紧张，容易慌乱；有的学生则情绪忧郁，心事重重，注意力无法集中等。

一 小学语文课堂管理技能的训练

（一）训练的目标和要求

1. 具有良好的应变、应急技能。要求有面对突发问题的心理准备，处变不惊，临危不乱，处理问题时有条理，有策略。

2. 具备敏锐的观察力。要求做到观察的面广，能覆盖全班，即能充分发挥视觉的余光作用，观察精细，能够适当分散注意力，在进行语文教学活动的同时，充分发挥视听感官的功能，从学生的声音、动作和表情上的细微变化中发现问题，做到"眼观六路，耳听八方"。

3. 具有快速分析和准确判断的能力。要求善于从情境与行为之间的因果关系上进行分析，熟悉掌握课堂环境、小学生心理和行为之间某些比较恒定的联系，并据此准确判断突发问题的性质及其影响程度。

4. 具有清晰、准确的言语表达能力。具体要求做到吐字清楚，措词准确，自如地掌握音量和节奏，能以语气语调的细微变化传递不同的思想情感。

5. 具有丰富的身体语言。要求行为举止大方、协调，能熟练地运用各种手势、头部动作和面部表情，并将各种身体语言有机整合，准确地表达内心情感。

6. 具有较强的情绪控制能力。要求以教师职业情感统领自己的课堂情绪，大度、宽容、耐心、不泄私愤、有排解不良情绪的方法等。

(二) 几种技能的训练

1. 语文教师课堂心理准备技巧的训练。课堂管理的观察、分析、判断以及课堂管理策略的选择，课堂管理的言语表达形式和行为的选择调整都是心理活动。因此，通过训练使教师具备必要的心理准备是课堂管理技能形成的必由之路。心理准备训练主要是语文教师通过考察自身的心理状态，发现自身在情感认知等方面存在的不足与缺陷，然后有针对性地强化训练，最终形成具有良好倾向性、习惯性的心理活动。小学语文教师可以从以下几个方面考察自身的心理状态：

● 你是否把在工作生活上的不愉快情绪带进课堂？回答应是否定的。在进课堂之前，所有与教学无关的东西都要抛开，否则，肯定会影响教学活动，产生对学生态度不友好、不公正，处事浮躁轻率、不耐烦，失去准确判断力等情况。

● 你是否意识到自己个性和言行举止上的某些缺陷？回答应是肯定的。教师应该对自己的个性有较为清醒的认识，能发现言行举止上的缺陷，这样，教师能在课堂上通过自我暗示来进行强化或抑制，尽量避免因自身个性的缺陷或言行举止的不当引发学生不良反应。

● 你能否容忍学生当场对自己指责、抱怨或批评？回答应是肯定的。

千万别把学生的上述行为反应视为对你的挑战。即便个别学生的行为的确带有挑战意味,也不要产生"真令我丢脸"等心理负担。大度地接受学生意见,愉快地改正错误,树立勇于改过、待人宽容大度的榜样,这样会令学生更加尊敬你。

●你是否愿意倾听学生说话或接受学生的小玩笑?回答应是肯定的。学生愿意主动接近你,这表明你与学生之间处于良好的关系状态,让学生对你敬而不畏,这有利于师生相互了解,有利于课堂教学交往的正常进行。

●你是否吝啬对他人的表扬而偏爱挑剔和指责?回答应是否定的。教师要善于发现学生的优点长处并加以表扬,表扬总是使人愉快的,愉快的情绪是人的需要并对学生产生动力,要善于化批评指责为激励,使学生既能认识错误又能明确努力方向。

●你是否会回忆自己孩提时代在课堂上的情绪体验?回答应是肯定的。这使你能多站在学生的角度考虑问题,并把你以前的老师当作镜子竖在你面前作为参照,你更能理解学生的心理,正确对待他们的行为反应。

●你是否同等对待优秀生和"差生"?回答应是肯定的。但真正要做到却很不容易,因为普遍的事实是优秀的学生总是成为教师关注的焦点,"差生"常常是被忽视、被呵斥的对象,作为教师,要时刻提醒自己学生在人格上是平等的,"差生"也是可以发展进步的。只有同等对待学生,你才能在课堂上不偏不倚,才能创造出良好的课堂气氛,促使全班学生积极参加教学活动,减轻课堂管理的压力。

2. 口语、表情和手势技巧的训练。课堂管理中运用的口语是日常生活化口语,具体较强烈的个性化色彩。教师在说话时,要综合运用言语和辅助言语,以脸部表情或某种手势等相配合来传情达意。在训练时,首先要进行口语、表情和手势的单项训练。口语的单项训练主要集中在三个方面:

一是措词选择,即注意同义词或近义词之间在用法上,特别是其适用对象、范围和情感褒贬上的微细差别。

二是注意语气语调的训练辨别,同一语句在不同语气语调下产生巨大的意义差别甚至意义完全相反。

三是音量、节奏、语速上的变化训练,体会因其大小或快慢变化而产生表达意义上的微妙变化。比如语速训练,有实验证明,人对声音信号的反应时间为 140 毫秒，所以说话的速度要力求达到平均为 120—160 个字/分钟为好。

进行表情和手势的单项训练时，首先要熟悉各种脸部动作、头部动作和各种手势所代表的意思，然后逐项逐项地强化练习，直到能熟练使用为止。

在单项训练的基础上，再分别进行口语和表情的配合、口语和手势的配合、表情和手势的配合、表情和头部动作的配合以及口语、表情和手势的配合练习，在这几项配合练习中，要追求动作的协调性，各方面都要到位，否定会给人生硬、别扭的感觉或者改变了表达意义。

3. 课堂走动和站立技巧的训练。课堂走动和站立是教态的重要组成部分，它与日常的走动和站立方式是有一定区别的。课堂走动是一种脚步轻、节奏缓、步速较慢的走动，且伴随着正在进行的教学活动，教师可以一边走动一边进行听读活动，也可以一边走动一边检查学生的练习情况，或通过短暂的站立提醒身边的学生端正课堂行为，集中注意力等等。站立应保持自然挺直，以保持眼光的平视，双脚之间距离大致略小于两肩宽，并基本持平，双脚重心不能变动太频繁，否则给人浮躁、不稳重的感觉；不能呈稍息状，也不能倚靠在讲桌上，否则会给人不端庄、没精神的感觉。当听学生发言时，身体略微前倾；当看学生练习情况时，身体弯曲向前，身躯与学生保持一定距离（一般以一尺左右为宜）。

（三）训练方法

课堂管理方法的训练，主要是针对教师自己的缺陷与不足进行自我练习。可以采取以下几种方法进行训练：

1. 模仿学习法。通过多听课、多观摩优秀教师上课，学习经验，吸取教训。值得强调的是，模仿学习一定要立足于自己的个性特点之上，不能东施效颦。

2. 虚拟情境训练法。在空荡的教室或有较大空间的相对封闭场所，想象出自己正面对全班学生上课的情境，训练自己的言行举止。

3. 对镜训练法。对着镜子训练，可以清楚地看到自己的表情、头部动作、手势、站姿等，训练方便，很容易发现自己的缺陷，及时纠正。

4. 录音训练法。用录音设备，针对语气、语调、音量、节奏、语速等进行训练。

5. 心理暗示法。这主要是用来进行情绪自控训练。经常暗示自己：

别紧张；我是教师，不能对学生发怒；不怕，我已经准备好了……在感到紧张时，还可以一边暗示自己，一边作轻缓的深呼吸来缓解压力。

以上介绍的技巧训练和训练方法，主要是针对教师课堂管理活动独特的外显行为而言的，其他技能如应变、观察、判断等，都需要我们有意识地在日常生活中加以训练。

二 小学语文课堂管理方法举隅

（一）制定明确有效的课堂规则

管理良好的课堂都是建立在相应的纪律和规则基础上的。如果学生不清楚在课堂上应该如何做，如：什么时候可以离开座位，怎样才可以发言等，那么课堂教学将难以正常进行，教师和学生都不能在课堂上获得积极的体验。小学生由于自身生理和心理发展的限制，小学课堂显得稍微"乱"一点是可以允许的，但是明确有效的课堂纪律和规则的制定还是必须的。小学生受思维发展的限制难以理解较复杂的事物，因此课堂规则必须用简洁、明了、通俗易懂的语言来描述，而且制定的课堂规则要具有可操作性。

（二）定期监控法

成功的课堂管理者会展示"共在"证据——学生知道，他们的老师总是知道课堂里正在发生什么事。定时巡视课堂的教师会有效率地对学生出现的问题作出反应，把大部分问题解决在萌芽状态。那些没有注意到课堂里正在发生什么的教师，会犯这样的错误：直到问题变得复杂或已扩展到其他学生时才想到进行干预；或者训斥被卷进争端的学生而不是训斥引起争端的学生。时时犯这样的错误，会让学生觉得教师并不知道事情的真实情况。这会使学生更加肆无忌惮地捣乱课堂，或者通过顶嘴来观察教师的态度以及试图误导教师。

许多课堂问题行为就是在老师转身背对学生时由某个学生引发的。一旦有一个学生不专心听讲了，至少可能会有另一个学生也开始注意力不集中。所以，对教师来说，定时监控课堂是非常重要的。

（三）语言管理法

语言是人们交流思想感情的重要工具。在教学中，知识的传播，思维的引导，认识的提高，能力的培养，处处都需要通过语言这个载体来实施。因此，对课堂教学的有效管理，在一定程度上取决于教师的语言组织和表达能力。如在描述事物和现象时，要生动形象，造成一种意境；讲述重点时，可提高音量，减慢语速，适当重复；学生注意力分散时，可暂时变换声调，几句幽默，提醒注意；突出情感教育时，要富有感情，声情并茂，使学生受到感染。这样，通过教师严谨生动、流畅优美的艺术语言，牢牢地控制学生的注意力，时而将他们带入神秘的境界，时而将他们引入宁静的遐想，时而将他们引向思维的浪峰，使整个课堂教学处于一种张弛有致、生动活泼、饶有趣味的良性运作状态。

在课堂上，抓住学生注意力的最简单方法就是提问学生或叫他们回答问题，这种要求迫使学生自动地集中起注意力，从而避免课堂问题行为的发生。

（四）非言语管理法

非言语课堂管理是指教师用身体语言和在课堂的走动所形成的人际距离进行课堂管理的形式，它有含蓄、简便、直观等特点，能起到有些言语交流活动所不能达到的效果。主要有以下几种形式。

1. 身体语言。如眼光的接触，当老师的眼光示意已经成为学生能够领会的一种处理方式时，教师只扫视一眼学生就可使他们上课专心起来，也可以加上点头的动作。还如在表示亲切、奖励时可以摸摸学生的头，表示安慰和鼓励时也可摸摸学生的头或轻轻拍一下学生的肩等，但在对小学生表示责备、批评时，不宜和学生发生直接的肢体接触。

2. 人际距离。人与人之间的空间距离能传递较为丰富的信息。人际间的心理距离与物理距离之间存在一定的联系，要改善人们的心理距离，通过调整物理距离是一种有效的方法。在课堂上，语文教师利用适当的走动变化自己在教室的位置，走近或远离某些或某个学生，既可以缩短教师与学生的心理距离，加强与全班同学的情感交流，又能改变课堂的压力分布，达到对全班学生进行监控的目的。一般情况下，可以通过走近正在进行无礼行为的学生就能够制止他的捣乱，如果学生知道他们应该做什么，教师的出现就会督促他们将注意力转移到应该做的事情上来。但要注意的是，走动不能频繁，步速也不能太快，否则容易成为分散学生注意的干扰因素。

3. 停顿。停顿是指声音和行动的突然停止。根据刺激物的运动和变化易引起无意注意的特点，突然的停顿能吸引学生注意力。比如，当课堂非常嘈杂时，老师短暂的停顿并配以适当的目光，能使课堂迅速安静下来,其效果远胜于大声喊叫"别讲话了""闭上你们的嘴巴"。

(五)"堵"、"导"结合管理法

在小学语文教学中,"导"和"堵"应是相辅相成的。既要注重点拨诱导,讲究"导"的艺术,也要注意堵漏塞流,强化"堵"的机制,提高课堂效率。"堵"即控制,也就是控制学生思维,将学生思维的涓涓细流纳入有效的思维流程,达到预期的教学目标。课堂上瞬息万变,学生随时会有所领悟、联想、发现,也可能产生困惑、迷茫、偏解,提出一些与教学联系不大或毫无联系的问题,致使课堂枝蔓芜杂,流量散溢。如不及时堵住散乱的流向,课堂思维容易被学生牵着鼻子走,进而使课堂陷入无序。请看某位老师执教《南辕北辙》一课时的教学片断:

【案例6-4】

(师先交代本节课学习任务揭示寓意,体会理解。)

师:这篇寓言故事告诉了我们,如果方向错了,条件越好,就越达不到目的。

生:这个故事不合理,那人总有一天会到达目的地的。麦哲伦环球航行不是成功了吗?

师:(点头赞许)请你再说具体些。

生:科学课老师讲过,地球是一个圆球,寓言中的那人如果一直向北走,两年多后就能到达楚国了。

师:你是怎么算出来的?

生:赶马车按每天平均走100里,地球一圈八万里,正好两年零两个月时间走完。

师:你真会动脑筋。那么,地球上有高山、江河,马车怎能通过呢?有什么办法?

生:用潜艇。

生:不!用飞机。

课堂上小手如林,同学们七嘴八舌,叫喊着自己的答案,有的甚至都站起来了,教师面对学生五花八门的回答而疲于应付,课堂一下子陷入了失控的局面。

这个教学片断的问题就在于教师只顾发散求异,未能及时实施"堵"

的决策，顺着学生思路"导"，致使教学思维流向改道，违背了本课的教学目标。一旦学生的思维训练陷入盲目性、随意性，有悖教学目标时，教师要及时、坚决地"堵"住，如教师可先不发言，用严肃的目光迅速扫教室一周，并做出"暂停"的手势，让学生先静下来，再简单对刚才的问题进行小结，然后转入正常的教学中去。

（六）幽默管理法

教学幽默，是教师在组织教学、传授知识时所表现出来的一种机敏、风趣和巧智。常利用些双关语、反语、故意错误、"抖包袱"等喜剧手段使得课堂在无形力量下，保持盎然的学习兴趣，使知识传授生动有色，同时还可以起到德育熏陶作用。如一位教师在讲课时，发现学生有些疲倦，便机智地话锋一转："好，咱们开始'幸运搜索'，看哪一位幸运者被选中回答问题。"学生们顷刻之间精神振作。因为从教师那里传递的信息，使学生们得到了有趣的联想，同时也受到了教师对学习精力不集中的隐性批评。对小学生来说，教学幽默可与故事、童话、传说、科幻作品等相结合，多在活跃而积极的形象思维中完成。

课堂管理方法很多，难以一一列举。比如，还有奖惩法、因势利导法、冷热处理法、情感感染法，等等。同时，我们也要注意，在小学语文课堂的管理中，教师应避免不必要的威胁和显示权威、或进行没意义的盘问、质问、对学生的不良行为唠唠叨叨，更不能用侮辱性的语言嘲讽学生、或布置额外的作业作为惩罚等。这些做法不但对解决问题毫无帮助，反而会引起不必要的担心或抱怨。

课堂管理行为产生时，要因时、因地、因人、因事选择不同的方法。同时，要求教师通过训练和学习，将课堂管理方法内化为职业素养。只有这样，在处理课堂问题时才能临变不乱，管理得当。

【拓展阅读】

关于课堂管理的 14 条箴言

一、持久的变化需要时间。当学生开始努力改变时，要有耐心。学生有时候会反复、后退，但不要放弃。

二、除非他们选择合作，否则你无法让任何人做任何事。向学生承认，你无法"使"他们作任何改变，但你的反应可能是他们所不喜欢的。

当学生出现不良行为时，使用让学生进行选择的陈述："你可以选择回到你的小组继续完成任务，你也可以选择独自坐在一边，填写反思表格，或选择今天的作业得 F。当然，如果你选择后者，我们会通告你的父母，但这仍然算是你的选择。你知道什么是对你最有利的。"

三、行为是其他问题的表征。当某个问题出现时，你应该问的第一个问题是：我做了什么引发或促使这个问题发生的事吗？如果没有，那么，造成这个问题的原因是什么，我该如何提供帮助？

四、对问题作出反应往往使问题更加严重，防患于未然通常能避免问题的发生。反应通常充满了情绪，而非理智。我们的反应并非总是建设性的。防患于未然充满了仔细的考量和计划，其目的是在寻求既有问题的解决的同时避免问题的激化。

五、一致性是关键。每个人都希望在一个特定的环境下做什么。为学生在课堂上所需做的每件事情设计出明确的程序，把它教给学生，并进行训练和强化。

在你的课堂上建立起明确的例行常规。

六、如果学生有事做，他们就不会制造麻烦。把你必须要教的内容跟学生的生活和兴趣联系起来，以便让他们"想"学。根据学生的不同水平调整你的教学，并为他们提供所需的帮助。

七、你可能赢得战役而输掉战争。明智地选择你的战役。你或许能够制服一个刺头学生，但是以什么为代价呢？三思而后行。寻求长效的解决方式。问你自己："从长远来看，这个措施会带来什么帮助/危害？"

八、家长可以是你的盟友，或是你的敌人。在任何问题产生之前，尽早跟学生的父母或监护人发生积极的接触。在跟学生父母谈纪律问题时，把重点放在需要处理的行为上："强尼上课讲话让其他人无法听讲。"而不是"强尼是个捣蛋分子。"向家长寻求帮助和解决问题的方法。"你有什么建议？家里有什么管用的办法吗？"

九、追究责任是不起作用的。把重点放在问题的根源上，无论这个问题是谁引发的。把重点放在找出问题的建设性解决方法上。

十、孩子需要结构与组织。孩子在他们的生活中需要稳定的常态。混乱导致更多混乱。教给孩子常规和程序。

十一、学生根据我们对他们的期望而起落。学生需要意识到在课堂上我们对他们的要求。通过课堂规则、常规和程序让学生明白对他们的要求。使用跟学生言语和非言语的互动让学生明白对他们的要求。

十二、失败的计划意味着计划失败。任何事一定要提前作准备。为防止学生提早完成课堂作业而无事可做，准备一个"如果你提早完成"的文件袋，里面装有各种学习游戏。

十三、己所欲，施于人。我们必须牢记我们的学生是有情感的人。我们必须牢记，我们的所行比我们的所言更吸引他们的注意力，我们是否做出了正确的榜样？

十四、我们所有人都犯错误。不要对孩子在 9 月份犯下的一个错误耿耿于怀。让他接受自然后果或再给他一个机会。帮助孩子认识到，让你不高兴的是他们的行为，而非他们本人。让他们明白错误不是永恒的，帮助他们从错误中学习。

记住学生就是学生，他们在接下来的生活中还会犯很多错误。我们也一样。

（摘自《中国教师报》2009 年 12 月 24 日）

【我思我行】

结合所学知识，谈谈你将如何处理下列几项课堂问题行为？

1. 当你在讲台上范读课文的时候，你发现教室后排有几位同学正在小声地议论着什么，你准备怎么办？

2. 李明同学竟然在你的课堂上睡着了，你该怎么办？

3. 张阳同学在回答问题时阴阳怪气的腔调引发全班的哄堂大笑，甚至还有同学起哄叫好、有同学模仿，你准备怎么处理？

【参考文献】

1. ［美］托马斯·古登等著，陶志琼等译：《透视课堂》，中国轻工业出版社 2002 年版。

模块四
小学语文评价论

第一章 新课程小学语文评价观

【开篇语】

　　语文课程评价的目的不仅是为了考查学生达到学习目标的程度，更是为了检验和改进学生的语文学习和教师的教学，改善课程设计，完善教学过程，从而有效地促进学生的发展。本章简要介绍了小学语文的传统评价机制，对比了传统评价与新课程观下的小学语文评价的差异，针对传统课程教学的评价弊端，比如：评价功能的甄别化、评价主体的单一化和评价目的的功利化等，详细阐释发展性评价的基本特征：多元化，体现全面评价；过程性，注重全程评价；激励性，强调全人意识等。

【问题情境】　　（案例1-1）

一位初一学生的日记

4月11日　星期五　晴

　　最近，我们开始了期中考试。在4月9日（星期三），我们考了外语，但不理想。外语本是我的强项，可这次只得了94分，错了2道听力和2道选择。就连外语最好的同学也只有99、98分。在10日，大家又考了语文。但是也不怎么样，基础和阅读扣分在5分以内的几乎没有，结果全班被语文教师骂了一通。还好我只扣了2分，好像是全班扣的最少的一个，就是不知作文扣多少，大约扣个6、7分吧。今天的数学最好，得了100分。不过全班有11个呢，也算不了什么太好。

　　（案例1-2）　　　　"差生"的成绩

　　我是差生行列中的一员，经受着同其他差生一样的遭遇。然而我并不想当差生，我也曾努力过，刻苦过，但最后却被一盆盆冷水浇得心灰意冷。就拿一次英语考试来说吧。我学英语觉得比上青天还难，每次考试不是个位数就是十几分，一次教师骂我是蠢猪，我一生气下决心下次一定要考好。于是，我起早摸黑，加倍努力，牺牲了多少休息时间也记不住了。好在功夫不负苦心人，期末预考时，真的拿了个英语第一名。当时我心里的高兴劲儿就别提了，心想这次老师一定会表扬我了吧！可是出乎意料，老师一进教室就当着全班同学的面问我："你这次考这么好，不是抄来的吧？"听了这话，我一下子从头凉到脚，心里感到一阵刺痛，那种心情真是比死还难受一百倍。难道我们差生就一辈子都翻不了身了吗？

透过这两份材料，我们可以深切地感受到学生对现行评价制度和评价方法的恐惧、不满与无奈。现行课程评价体系的弊端确实需要我们进行深刻的反省和彻底的改革。

【理论导学】

通过本章内容的学习，学习者要了解传统评价和新课程观下的小学语文评价的不同，理解新课程观下发展性评价的真正意义，从而在小学语文的教学实践中，能把握为什么评价、如何评价、评价什么等基本问题。

第一节　课程评价概述

教学评价在语文综合性学习中具有导向和监控的作用。为了充分发挥"语文综合性学习"在"全面提高学生语文素养"方面的作用，必须构建新的评价机制，这是确保"语文综合性学习"顺利开展的保证。

一　课程评价

（一）课程评价的内涵

狭义的"课程评价"是特指对课程计划、课程标准、教材在改进学生学习方面的价值作出判断的活动或过程，一般包括对课程目标体系的评价、对课程计划的评价、对课程标准的评价、对教材的评价等核心内容，它的实施一般是由受过专门培训的评价人员、借助于专门的评价方法和技术而进行的。

广义的课程评价即教育评价，是指按照一定的价值标准，通过系统地收集有关的信息，对教育活动中受教育者的发展变化以及构成其变化的诸种因素满足社会与个体发展需要的程度作出判断,并为被评价者的自我完善和有关部门的科学决策提供依据的活动。新课程改革中所涉及的课程评价改革即是在这种意义上的课程评价改革。

(二) 课程评价的基本类型

从不同的维度对事物进行分类是全面、深刻地认识事物的有效方法。下面我们就从不同的维度,按照不同的标准对课程评价进行分类:

1. 根据评价对象,可分为学生评价、教师评价、学校评价、狭义的课程评价等;

2. 根据评价主体,可分为自我评价和外来评价;

3. 根据评价目的,可分为诊断性评价、形成性评价和总结性评价;

4. 根据评价的参照标准或评价反馈策略,可分为绝对评价、相对评价和个体内差异评价;

5. 根据评价手段,可分为量化评价和质性评价。

二 课程评价的功能

(一) 促进发展的功能

这是当代课程评价非常强调的基本功能。它是指通过课程评价为教育活动提供有效的诊断和反馈,强化和改进教育的实施,促进教育活动的顺利进行,进而促进教师、学生、学校更好地向前发展。这一功能具体来说主要体现在以下几个方面:

1. 导向功能

导向功能是指课程评价对实际的教育活动有定向引导功能。课程评价具有引导课程朝着理想目标前进的功效和能力,这是由评价标准的方向性决定的。因为课程评价是根据一定的评价目标、评价标准进行,对课程的建设、实施、改进起着"指挥棒"的作用。

2. 诊断功能

诊断功能是指课程评价能够对教育活动中存在的问题进行揭示与分析,找到症结和原因所在,进而提出改进和补救的建议。例如,通过学生评价,可协助学生发现学习中存在的困难与不足,并进而判断导致困难与不足的原因,同时也可以帮助教师明了自身教育教学上的不足和学生学习上的问题,为师生协同采取措施、改善教学提供信息基础。尤其是对于在发展上有特殊困难的学生、教师或学校,更需要通过发挥课程评价的诊断功能来发现问题，及时补救。

3. 调节功能

调节功能是指通过课程评价结果的反馈，可以让被评价者了解自身发展存在的优势与不足，从而调整自己的教育或学习行为，促进其自身进一步的发展。自古以来，教育活动始终是处于不断的调整过程之中的，但要想让调整变得科学有效，除了需要诊断出教育活动的问题所在外，还必须把这些诊断出的问题及时反馈给被评价者，以促使其对自己的行为作出调整。否则，诊断的结果就没有任何意义和价值。

4. 激励功能

激励功能是指通过课程评价可以让被评价者在正确认识自己的优势与不足的基础上，从正反两个方面受到激励，增强发展的积极性和主动性。如在学生评价中，积极的评价可以增强学生的自信心，提高自我肯定度，激起进一步学习的兴趣；而适度的否定评价往往能引发学生一定的焦虑感，知耻而后勇，更加勤奋努力。此外，当代课程评价还特别强调把评价活动和过程当作是为被评价者提供一个自我展示的平台和机会，鼓励被评价者展示自己的努力和成绩，让被评价者透过他人的赞赏而受到激励。

5. 反思功能

反思功能是指在课程评价中通过被评价者的主动参与而促进被评价者自我反思，从而更深刻地发现问题和更有效地改进活动，并在此过程中发展自己的自我反思能力。当代课程评价强调被评价者的参与，认为参与评价通常会对学生产生不同程度的压力，有助于调动其内在动机，使其成为自觉的内省与反思者，认真总结前期行为，并思考下一步计划；而随着反思性评价的日常化，个体可能会逐步建立良好的反思与总结习惯，而这对其一生的发展都是大有益处的。

6. 记录功能

当代课程评价倡导评价方法和手段的多元化，尤其重视质性评价方法（如成长记录袋等），而且强调评价的日常化，所以，通过评价可以清晰、全面地记录下个体成长中的点点滴滴，为科学诊断和调整教育活动提供充分的具体的依据。

（二）鉴定水平的功能

鉴定水平功能是指课程评价可以对评价对象与评价指标的适应程度作出区分和认定。教育活动是一种有目的的活动，因而教育活动是否达到教育目的所规定的标准历来是人们非常关注的问题。而对教育活动中教育目的的达到度的分析，就必须依靠课程评价才能完成。课程评价本身就是以一定的指标为依据对教育活动及其有关情况进行判断，在这个过程中，它自然要对评价对象与评价指标相适应的程度作出区分和认定，从而发挥其鉴定功能。

（三）选拔淘汰的功能

选拔淘汰功能是指课程评价可以为选拔优秀，淘汰不合格者提供依据。通过课程评价，我们可以在鉴定水平的基础上，对符合某种程度和标准要求的评价对象进行筛选，对不符合的进行淘汰。这一功能是教育评价从产生之时起就备受重视的功能。

三 新课程评价的基本理念

为了实现新课程改革的发展目标，必须建立体现新课程教育理念的评价理念和评价体系。关于新课程的评价理念，在《基础教育课程改革纲要》中有明确的表述：

"改变课程评价过分强调甄别与选拔的功能，发挥评价促进学生发展、教师提高和改进教学实践的功能。"

"建立促进学生全面发展的评价体系。评价不仅要关注学生的学业成绩，而且要发现和发展学生多方面的潜能，了解学生发展中的需求，帮助学生认识自我，建立自信。发挥教育的评价功能，促进学生在原有水平上的发展。"

"改变课程评价过分强调甄别与选拔的功能，发挥评价促进学生发展、教师提高和改进教学实践的功能。"

"建立促进教师不断提高的评价体系。强调教师对自己教学行为的分析与反思，建立以教师自评为主，校长、教师、学生、家长共同参与的评价制度，使教师从多种渠道获取信息，不断提高教学水平。"

这些表述中体现出的评价理念与当今世界各国课程评价改革的发展方向是一致的。在评价的功能上，由侧重甄别和选拔转向侧重发展。在评价的对象上，从过分关注对结果的评价逐步转向关注对过程的评价。在评价的结果上，不只是关注评价结果的准确、公正，而是更强调评价结果的反馈以及被评价者对评价结果的认同和对原有状态的改进。

第二节　小学语文评价观

我国的小学语文教学评价，同我国基础教育语文学科教学改革同步，特别是近十几年来对教学评价的探索有着明显的发展变化轨迹。它以语文教学大纲为线索，从无到有，经过曲折发展，正逐渐走向规范。

一　小学语文评价的历史沿革

从 1949 年到 1985 年的新中国成立后 36 年间，教育部颁发的 1950 年、1956 年、1963 年、1978 年四部《小学语文教学大纲》，无论是"草案"，还是"试行草案"，都没有明确提出过教学评价的要求。

从 1986 年到 1991 年，小学语文教学评价初步形成。这五年间颁布的小学语文教学大纲开始列出评价的基本要求，较为简单地规定出教学评价的几方面内容。如国家教委 1986 年 12 月颁布的《全日制小学语文教学大纲》在第七章"努力改进小学语文教学"中用一个自然段提出"要改进考查学生成绩的方法"，表明了教学评价问题开始引起有关部门的重视。它简要说明了考查的目的、考查的范围、考查的内容和方式。这个大纲将教学评价的范围设定在"考查"上，而考查的目的主要在"检查""促进"和"改进"方面，说明那时对评价功能的认识还停留在较低层次上。

从 1992 年到 2000 年，我国的小学语文教学评价进入了教学评价曲折发展的时期。1992 年颁布的《义务教育全日制小学、初级中学课程计划》，在第三章"考试考查"部分列五条说明了义务教育阶段课程的考试考查的性质、规定考试考查的学科、时间与次数、方式，以及依据等，较为系统地说明有关基础教育课程评价问题，从教育发展史角度看，是一个进步。其中"考核""考试""考查"三个概念是高频词，但始终没有"评价"这一概念的出现，当然就没有提出具体的评价要求意见。

与该课程计划配套的《九年义务教育全日制小学语文教学大纲（试用）》，在第五章"教学中应该注意的几个问题"中的第六个问题提出了"要改进成绩考查的方法"。指出"要对知识和能力进行综合考查"，考查的方式"既要用书面的，也要有口头的"。第一次提出"更要注意对学生平时学习情况的考察，全面评估学生的学习成绩。要重视对学生学习成绩的分析，以利于改进教学"。可见，这时的语文教学评价观有了一定的发展，已经能够认识到评价的综合、全面问题，但认识仍较为肤浅。我国这个时期的基础教育，还不能全面认识到教学评价的价值，只是把考试考查作为教学评价最主要乃至于唯一的评价手段。这也许是造成多少年来升学考试考什么教什么、为数众多的学生高分而低能后果的重要原因。

2000年的《九年义务教育全日制小学语文教学大纲（试用修订版）》开辟了专章"教学评估"，从评价要求、评价对象、评价方法、考试题型与范围、评价分析等五大方面作了较为具体的阐述，纠正了义务教育忽视教学评价问题的倾向，语文教学评价又走上了正常轨道。比起前面几个大纲来，这个修订版大纲有了长足的进步。它突出了教学评估在大纲中的地位，体现了新的课程观点，于概念使用上，渐趋科学。章节题目和整章内容，不再用"考试考查"字眼，改用"教学评估"，尽管对教学评估与教学评价的特点把握还不透彻，但它扩大了评价的范围，注意到了概念使用的科学性。小学语文教学在正确教学评价理念指导下，逐渐走出误区。

二　新课程小学语文评价观

（一）评价目的由注重"甄别选拔"转变为强调"促进发展"

长期以来，由于受"应试教育"和"精英教育"思想观念的影响，语文课程的评价主要是为了从众多学生中筛选出少数尖子，评价实际上成为一种终结性的甄别选拔过程。新的课程评价观认为，评价的根本目的在于为学生的终身学习和发展服务。因此，对"语文综合性学习"的评价，应体现育人为本的思想，改变以往那种简单地给学生排名次等做法。应立足于给每一名学生提供展示自己的机会，确保所有学生在原有的基础上获得实实在在的发展，这种发展不是指某方面知识的获得，而是全面的语文素养的提高。

（二）评价过程由注重结果转变为强调过程

语文综合性学习是通过一个个项目来展开的，评价应侧重于学生在学习过程中形成的语文素养，而不是通过学习所获得的学习结果。那种用书面考试来评价一个学生的所得所失，针对学习的结果打上一个分数，特别是几个学生合作的探究项目，就用总分除以人数，得出个人所得，这是极其荒唐的不负责的错误行为。因此，对语文综合性学习的评价应把着力点放在过程上，既要看项目的确立是否有价值，内容设计是否具有可探性，探究的方法是否科学，又要看实践活动是否做到全员参与和全程体验，还要看学生在活动中的合作态度和合作能力，以及在活动中主动发现问题和探索问题的能力。

（三）评价主体上由单一化、单向性转向多元化、互动性

传统的评价主体是单一的，评价模式是由上而下的单向直线式的，学生作为被评价的对象而被排斥在评价主体之外。新的语文课程评价理念主张评价主体的多元化和互动性，一是要改变单一的教师评价学生的状况，实现学生自评、学生互评、师生互评的多元化评价；二是要增强评价的民主性，强调评价主体之间的双向选择、沟通和协商，使评价对象最大限度地接受评价结果，而不是把评价的结果"强加于"评价对象。

（四）评价标准弱化"班级成员参照"，强化"自我参照"

评价标准是实施评价的首要前提和条件，传统的评价标准过分强调"班级成员参照"，而且往往以班级尖子学生作为评价的参照，严重挫伤了大多数学生的积极性。"课标"强调评价要"尊重和保护学生学习的自主性和积极性"。因此，我们在进行"语文综合性学习"的评价时，要最大限度地弱化"班级成员参照"，强化"自我参照"。"自我参照"就是"个体标准"，它是以每一个体的现实基础和条件为依据所确立的适合个体发展需要的内差性评价标准，这种评价标准因人而异，具有个体性、灵活性的特点。它能促使学生在对自己过去、现在和未来的认识中增加自信，发挥潜能。

（五）评价方式由单一的"量化评定"转变为多样化的"综合评定"

单一的"量化评定"的方式既不能反映语文学习的特点，也不能反映学生学习的实际情况，而且会在很大程度上压抑学生个性发展的丰富性。要由单一的"量化评定"转变为多样化的"综合评定"，做到定量评价与定性评价、形成性评价与总结性评价有机结合起来，通过多维度、多侧面的综合评定，全面而客观地反映学生语文学习的效果。通过综合评定，既让学生分享成果的喜悦，又让他们找到自己下一步努力的方向。

【拓展阅读】

"课标"的出台历程

1. 古代教育史："文以明道""文以贯道""文以载道"。

2. 1949年中华人民共和国成立以后，有过3次大讨论，得出共识：

语文课就是语文课，不能上成政治课、文学课或者单纯的语言文字训练课。

1997年，世纪末的反思热潮，三类观点：

一是要认为摒弃工具性，独树人文性；

二是认为要坚持工具性，兼顾人文性；

三是认为要坚持工具性和人文性的统一。

3. 2001年7月《标准》（实验稿）正式出版发行。

2001年9月在全国43个实验区试点。

4. 2010年8月《标准》（修订稿）试行。

【我思我行】

《坐井观天》课堂片段情景描述：

教师：读了课文后，你认为小鸟和青蛙谁说得对？

生1：小鸟说得对。

生2：小鸟和青蛙都说得对！（众生笑）

师（走近学生，面带微笑）：同学们都笑了，你还认为青蛙说的是对的吗？

生2（嘟哝着）："青蛙说的是没错呀，它看到的天是只有井口那么大。"部分学生私下附和、议论：青蛙说的是没错，它看到的天是只有井口那么大，可天是无边无际的，青蛙说的是错的……

师：现在我们让青蛙跳出井口来看一看天究竟有多大？出示大量课件并要求学生根据课件用"青蛙跳出井口后，看到了怎样的天"句式进行说话训练。

反思1：

教师本想以她的"微笑"想让学生自己说出"我错了"三个字，但学生并不买账，尽管没有了开始时那么有底气，但此刻学生仍在捍卫他的个性化的独特理解，尤其是部分学生的议论使这个生成问题越来越尖锐，而这个极具探究价值的问题恰是达成"理解成语的寓意"这一教学目标的关键所在，然而这位教师关注的是她预设中的"下一步"，没有及时抓住课堂上的生成资源。如果教师此时能放弃预设的教学程序，把握住这一美丽的"生成"，在明确青蛙说的是没错的前提下，引导学生思考：青蛙说这话根据是什么？再一次引导学生进入文本，让学生探究青蛙的生活环境和生活经历，这时学生的学习充满了挑战，他们不由自疑：那么青蛙究竟错在哪呢？这时教师再一次引导组织学生进一步自主、合作、探究文本，成语的寓意的理解水到渠成，教师再从文本引导学生走向生活，探究自悟生活中的"坐井观天"的人和事，从而让学生真正明白这个成语的人生哲理，终身受益。这才是真正的课堂生成的生命活力和教学的终极目标所在，也是教学评价的价值体现。

反思2：

案例中，教师的问题预设意欲激发学生学习兴趣，让学生自主、探究学习，但是预设的问题本身就缺乏逻辑性与科学性，而课堂上学生开始有自己的主见，不愿跟着老师备课设定的思路走。是将预设进行到底还是顺着学生提出的有价值的答案进一步前进？这是摆在每个教师面前的一道选择题。《新课标》告诉我们，跳出备课预设的思路，在评价中灵活应变，尊重学生的思考，尊重学生的发展，尊重学生的批评，寻求个人理解的知识构建，课堂会因生成而变得美丽。

第二章　新课程小学语文教学评价

【开篇语】

"课标"指出："语文学习具有重情感体验和感悟的特点，因而量化和客观化不能成为语文课程评价的主要手段。"本章承接上一章内容，理论阐述了新课程小学语文教学评价的基本原则和方法，同时，结合教学案例重点阐述：识字与写字、阅读、作文、口语交际和综合性学习五个方面的评价务实。本章的学习建议：学习者了解新课程小学语文评价的基本原则和方法，结合案例掌握小学阶段五个方面的具体评价策略的应用。

【问题情境】

老师，请看看我的闪光点

老师：

今天我拿到了《学生评价手册》，看到您对我的评价，我觉得非常难过，您是这样写的：原本你可以学得很好，你的好动使你处处落后于班级同学，老师希望你在暑假里好好反省一下……

老师，您为什么说我处处落后于班级同学呢？虽然我有时上课爱搞小动作，作业做得慢，我有许多缺点，但是我身上还是有些闪光点的，您没有发现吗？

我竖笛吹得很好，那是我的一个闪光点，老师您一定不会忘记我的笛声吧！刚开始学吹的一年里，我的水平很糟糕，我每天一有空就练，终于有一天，美妙的音乐从笛孔中飘了出来，我成功啦！我不但会吹老师教过的曲子，也会吹老师没有教过的曲子，同学们惊讶地问我："你怎么会吹这么多曲子？"我说："因为我多练，所以就熟能生巧了。"我现在的水平在班级中是数一数二的，我从一只"丑小鸭"变成了一只"小天鹅"。

老师，您一定还记得我写的小诗《我的妈妈》吧！"我的妈妈是老师，学生一批又一批"。那是有一次，您要我们写一篇《龙年畅想》的作文，我写了这首小诗交给您。因为我的妈妈是老师，她常常把没批完的作业和考卷带到家里，批到很晚才睡觉，我觉得妈妈很辛苦，希望她和我们一样"减负"，我就写了这首小诗。您读完以后，在班里表扬了我，还叫全班每人都写一首《龙年小诗》，班里涌起了写诗的热潮；您把写得好的诗贴在墙上，我的诗被贴在第一页，您知道，我的心里有多么自豪啊！

我还会朗诵，您让我主持过班会；我的双手也很灵巧，我会剪窗花、折飞机、做"糖纸人"……

老师，这些好的地方都是我用功练出来的。您能不说我"处处落后于班级同学"了吗？我一定要多加努力，改正缺点，做一个像大人一样的小学生。

（资料来源：《中国教育创新》2008 年 8 期 张秀英）

我们应该怎样评价孩子？我们现在的学生评价到底存在什么问题？

【理论导学】

"课标"指出："语文学习具有重情感体验和感悟的特点，因而量化和客观化不能成为语文课程评价的主要手段。"本章承接上一章内容，理论阐述了新课程小学语文教学评价的基本原则和方法，同时，结合教学案例重点阐述：识字与写字、阅读、作文、口语交际和综合性学习五个方面的评价务实。

第一节 小学语文教学评价的一般原理和方法

"课标"指出："语文学习具有重情感体验和感悟的特点，因而量化和客观化不能成为语文课程评价的主要手段。""形成性评价和终结性评价都是必要的，但应加强形成性评价。提倡采用成长记录的方式，收集能够反映学生语文学习过程和结果资料。""定性评价与定量评价相结合，更应重视定性评价。学校和教师要对学生的语文学习档案资料和考试结果进行分析，客观的描述学生语文学习的进步和不足，并提出建议。"

一 一般评价原则和方法

（一）评价原则

客观性原则：客观性原则是指在进行教学评价时，从测量的标准和方法到评价者所持有的态度，特别是最终的评价结果，都应该符合客观实际，不能主观臆断或掺入个人情感。因为教学评价的目的在于给学生的学和教师的教以客观的价值判断，如果缺乏客观性就失去了意义，因此而导致教学决策的错误。

整体性原则：整体性原则是指在进行教学评价时，要对组成教学活动的各方面做多角度、全方位的评价，而不能以点代面，一概而论。由于教学系统的复杂性和教学任务的多样化，使得教学质量往往从不同的侧面反映出来，表现为一个由多因素组成的综合体。因此，为了反映真实的教学效果，必须把定性评价和定量评价综合起来，使其相互参照，以求全面准确的判断评价客体的实际效果，但同时要把握主次，区分轻重，抓住主要的矛盾，再决定教学质量的主导因素。

指导性原则：指导性原则是指在进行教学评价时，不能就事论事，而是要把评价和指导结合起来，要对评价的结果进行认真分析，从不同的角度找出因果关系，确认产生的原因，并通过及时的、具体的和启发性的信息反馈，使被评价者明确今后的努力方向。

科学性原则：这条原则是指在进行教学评价时，要从教与学相统一的角度出发，以教学目标体系为依据，确定合理的统一的评价标准，认真编制、预试、修订评价工具；在此基础上，使用先进的测量手段和统计方法，依据科学的评价程序和方法，对获得的各种数据进行严格的处理，而不是依靠经验和直觉进行主观判断。

（二）评价方法

按照评价的参照标准不同，可分为绝对评价法、相对评价法和个体内差异评价法。

1. 绝对评价法：绝对评价法是在被评价对象的集合之外确定一个评价标准，将评价对象与评价标准进行比较，以测定评价对象与评价标准的差距。

优点：有助于测定各个阶段实现语文教学目标的程度，确定是否要进行下一个目标的教学，也有助于对每一个学生的指导。

缺点：作为体现教学目标的语文试题，学生要完成多少才算"达标"？这些试题是否概括了全部语文教学目标和语文教学内容？这些问题都难以肯定。

2. 相对评价法：相对评价法是在被评价对象的集合内确定一个评价标准，将集合内的每个被评价对象与这个标准进行比较，或用某种方法排出先后顺序，以测定每个被评价对象在集合中的相对位置。

优点：相互比较之下可以确定每个被评价对象的位置或名次，比较客观、公正，可作为选优、编班、分组等依据。

缺点：重在排队选优，未考虑个人的努力及进步程度，缺乏激励作用。

3. 个体内差异评价法：把评价集合中各元素的过去和现在相比较，或一个元素的各个侧面相互比较。

优点：充分照顾了个体的差异，对被评价对象无多大压力，有利于教师了解学生的个体差异，贯彻因材施教原则。

缺点：缺乏与外部进行比较的标准，难以了解个体在总体中的相对位置。

以上三种评价方法各有优缺点，在进行评价时要根据实际需要选用合适的方法，而且还可将各种方法结合起来使用。

二 评价策略

评价策略影响着评价理念的落实、评价方法的实施和评价效果的达成。

（一）正确认识评价目的

对于小学语文教学评价来说，不同的评价目的，会有不同的评价方法、评价标准和评价内容。总的说来，小学语文教学评价有两种目的，一是总结性目的，二是形成性目的。其中，总结性目的在于证明学生实现语文课程目标的程度，从而区分评价对象的优劣，并以分等鉴定为标志。形成性目的则在于通过分析、诊断来改善课程设计、完善教学过程，从而有效地促进学生提高语文素养。在这两种目的当中，后者是根本性的主要目的。这是因为，"语文课程的目标是全面提高学生的语文综合素养"（"课标"），为学生的终身发展打下坚实的基础，小学语文教学评价应该毫不含糊地服从并服务于这一目标。也就是说，小学语文教学评价是为了提高学生语文素养，不是为了评判学生的优劣，对学生进行分等鉴定。如果我们不能认清这种本质规律，随意颠倒小学语文教学评价两种目的的轻与重，必将严重压抑小学生的心灵，使很多家长背上沉重的思想包袱，使学校过分重视评价的结果，最终给小学语文教学事业带来灾难性的后果。

（二）全面优化评价内容

在评价内容方面，以前的小学语文教学评价存在着明显的片面性：重学科知识系统、轻语文综合能力，重智力素质、轻态度习惯。评价内容的片面性不利于学生语文素养的形成和提高，使学生难以发挥自己的优势，难以形成自己的特长，严重影响到学生可持续发展素质的培养。从有利于提高学生语文素养的目的出发，小学语文教学评价内容的优化思路是：对知识与能力、方法与过程、情感与态度进行全面评价，具体范围包括识字与写字、阅读、写作、口语交际和综合性学习等项目。这些内容，有的可以划归认知领域，有的则属于非认知领域。

1. 认知领域的内容

（1）识字与写字方面。要评价学生掌握汉语拼音的能力，从形、音、义的结合上，全面评价学生的识字能力。

（2）阅读方面。要评价学生朗读、默读、精读、略读、浏览的能力；要对学生阅读文学作品、阅读古诗的能力进行评价；要重视学生对常用语文知识的了解和把握；重视评价学生利用图书馆或网络收集和处理信息的能力。

（3）写作方面。要重点评价语文表达水平，还要评价学生选择写作材料和修改作文能力。

（4）口语交际方面。要评价学生听与说的能力。

（5）综合性学习方面。要评价学生发现问题、分析问题和解决问题的能力。

为了使各项能力的测评真正落实并富有实效，我们可以对上述各项内容进行分项测评。这种测评的意义在于：能够对学生每个方面的发展情况作出准确评价，使学生发现和发挥其优势，树立信心、产生兴趣、强化动机，进而在优势项目的带动下实现优势迁移，促进其他项目的发展。

2. 非认知领域的内容

非认知领域的评价主要包括学习态度、习惯、兴趣等。这些因素，是学生进行语文学习的动力性因素，也是小学语文教学评价的重要内容。

"课标"对此作出了如下提示：

（1）识字与写字方面。要重视评价学生识字和写字的兴趣和习惯；要关注学生对汉字审美价值的体会，重视书写的整洁、美观。

（2）阅读方面。要结合学生具体的阅读行为，评价他们阅读的态度和习惯等。

（3）作文方面。要评价学生写作的态度、兴趣、习惯和写作活动中与人了解、与人合作的情况。

（4）口语交际方面。应重视考查学生的参与意识与情意态度，评价学生的文明礼仪素养。

（5）综合性学习方面。应着重评价学生的探究精神和创新意识，尤其是学生学习的自主性和积极性。

要落实非认知领域的上述评价内容，必须注意突出对学生主体精神和情感品质的评价，突出对学生创新能力的评价。在评价操作过程中，可以单列态度与习惯、兴趣与特长、情感与意志等评价项目，也可以将这些内容融合进认知领域的评价内容进行一并评价。比如，作文评价方面，为了突出学生创新精神的评价，在评分标准上就要鼓励创造性。对于确有一定新意的作文，即使语言表达上有某些欠缺，也要给予较高的评价。又如阅读，为了突出学生独立思考能力的评价，在评分标准上就要注意鼓励学生表达独到见解。一些问答题，即使学生理解不全面，答案欠缺要点，但只要有比较独到的观点，或者在某一方面理解特别深刻，我们也要给予较高的等级。

（三）灵活掌握评价标准

评价标准是进行教学评价的衡量尺度，是教学评价得以进行的前提与依据。小学语文教学评价体系的优化，离不开评价标准的灵活掌握。多元理论指导下的语文教学评价领域中不再使用一刀切的标准，而彻底实现价值取向多元化。具体有：

1. 实施因人而异的多层评价策略。学生的差异是客观的、绝对的，要承认并且尊重学生差异，采取分层评价的策略，即对不同层次的学生采用不同标准。如根据学生上、中、下三个水平层次，采用A、B、C三套试卷对学生进行测试就是分层评价的良好方式。采取分层评价的策略，有利于帮助每一个层次的每一位学生确立自我发展的信心，在保证完成基本学习目标的前提下，使处于不同发展水平的学生都能及时看到自己的进步和成功，都能在原有的基础上有不同程度的发展和提高。这样，才能够真正实现评价促发展的根本性目的。

2. 允许不同学生异步达标。评价标准相对确定的时候，要灵活掌握学生达到标准的时间因素。对于能够提前达到标准的学生，教师应该以此作为基础，并创造条件，促进学生掌握更多的知识、能力，发展自己的特长爱好。对于不能按时达到标准的学生，教师一方面要承认这种差异的合理性与正常性，另一方面要帮助他们找到问题的症结，帮助他们制订改进提高的计划，对他们实行延迟评价。这些学生，尽管在达标时间上与其他学生相比显得滞后些，但是他们在接受评价的过程中能够产生成功的感受，能够得到充分的发展。

3. 多用开放式的问题测评学生。学生在语文学习过程中遇到的问题，像他们在日常生活中面临的问题一样，总是存在着多种正确的解决方法。传统的应试教育崇尚标准答案，对学生的评价测试题目也是标准化命题。这种模式，压制学生提出不同见解，抹杀学生"标新立异"的创造个性。在语文学习过程中，小学生善于联想和想象，智力活动丰富多彩。评价小学生的语文学习质量，要在测评题目上加大改革力度，多用开放式的题目，不要仅局限在知识的记忆方面，应该让学生在掌握知识的基础上，学习运用知识解决实际问题的方法，或者对某个问题发表自己的独到见解，提出自己的设计和创意。这种问题，往往不止一个答案，可以测评出学生的真实水平，特别是能够测评出学生非认知领域的素质。

（四）*积极改进评价方法*

科学的评价方法是实现正确评价目的、落实全面评价内容、执行灵活评价标准的保证。关于评价方法，"课标"进行了详细的说明。结合这些说明，我们认为积极改进评价方法可以从以下几条途径去努力：

1. *形成性评价和总结性评价结合，以形成性评价为主*。形成性评价是平时教学过程中的随机评价，主要用以诊断、发现和解决问题。总结性评价是某一教学活动后的结果评价，重在评价学习成效。大力加强形成性评价，可以强化评价的反馈和调节功能，从而促进学生主动积极地发展。为此，我们可以采取"取消期中，淡化期末，加强平时"的做法，改变传统的依据期末一张试卷来评价学生学习效果的方法。平时的形成性评价包括：课堂答问、作业完成、单元测查、分项考核、日常观察等形式。这样做，不仅可以减轻学生的心理压力和学习负担，而且使教学评价成了教学的有机组成部分，能够达到以评促学的目的。

2. 定性评价和定量评价结合，以定性评价为主。定量评价主要是对学生的学习情况进行量化评价，以评比学生在集体内的相对位置。定性评价是检查评定学生的学习表现与既定的学习目标之间有无差距。定量评价容易以集体内他人的情况作为评价的参照标准，从而形成学生名次的排定。定性评价是以某种目标为基准的评价，评价的是目标的达成度或标准的满足度。定量评价容易造成学生内部激烈竞争之后的两极分化，使暂时后进的学生焦虑自卑，不利于全体学生的持续发展及语文素养的提高。定性评价以某种预定的目标为标准，能够将集体内部名次之争的矛盾转化为学生个体与外部学习目标的矛盾，激励全体学生向着学习目标不断迈进，最终促进学生语文综合素养的提高。定量评价结果的呈现方式，往往是分数和名次。定性评价则可以根据实际需要，选择恰当的结果呈现方式：可以是书面的，也可以是口头的；可以是分数的，也可以是等级的；可以是评语的，也可以是多种方式的综合。其实，评价结果呈现方式的选择是外在因素，在定量评价和定性评价的结合中，如何以定性评价为主还得取决于我们正确的思想观念。

3. 采取形式多样的评价方式。"课标"指出：评价方式除采用传统的书面测试和作业外，要针对学生学习语文的阶段性特点，根据各学段的目标，综合采用多种评价方式。目前，不少地区和学校在评价方式上加大了改革力度，出现了开卷考试、闭卷考试、口试、操作、活动等多种评价方式并存的局面。特别令人高兴的是，有的学校和教师在考试和评价的趣味性上进行了研究，提出了"分项考试，综合评价"、"分组考试，研究答案"、"保密考试，个人知道"等行之有效的考评方法。对于这些方式方法，我们在实际工作中要加以创造性地运用和发展。

4. 引导学生参与评价，形成学生自评、互评与教师评相结合的评价机制。教学评价是教学的有机组成部分。我们倡导教学以学生为主体，那么评价也必须以学生为主体。"课标"对此作出了明确规定："实施评价应该注意教师的评价、学生间互相评价与学生的自我评价相结合。"随着学生年龄的增长，语文学习能力的提高，应逐步确立学生在评价中的主体地位。积极引导学生参与考评，重视发挥学生在考试评价中的主体性，可以扭转以往只重考评结果而忽视考评过程的倾向，真正发挥教学评价的教育功能。在这方面，不少地区和学校作出了积极的探索。

【拓展阅读】
"课标"内容体系

1. 第一部分"前言"。

阐述语文课程改革的时代背景、语文课程的性质与地位、语文课程的基本理念以及语文课程的设计思路。这些内容是"课标"的主要指导思想和精神实质。注意三个问题：

A. 语文是人类文化的重要组成部分。

客观事物具有自然属性和文化属性。自然属性是不依赖于人的意志而存在的，而文化属性则蕴涵人的情感、态度和世界观等。语文主要体现的是它的文化属性，而不是自然属性，所以不能简单地把自然科学的定理、规则和方法照搬到语文教育中来。这是语文学科区别于其他学科的重要特征之一。

B. 语文课程是工具性和人文性的统一。

以前的教学大纲关注的是语文的工具性；"课标"第一次明确突出"人文性"这一特征，在处理两者关系时，用了"统一"，而不是"结合"、"联系"等词，更多地强调两者之间的辩证关系以及两者的整合关系。

C. 语文课程的基本理念。

四个基本理念是：全面提高学生的语文素养（目标），正确把握语文教育的特点（特点），积极倡导自主、合作、探究的学习方式（方式），努力建设开放而有活力的语文课程（保障）。

语文课程建设的理念是多层次、多元化的体系，上述四个理念是当前语文教育改革和发展最基本的，也是最重要的。

2. 第二部分"课程目标"。

要淡化汉语拼音，不单独进行词语解释，应放在语境中解释，淡化词义教学。加强"习作"教学，整个义务教学阶段被称为"习作教学"。把听说教学发展为"口语交际"。

新课程标准十分关注课程目标的制定。根据课程改革的指导思想，结合语文课程的特点，从知识和能力、过程和方法、情感态度和价值观三个方面具体阐述了语文课程的总体目标和学段目标。把初中和小学合并在一起，分为4个学段，并对每个学段的识字、写字、阅读、习作、口语交际、综合性学习等方面提出了目标要求。各种设计结合在一起（总体目标、分段设计、分类设计），体现了课程目标设计的新思路。

3. 第三部分"实施建议"。

语文教学大纲叫"教学要求"，而新标准叫"教学建议"。所谓要求就必须做，而建议觉得对就做。体现了人文性，提供了更大的发挥空间。

4. 第四部分"附录"。

新课程标准的内容有两个基本优点：一是理念领先。二是空间留余。不过多地规定语文教育的细节要求，更多的是提出原则性要求，为教师创造性发挥提供更大的空间。

第二节　小学语文教学分类评价实务

一　识写评价

评价学生识字能力，就是对学生的识字水平多方面的测试结果进行全面客观的分析，属于定量评价范畴。通过识字能力的评价，教师可以了解某一阶段内某位学生的识字水平，从而改善自己的教学，调整自己的教学行为，有利于更好地提高教学质量。新课程实验教材对学生识字的要求分为会写（100个），会认（400个）两种，针对这不同的要求，建议从以下两方面进行识字能力的评价：

（一）从形、音、义的结合上评价识字能力

这主要是针对新课程教材中要求达到会写程度汉字的评价方法。《全日制九年义务教育语文课程标准》（实验稿）指出："评价识字要考查学生认清字形，读准字音，掌握汉字基本意义的情况。"这说明，形音义结合是检测识字能力的最重要内容，学生只有对汉字形音义有了全面了解和掌握，才算真正识字。测评学生识字能力的高低就要从形音义的结合上入手。字形教学是识字教学的关键，也是学生识字的难点。评价识字，就要抓认清字形这个关键。考查测试学生的主要方式应该是听写。让学生听写学过的生字，注重每个字共几笔，第几笔是什么。如："小鸟"的"鸟"共几笔，第三笔是什么笔画？"河水"的"水"最后一笔是什么笔画？

（二）在具体语言环境中考察运用能力

单纯地识某个字，非但不好记字形，其字音也容易忘，字义印象就更难深刻了。把生字放到具体语言环境中去学，情况就不同了。加之一年级识字采用多认少写的原则，对要求会写的 100 个字可以用上述的方法考查其字形的掌握情况，而对其余 400 个只求会认的字便不能操作了。而一旦把它放到具体的语言环境中去考查，由于"字不离词、词不离句、句不离义"，学生可联系上下文去认清字形、了解字义。近年来一些专家在语言认知心理研究中发现，字词语义的心理贮存是按以具体到抽象的社会生活经验的意义纬度进行的。因此，考查学生在具体语言环境中对汉字的实际运用，充分尊重了儿童的思维发展特点，符合人类语言认知规律。如：①以"商场"一词为例，农村孩子对"商场"一词的概念不是很清楚，通过"商场里东西真多。""在商场买东西真方便"。这样一个语言环境，他们就基本了解"商场"的意思。通过一定的反复后，对这两个字的掌握相信不会有什么问题。在考查时如带上这个语言环境"我在商场里买了许多文具"，要学生认读"商场"一词，学生会比较容易认出。

（三）识写评价务实

"课标"强调：要重视学生的日常识字兴趣和习惯，对低年级学生尤其要采用适合儿童的评价方式，用积极的评价，而不是消极的评价，激励学生识字的积极性，好的识字教学形式以识字为重点，引导学生不断发现字词与事物之间的这样和那样的联系，从而对字词所指代的事物展开深层次的认识活动，在逐步深入的认识过程中始终以学生为主体，变单调的读、重复的写、机械的记为有情有趣的看、有滋有味的想、有感有触的实践、有声有色的渲染，变浅层次的识字活动为深层次的探究活动。使学生的识字活动成为极快乐极有趣的事，很多学生的识字都是由乐趣转化为习惯，进而让主动识字成为他们生活的需要和自觉行动的。这种可贵的识字兴趣和良好的识字习惯，足以支撑他们在识字的征途中不断进取，披荆斩棘，获得极大的成功和愉悦，终身受益。评价学生的识字，就要评价他们识字的兴趣和习惯。

二 阅读评价

语文教学以阅读为主，阅读教学是整个语文教学工作的核心。古人曰："书读百遍，其义自见"，"劳于读书，逸于作文"等均是强调阅读的重要性。开展阅读能力评价，以阅读教学的目标为依据，对学生在阅读教学中所形成的能力进行价值判断，为最终实现阅读教学的目的而迈进。阅读能力评价又是完善阅读教学的重要环节：是一个阅读教学过程的结束，又是下一个阅读教学过程的开始。

（一）评价内容

1. 爱读书——阅读的主动性

韩愈说："人之能为人，由腹有诗书"，苏轼说："自孔子圣人，其学必始于观书。"古今中外的仁人志士，名人伟人，无不把读书作为生活之乐趣，成功之基石。培养学生的阅读，让他们将阅读作为自己生活中不可缺少的一部分，这就需要培养学生的阅读兴趣，使学生"爱读"。学生只有对阅读产生浓厚的兴趣，才会积极主动地投入，才会从书中获取营养。

学生阅读的自觉性一方面来自于自身对读物的兴趣，另一方面需要教师的引导培养，使学生形成"爱读"的习惯。如《埃及的金字塔》一课，是一篇说明文，对于学生来说兴趣不大，这就需要教师的引导：一提起埃及，你会想到什么？（金字塔）你见过埃及的金字塔吗？……如此庞大的建筑古时的埃及人民是如何建成的？通过这一系列的问题，使学生对金字塔的兴致更高了，从而全身心地投入到阅读中去，积极主动地去探求知识。

2. 善读书——阅读的质疑性

阅读的质疑性，指在阅读过程中对读物及其相关的内容敢于大胆提出疑问并主动探索的心理素质，表现为"善读"的情感倾向。它包含两个层次：一是质疑，即提出疑问，这是发现问题；二是问难，即对疑问进行探索，这是解决问题。教师培养学生的质疑性品质，要重在培养学生主动探索和钻研的心理素质。

在学习《灰椋鸟》一课中，学生提出一个问题：从题目看文章介绍的应该是鸟，可作者为什么在最后写到了植树造林呢？这就引导学生结合前文"人工刺槐林"，抓住"人工"细节来体会感悟。接着更深一步，寻求作者写作的目的（表达对植树造林人们的崇敬以及植树造林的重要性）。

由此可见，善读书，会发现问题，并自己寻求答案这一阅读能力对于学生的发展有着举足轻重的作用。

3. 会读书——阅读的积累运用

阅读的积累性，指在阅读过程中自觉地不断积累获取的知识并随机应变地加以运用的心理素质，表现为"会读"的情感倾向。就是说，在阅读过程中，学生不仅仅是简单地往自己的头脑里输入信息，更重要的是要把信息进行加工，并与自己头脑里已经储存的信息相互聚合和重新组织。

"得法于课内，得益乃至成长于课外。"从阅读中可以学会多种方法，如精读、泛读、浏览、速读等；还可以学会作者写作的方法，如苏教版第十册《爱如茉莉》一课，作者写的是父母之间的爱，在文中作者通过许多的细节描写让读者感受到了父母间那如茉莉般平淡无奇的爱。"妈妈睡在病床上，嘴角挂着恬静的微笑；爸爸坐在床前的椅子上，一只手紧握着妈妈的手，头伏在床沿边睡着了。"这一幕在日常生活中我们经常可以看得到，作者正是抓住了这一生活中最寻常的事情来表达父母之间的爱，从爸爸的这一小细节动作中体会父母之间的爱。学到这一方法后，学生在写作时也能够抓住细节来写。可见，培养学生"会读"这一能力对他们受益匪浅。

（二）评价方法

1. 重视学生阅读的形成过程，实施形成性评价

阅读能力的评价包括形成性评价和终结性评价。形成性评价，是教学过程中进行的评价。终结性评价又称为结果评价，是某一完整的教学阶段结束后作出的结论评价。以前人们对阅读能力的评价侧重于结果评价，而忽视了学生阅读过程中的评价。

形成性评价又称为阅读能力的形成，它不是一天两天的事，它是学生在学习语文的过程中，不断汲取，不断积累，不断感受和体验的过程。它是"学生、老师、文本之间的对话过程"。在这个过程中，学生要依据自己的"阅读期待"，不时地进行阅读的反思和批判，不断地把握自我理解程度，判断与阅读目标的差距，并采取各种帮助思考和增进理解的策略。所以，对阅读能力的评价，我们不仅要关注其结果，更要关注学生阅读能力的形成过程，把评价贯穿于教学活动的每一个环节。

2. 尊重学生阅读的个体差异，实施分层评价

在阅读教学中，由于学生的生活经历、情感体验、思维方式、认识水准、阅读目的以及切入角度等存在差异，导致学生在阅读速度、阅读兴趣和阅读接受等方面存在差异。回避差异，课堂就会变成只有教师和少数尖子生相互弹唱的"独角戏"。差异性阅读并无好坏之分，正如"一千个读者就有一千个哈姆雷特"那样，阅读的过程实质是一个充满强烈主观色彩和荡涤心灵的个性化行为，更是读者"因文得义"的心理过程。

因此，在学生阅读评价中，既要关注学生的共性，又要关注学生的差异性，我们主要运用了分层评价的方法，根据学生的阅读能力的不同，把学生分成不同层次，让评价都合乎他们的"最近发展区"。分层评价，让所有学生都能参与到阅读活动中，品尝阅读学习的乐趣，尊重学生个体差异，促进每个学生的健康发展。

3. 加强校内外相结合，实施主体参与多元化评价

"课标"指出："实施评价，应注意教师的评价，学生的自我评价与学生间互相评价相结合，加强学生的自我评价和相互评价，还应该让学生家长积极参与评价活动。"所以，在阅读评价中，不仅是以教师为主的评价，更要让学生以及与学生有关的其他人员参与评价，即采用学生自评、同组互评、教师点评、家长查评的全体参与的多元化评价。学生通过自评，能培养自己的认识能力。小组互评使学生学会辨别，学会欣赏，学会评价。教师点评，主要起到教师的主导作用。家长查评，主要引导家长主动、全面了解学生，辅导自己的孩子。

4. 开展读书交流会，进行活动式评价

阅读能力的评价过程应始终保持动态化，其目的在于促进评价对象循序渐进的转变与发展，重视阅读行为活动记录和表现反馈，使评价处于开放的良性循环之中。

学生课外读的书应该定期在班内进行交流，让他们介绍自己所读书的主要内容，自己的读书经验，自己读书所得的收获，亦可向别人推荐自己所读的好书，其余同学可以提出的问题或者见解与其进行交流。这样在班集体中形成一个良好的读书氛围。

三 口语交际评价

新的"课标"从语言运用的角度对教学目标及要求作了调整，强调培养学生运用语言的能力和搜集、处理信息的能力；从素质教育的角度去定位教学目的时，强调激发学生的主动意识和进取精神，倡导自主、合作、探究的学习方式。2000年颁布的《九年义务教育全日制小学语文教学大纲》（试用修订版）把原大纲中要求的"听话说话"改为了"口语交际"，在新颁布的"课标"（实验稿）里，也采用了"口语交际"这一提法。这不仅是提法上的改变，更是观念上的改变；不仅是对口语交际内涵的理解变化，更会引起对学生口语交际能力的评价体制的变革。把口语

交际作为语文学习评价的内容之一，这是素质教育的迫切需要，也是学生发展的需要。

口语交际评价是对学生语文学习的整个评价体系（包括知识和能力、过程和方法、情感态度和价值观）中的一个环节。相对于听说能力而言，口语交际更强调双向互动的特点，是信息的交流与人文关怀的统一体。因此，它不仅要求听说技巧，还要求具有待人处世、举止谈吐、临场应变以及传情达意等方面的能力与素质。全国小语会会长崔峦在解读新课标时说："口语交际能力是以听说能力为核心，包括交往能力在内的一种综合能力。"他还提出中小学口语交际教学的任务是"在学生已有的听说能力的基础上规范口头语言，提高口语交际的能力，包括倾听、表达、应对的能力以及文明的态度和良好的语言习惯"。

口语评价根据评价的目的、作用及时间，可把口语评价分为形成性评价和终结性评价。终结性评价是在期末集中组织、师生面对面快速进行形式单一的口语测试。它属于学业测试，"鉴定"是口试的主要功能。测试内容带有一定的片面性，测试结果也是偶然的。由于这样的口试并不能全面、客观地反映学生实际的口语能力和有效地促进学习，所以，我们重点研究的是以形成性为主的口语评价。从评价时间来看，口语评价贯穿于学习的全过程；从评价内容来看，包括对学生用祖国文字进行听、说、读、演的技能和综合运用语言进行交际的能力进行检测；从评价方式来看，是由师评、生评、家长评，自评与互评方式有机组合进行；从评价性质来看，包含进步测试、诊断性测试、学业成就测试等多元性质的测试；从评价的功能来看，"形成"和"改进"是口语评价的主要功能。

（一）利用课堂环节训练口语交际

我们可以根据不同的课文内容，来穿插各种培养学生口头表达能力的训练，给学生创造更多的练习机会。

1. 扮演导游。在写景类课文，课堂创设旅游观光的情境，让学生当导游，解说景观，培养学生的口语能力。

2. 扮演推销员。在状物为主的说明文，课堂创设商场购物的情境，让学生扮演售货员，组织学生"推销"文中"产品"，培养学生的口语交际能力。

3. 角色扮演。在故事情节性较强的课文，创设课文的情境，分角色表演故事。学生通过口头语言和体态动作语言的表达，培养他们口头交际的能力。

4. 续写故事。部分阅读课文，留给学生较多的想象余地。让学生延伸内容，进行想象，续编小故事，使学生的思维能力、想象能力和语言表达的能力同时得到提高。

而某些课文所叙述的故事情节中存在着空白点。让学生口头填补"空白点"，达到口语交际的目的。另外，对某些有争议性的课文还可以组织学生辩论，让他们各抒己见，在争论中培养他们思维的敏捷性和口头的表达能力。

（二）充分利用课外资源进行口语交际

大纲对口语交际明确提出了三个要求："要利用语文教学的各个环节，有意识地培养学生的听说能力；要在课内外创设多种多样的交际情境，让每个学生无拘无束地进行口语交流；要鼓励学生在日常生活中积极主动地锻炼口语交际能力。"只重视课堂教学这一口语训练的阵地是不够的，课外口语训练也要抓起来，在日常生活中培养学生的口语能力并应用于实际交际，才是口语教学的目的所在。

1. 与课堂结合。要有意识地将口语交际训练从课内引向课外，在课外多挖掘题材，收集一些好词佳句，把课外引进课内共同交流。

2. 与学校活动结合。在学校开展朗诵等各项比赛，班级开展的各项活动也是进行训练的机会，充分利用课内课外资源，双线训练，立足课文，创设多种多样的情境，体验生活，开展丰富多彩的口语交际实践活动，多元化地培养学生的口语交际能力，让学生将所学化为活的能力应用到日常生活中去。

四 习作评价

习作能力是一种综合能力，是衡量语文能力重要的客观尺度。综合评定学生的学业成绩一般都要对写作能力加以衡量。然而，它又是小学语文中最难客观评价的内容之一。要达到客观评价习作能力的目的，必须对学生的习作能力性质、评价要素、评价目标及要点、评价方法进行分析。

（一）习作评价内容

1. 知识和能力的评价

除了对学生的写作基本理论与知识进行评价外，还应该特别重视对其写作能力的评价：评作文的数量和速度，评立意的创新，评想象力的拓展，评语言的简洁优美，评不同文体的表达规范等。

2. 过程和方法的评价

过程评价：包括评习作的准备，平时的随笔，口头表达与书面表达的结合，习作前有无提纲与草稿，是否经过修改后才誊写到作文本上，有无主动与他人交换修改，有没有认真阅读老师、家长或小组成员给你的评语，单元或学期的习作前后几篇对比是否有进步，别人提出的合理性意见是否已采纳等。方法评价：评习作方法是否已掌握，可结合小学各年级的要求，引导学生根据各文体的写作要求与特点进行自评或合作评价。

3. 情感态度和价值观的评价

写作态度评价：包括评学生写作前是否认真准备；写作后是否认真修改；写作中态度是否认真，书写是否工整；能否及时听取意见和建议并有所进步等。

写作诚信评价：评学生作文的材料是否真实，情感抒发是否真切等。

写作情感评价：评学生作文中的情感是否健康、积极、诚挚并能与现实生活相结合；评学生在作文的过程中是否体验到快乐；评学生在习作完成后是否愿意与他人进行交流，是否愿意将自己的习作读给别人听，与他人分享习作的快乐，是否懂得习作是为了与人交流并乐意去实践，习作态度是否认真，学习过程中是否具有创新意识等。

（二）习作评价方法

1. "定性—定量"有机结合

如同整个语文学科，习作具有重情感体验和感悟的特点，因而量化不能成为习作评价的唯一手段。我们一方面要重视吸收量化评定科学性的合理做法，客观地评定学生的习作能力。另一方面，难以采用测试或评价方法评定的习作特点或非认知因素，如习作中的想象、观察、习作兴趣、习作习惯等，除了对作文进行分析外，可采用观察等方法进行语言描述式评定。在定性评价和定量评价相结合基础上，更要重视定性评价方法，综合采用多种评价方式，才会达到良好的评价效果。

2. "进程—终结"同等重要

在学生习作的整个过程中实施评价，以展示学生的实际进步，并不断地鼓励学生学习。为此，要关注学生习作学习的进程，重视习作能力的发展变化。要十分注意引导学生了解自己的进步，实施自我内部参照分析。进行"进程性"评价的有效方法有习作档案评价、课堂观察评价，还有习作专题作业评价，等等。档案中汇集学生一个学期习作学习过程中的相关资料；观察可以记录学生的每一个细节；作业可以展现学生习作的阶段发展状态……这些方法，适用于低、中、高每一个学段的学生，可专题开展研究。"终结性"评价的实施也同等重要，每学期结束的学生习作综合能力测试，是对学生一段时间内习作能力发展的终结评价，不可缺少。

3．"教师—学生—家长"多元参与

为了更全面地发挥评价的功能，引导多人参与评价的机制。除了教师外，引导学生积极参与习作评价，有条件时还可让家长积极参与其中。将教师评价，学生自评、互评，家长评价相结合，对学生的习作进行全面的评价，促进学生习作力素质的提高。加强学生的自我评价和相互评价，改变传统评价由一人说了算的误区。

4．"赞赏—建议"多种呈现对学生习作评价结果

分数与等级：为学生给定分数与等级时，多从鼓励学生角度考虑，以更好地发挥评估的激励作用，可给较高的分数。

评语：分为书面与口头评语、眉批与总评等。评语重在两个方面的作用，一是指出学生的长处，二是提出具体的改进建议。对学生的日常表现，尽量从正面加以引导，应采用激励性的评语，以鼓励、表扬等积极的评价为主。尊重学生的个体差异，促进每个学生的健康发展。

五　综合性学习评价

语文综合性学习，作为新课程教育内容之一，是一种既能体现小学生身心特点，又相对独立存在的课程组织形态，它超越了传统单一的学科界限，有机地将知识与经验、理论与实际、课内与课外等结合起来，促进学生知情意行的和谐统一发展。"课标"中明确指出："综合性学习的评价应着重考察学生的探究精神与创新意识。要尊重和保护学生学习的自主性与积极性，鼓励学生运用多种方法，从不同的角度，进行多样化的探究。"所以，在评价时，既考虑学生的过去，关注学生的现在，又着眼于学生的未来；既关注学生学习的结果，又注重学生学习的过程。

（一）实现内容整合

"课标"极力倡导大语文观，不要求刻意强调语文本身知识体系的系统性、完整性，避免语文同生活的割裂，打破学科间的壁垒，向生活、各学科开放，实现教教材向用教材的转变，具体要求是：

1. 融合各学科的知识与技能。它不是语文同各学科简单的相加。要在多学科的交叉中体现语文知识和能力。其目标必须回归到语文上来，为语文服务，更好地实现语文综合素养的形成，即语文本位。在第十一册《飞向月球》中，学生无法理解"失重"一词，课中，通过有关科学知识介绍，课后，让学生查阅资料，将有利于学生对文中"奇怪的睡觉、行走、觅食方式"的理解，既有助于对语言文字的感悟，又丰富了科学知识。

2. 充分体现语文的工具性。"课标"在"评价建议"中提出综合性学习的评价的着眼点之一是语文知识和能力综合运用的表现。紧密结合语文教材，设计学习内容，以训练学生对语文知识的综合运用能力。鼓励学生运用所学的各科知识解决综合学习中遇到的问题。如为社区设计公益用语宣传环保知识（运用了语文、环保、美术等知识技能）。在真实的生活情境中，整体提高学生的语文综合素养。

3. 梳理语文知识与技能。语文知识、技能也需要进行整合，使之更具有条理性，实现知识碰撞。各类语文知识竞赛就是在头脑风暴中达到知识体系再构建。

（二）拓宽信息渠道

语文综合性学习应致力于拓宽广阔的信息渠道，使语文资源更丰富，学生视野更开阔；使文本成为一扇窗户，透过它欣赏更精彩的世界。

1. 向生活开放。语文的外延与生活的外延是相等的。语文无处不在，无时不有。用生活中丰富的素材充实文本，使之更厚重。学了《剪枝的学问》，带领学生到果园场走一走，向果农请教，这比课文学得更真切。

2. 向网络索取。网络世界精彩纷呈，无所不包括。学了《秦兵马俑》，带领学生漫游其中，会了解到更详细、更生动、更精彩的兵马俑知识。

3. 向同学学习。综合性学习的重要方式是小组学习。每个学生既是相互独立的，又是合作的。学生在活动中，会实现思维的碰撞，知识的融合。

4. 向独立阅读求取。培养学生独立阅读能力是"课标"的重要要求。放手让学生自主阅读是重要的内容和形式。学生可以根据所需，有选择性地阅读，让学生在广阔的阅读材料中，掌握语文规律。

（三）体现主体地位

"课标"强调语文综合性学习应突出学生的自主性，重视主动积极的参与精神。大胆放手让学生自行设计和组织活动。培养他们的合作精神，锻炼策划、组织、协调、实施的能力。突出学生在综合性学习活动中的主体地位，真正地变被动的吸纳为积极的内在需求。教师放胆、放权，并不意味着教师彻底撒手不管，放任自流。因为在整个活动中，学生由于种种原因，可能思考欠周到，措施不得力。教师应以热心、欣赏、关注的态度参与整个活动过程，及时给予必要的指导。

【拓展阅读】

　　语文课程评价的目的不仅是为了考查学生实现课程目标的程度，更重要的是为了检验和改进学生的语文学习和教师的教学，改善课程设计，完善教学过程，从而有效地促进学生的发展，不应过分强调评价的甄别和选拔功能。

　　突出语文课程评价的整体性和综合性，要从知识与能力，过程与方法，情感态度与价值观几方面进行评价，以全面考查学生的语文素养。语文学习具有重情感体验和感悟的特点，因而量化和客观化不能成为语文课程评价的主要手段。应避免语文评价的烦琐化。

　　形成性评价和终结性评价都是必要的，但应加强形成性评价，提倡采用成长记录的方式，收集能够反映学生语文学习过程和结果的资料，如，关于学生平时表现和兴趣潜能的记录，学生的自我反思和小结，教师和同学的评价，来自家长的信息等。

　　定性评价和定量评价相结合，更应重视定性评价。学校和教师要对学生的语文学习档案资料和考试结果进行分析，客观地描述学生语文学习的进步和不足，并提出建议。用最有代表性的事实来评价学生。对学生的日常表现，应以鼓励、表扬等积极的评价为主，采用激励性的评语，尽量从正面加以引导。

　　（一）识字与写字

　　1. 汉语拼音能力的评价，重在考查学生认读和拼读的能力，以及借助汉语拼音认读汉字，纠正地方音的情况。

　　2. 评价识字要考查学生认清字形，读准字音，掌握汉字基本意义的情况，以及在具体语言环境中运用汉字的能力，借助字典、词典等工具书识字的能力。不同的学段应有不同的侧重。

　　3. 关注学生日常识字的兴趣，关注学生写字的姿势与习惯，重视书写的正确，端正，整洁，激发学生识字写字的积极性，不能简单地用罚抄的方式来达到纠正错别字的目的。

（二）阅读

1. 阅读评价要综合考查学生阅读过程中的感受，体验，理解和价值取向，考查其阅读的兴趣，方法与习惯以及阅读材料的选择和阅读量。重视对学生多角度，有创意阅读的评价。语法、修辞知识不作为考试内容。

2. 朗读、默读的评价

能用普通话正确、流利、有感情地朗读课文，是朗读的总要求。根据阶段目标，各学段可以有所侧重。评价学生的朗读，可从语音、语调和感情等方面进行综合考查，还应注意考查对内容的理解和文体的把握。评价默读，应根据各学段目标，从学生默读的方法、速度、效果和习惯等方面进行综合考查。

3. 精读的评价

重点评价学生对读物的综合理解能力，要重视评价学生的情感体验和创造性的理解。根据各学段的目标，具体考查学生在词句理解、文意把握、要点概括、内容探究、作品感受等方面的表现。

4. 略读、浏览的评价

评价略读，重在考查能否把握阅读材料的大意；评价浏览能力，重在考查能否从阅读材料中捕捉重要信息。

5. 文学作品阅读的评价

根据文学作品形象性、情感性强的特点，可着重考查学生对形象的感受和情感的体验，对学生独特的感受和体验应加以鼓励。

6. 古诗文阅读的评价

评价学生阅读古代诗词和浅易文言文，重点在于考查学生记诵积累的过程，考查他们能否凭借注释和工具书理解诗文大意，而不应考察对词法、句法等知识的掌握程度。

（三）写作

1. 写作评价要根据各学段的目标，综合考查学生作文水平的发展状况。

应重视对写作的过程与方法，情感与态度的评价，如是否有写作的兴趣和良好的习惯，是否表达了真情实感，对有创意的表达应予鼓励。

2. 重视对写作材料准备过程的评价。

不同学段学生的写作都需要占有真实、丰富的材料，评价要重视写作材料的准备过程。不仅要具体考查学生占有什么材料，更要考查他们占有各种材料的方法。要用积极的评价，引导和促使学生通过观察、调查、访谈、阅读、思考等多种途径，运用各种方法搜集生活中的材料。

3. 重视对作文修改的评价。

要注意考查学生修改作文的态度、过程、内容和方法。通过学生的自改和互改，取长补短，促进相互了解和合作，共同提高写作水平。

4. 采用多种评价方式。

提倡为学生建立写作档案。写作档案除了课内外作文外，还应记录写作态度，主要优缺点以及典型案例分析等内容，以全面反映学生的写作实际情况和发展过程。

对学生作文评价结果的呈现方式，根据实际需要，可以是书面的，可以是口头的；可以用等第表示，也可以用评语表示；还可以综合采用多种形式评价。

（四）口语交际

评价学生的口语交际能力，应重视考查学生的参与意识和情意态度。评价必须在具体的交际情境中进行，让学生承担有实际意义的交际任务，以反映学生真实的口语交际水平。

（五）综合性学习

综合性学习的评价应着重于学生的探究精神和创新意识。尤其要尊重和保护学生学习的自主性和积极性，鼓励学生运用多种方法，从不同的角度，进行多样化的探究。这种探究，既有学生个体的独立钻研，也有学生群体的讨论切磋，所以除了教师的评价之外，要多让学生开展自我评价和相互评价。评价的着眼点主要在：

——在活动中的合作态度和参与程度。
——能否在活动中主动地发现问题和探索问题。
——能否积极地为解决问题去搜集信息和整理资料。
——能否根据占有的课内外材料，形成自己的假设或观点。
——语文知识和能力综合运用的表现。
——学习成果的展示与交流。

在评价时，要充分注意学生在解决问题的过程中所采用的思路和方法，及时发现差异。对不同于常规的思路和方法，尤其要给予足够的重视和积极的评价。

（摘自：《语文课程标准》）

【我思我行】

一　请对案例中教师的教学行为予以分析。

"我也不知道自己算不算好学生，平时上课的时候，老师最喜欢点我发言了，因为我书读得多，想象力也不错，敢于说与众不同的东西。可一考试，老师就看不上我了。她常常教训我，考试的时候不要自作聪明，要写自己有把握的答案。遇到什么默写自己喜欢的成语啦、段落啦、古诗啦，选做一个作文题呀之类可以自由选择的题目，就要写简单的，自己有把握的，才不会出错。有几篇课文，老师还规定我们统一背哪段，都是字少的，说如果要考默写就写它，不会失分。有一次默写成语吧，我默写都是课外书上来的，我读的课外书是我们班上最多的，但多了一些错别字，结果一个错别字扣0.5分，我辛辛苦苦写出来的成语等于白写，结果只考了84.5分。别小看这0.5分，多了它，我的等第就是优了。老师还把我批评了一通，说这又不是上课，要逞什么能，冒什么险，还说我不听话，不懂考试的技巧，考这个分数是对我的惩罚！我真的想不通，净默写书上的成语，有什么意思？看到那些考高分的同学，我心里真委屈。"

二　请你研读下列作文评价及对评价的评价，并对它们作出你自己的评价。

【参考文献】

1. 吴祖欣：《分项考试的优势及操作》，《小学语文教学》2000年第3期。
2. 朱恒平等：《兴趣考试十法》，《小学语文教学》2000年第7期。
3. 江平、朱松生：《小学语文教学论》，《自学教材》，上海三联书店2002年版。
4. 江平：《小学语文课程与教学》，高等教育出版社2010年版。
5. 赵绍军：《小学语文课程教学论》，郑州大学出版社2007年版。
6. 教育部基础教育课程教材发展中心：《语文课程标准（征求意见稿）》，2001年4月。
7. 周卫勇：《走向发展性课程评价：谈新课程的评价改革》，北京大学出版社2011年版。

模块五
教师与教研论

第一章　小学语文教师论

【开篇语】

教师专业发展不仅是社会发展对教师的期待，是教师自身成长的内在需要，而且是学生发展的榜样，是学生学习的活教材。20世纪60年代以后，教师专业化成为教师发展的成功策略，并将构成我国新课程实施的必要条件。本章首先探讨了小学语文教师在教学、交往、课程构建中的多重角色；其次阐释了小学教师必备的职业素养；最后，在对小学语文教师专业发展内涵界定的基础上，将小学语文教师的专业成长分为三个阶段，并指出教师专业发展的途径与方法。

【问题情境】

人教版《葡萄沟》教学片段
熊开明

师：葡萄的种类、颜色这么多，我们该怀着什么样的心情来读？

A生：激动。

B生：兴奋、惊喜。

师：这两位同学都说得非常好。谁能带着这种心情试着读一下？

A、B生有声有色地读完了。

师：谁能评价一下他们读得怎么样？（学生评价）

师：谁能比他们读得更好？（学生群情高涨，跃跃欲试，可A、B生脸上的笑容却消失了，他们红着脸低下了头）

（摘自：《小学语文新课程教学法》，首都师范大学出版社2010年版）

上述案例中，教师的做法存在什么问题？学习本章之后，或许能够找到答案。

【理论导学】

角色，通常是指戏剧脚本中所规定的人物。在角色理论中，角色是指个人或人们在群体及社会中由于占据一定的地位而显示的态度和行为模式的总和，或应履行的职责。小学语文教师，作为履行小学语文教学工作的专业人员，已不再是传递知识的教书匠，在教学、交往、课程建构中扮演着多重角色。

第一节　小学语文教师的职业角色

一　小学语文教师的教学角色

课堂教学是教师主要的职业舞台，对教师的职业生涯和专业发展具有重要的影响。韩愈在《师说》中开宗明义地指出："师者，传道、授业、解惑也。"这也成了传统教育中对教师教学角色的经典描述，它深刻地指出了传统教师的知识传授者的教学角色。基础教育课程改革确立起新的知识观，《语文课程标准》（以下简称"课标"）明确提出全面提高学生的语文素养，语文教育具有丰富的人文性与很强的实践性。小学语文教师的教学角色发生了转变，由语文知识传授者向语文素养与人文素养以及语文实践能力的培养者转变。

（一）学生语文素养的促进者

"课标"在前言中提出："语文课程应致力于学生语文素养的形成与发展。"在课程基本理念中又进一步提出"全面提高学生的语文素养"，"面向全体学生，使学生获得基本的语文素养"这一目标理念，位于四条基本理念之首。

语文素养，是指平时对语文长久的训练积累与涵养。传统语文知识被狭义地理解为字、词、句、篇，语、修、逻、文，强调语文知识的训练。但是，从语文的本质这个层面来看，语文是超知识的，或者说是非知识的。语文更多地以直觉的形式呈现，以知情意统一的特点引起人们的注意。语文涉及知识，但语文不能被看作是一个知识系统，语文课程的目的是为了获得语文素养。对于语文实践来说，语文知识既不是建构语文、"约成"语文的充分条件，甚至也不是必要条件，而只是辅助条件。

　　语文素养是学生学好其他课程的基础，也是学生全面发展和终身发展的基础。"课标"进一步对语文素养的内容要素作出了具体的解释："语文课程应培育学生热爱祖国语文的思想感情，指导学生正确地理解和运用祖国语文，丰富语言的积累，培养语感，发展思维，使他们具有适应实际需要的识字写字能力、阅读能力、写作能力、口语交际能力。语文课程还应重视提高学生的品德修养和审美情趣，使他们逐步形成良好的个性和健全的人格，促进德、智、体、美的和谐发展。"这一解说中，语文素养包括学生对祖国语文的情感、能力以及言语主体的品德修养、知识积累、智力水平、个性人格等系统的完整的结构。语文是一门实践性的学科，其根本目的之一是为学生的言语实践活动服务的。学生对语言的情感与意志是言语活动的动力源泉，语言能力是完成言语任务的基础，主体基于个体独特的品德修养、智力水平、审美情趣、人格个性之上的具体感悟和思维水平是完成言语任务的前提。伴随着语文课程基本理念的转变，语文教师的角色也由语文知识的传授者向语文素养的培养者转变，教师应致力于学生语文素养的整体形成和发展。

　　（二）学生人文素养的培养者

　　《基础教育课程改革纲要（试行）》（以下简称《纲要》）明确提出要使学生具有人文素养。"课标"在归纳语文教育特点是"工具性与人文性统一"的基础上，进一步指出："语文课程丰富的人文内涵对人们精神领域的影响是深广的"。

　　语文课程与人的生命活动、精神活动有着天然的联系，语文教师在教学中运用了大量的范文，就是接触范文中先哲和时贤的思想感情，用他们健康高尚的心灵陶冶人、教育人，使人在心理、观念、情感和行为方面受到培养和教育，并内化为学生的素质，从而学会做人，学会做事，最终目的是使人能和谐发展、全面发展。人的言语实践的内容就是人们的思想感情，听、说、读、写的方式方法也和人的思想感情有着千丝万缕的血肉关系。由于不同学生的生活经历、水平、个性特点，致使学生对语文材料的反应又往往是多元的、独特的。语文教学的人文性是客观存在的。在新课程背景下，语文教师应该重视语文的熏陶感染作用，注意教学内容的价值取向，同时也应尊重学生在学习过程中的独特体验，自觉地将自身的角色定位为学生人文素养的培养者。

（三）学生语文实践能力的培养者

《纲要》明确提出应加强学生的实践能力，"课标"进一步提出："语文是实践性很强的课程，应着重培养学生的语文实践能力。"皮特·科德从现代语言教学的角度论证了语言实践能力培养的重要性，他指出："传统认为，语言是一个'语言的'语言学概念。它很少关注'适合性'这一概念，也不考虑语言行为对不同社会环境的反映方式。而现代语言教学的一个很大的优点是，它较多地从社会的角度来对待语言，并且重视语言在不同的社会环境中的交际功能问题。"因此，语文教学从根本上来说，是要使学生了解语境与运用语言的关系。

"课标"进一步指出培养学生语言实践能力的途径与方法，指出培养这种能力的主要途径也应是语文实践，不宜刻意追求语文知识的系统和完整。语文又是母语教育课程，学习资源和实践机会无处不在，无时不有。因而，教师应该让学生更多地直接接触语文材料，在大量的语文实践中掌握运用语文的规律，形成学生语言实践能力。

二 小学语文教师的交往角色

交往在日常生活中无处不在，是生命活动最基本的形式。教育作为生命活动的一部分，从一定意义上来说，就是一种交往活动。以往的教育研究过于关注以教师为中心的系统讲授，伴随着课程改革的推进，开始强调形成积极主动的学习态度，积极倡导自主、合作、探究的学习方式。小学语文教师在教育教学中的地位以及相应的行为模式也发生了根本性转变，需要重新定位小学语文教师的交往角色。

（一）学生获取知识的引导者

鲁迅在《从百草园到三味书屋》中形象地描述出我国传统学校教育的特征，教育即"上所施，下所效"，教师闻道在先，扮演着知识权威与知识灌输者的角色，学生被动接受。但随着社会变迁的速度加快，传统的师生观已不能适应飞速发展的当代知识社会。现代教育观的一个重大成就就是发现了儿童，认识到儿童的兴趣、经验和探究精神对于学生发展的意义。学生不再是教学中的被动接受者，而成为参与者，教师成为学生学习的引导者。正如国际21世纪教育委员会向联合国提交的报告中所指出的："教师和学生要建立一种新的关系，从'独奏者'的角色过渡到'伴奏者'的角色，从此不再主要是传授知识，而是帮助学生去发现、组织、管理知识，引导他们而非塑造他们。"

（二）师生交往的对话者

教育交往的主要形式是对话。所谓对话是师生交往主体间基于相互尊重、信任和平等的立场，通过言谈和倾听而进行双向沟通的方式。对话不仅仅限于两者之间的言谈，而总是伴随着师生双方内心世界的敞开，是对对方真诚的倾听和接纳，在相互接受与倾听的过程中实现精神的相遇、融合。对话不同于独白，并不是任何的语言交流都是对话。真正决定一种交往是否是对话的，是一种民主的意识，是一种致力于相互理解、相互合作、共生共存，致力于和睦相处和共同创造精神的意识，即对话意识。

对话意识的形成，关键在于教师观念与交往角色的转变。教师不再总是以师长的姿态，对学生耳提面命，而是平等的对话者，是平等者中的首席，在交往过程中发挥一定的预见引导作用。在持续的对话中，双方都有可能突破原有理解的局限性，获取一些新的信息，达到一个新的视界。教师作为对话者，应尊重学生的观点与经历、言论、信仰和行动自由，共同决定对话的形式和内容。对话内容并不是事先预定好的，它是在对话过程中不断变化、不断生成的，存在于双方对话的交互性之中。

（三）学生教育过程的合作者

国际教育大会第三十五次会议给各国教育部的建议书中提出："必须认识到，学校教育的效果在很大程度上依赖于师生之间新型关系的建立（他们在教育过程中成为更活跃的合作者），依赖于教师同他们的同事，同其他可能的合作者之间新型关系的发展，依赖于教师同学生的家长，同与教育过程有关的社区其他人之间的新型关系的发展。"

在新课程背景下，教与学方式的改变要求教师不断地转换自身的角色，其中有一个很重要的转变，就是学会合作，教师成为合作者。首先，与学生合作。教师应创设一种民主的气氛，营造一种学生敢于表达观点、提出建议的环境。教师以民主的精神、开放的态度、合作的方式、宽松的环境进行教育教学，教学就会激发学生的生命活力，促进学生心灵成长。其次，与其他教师合作。一方面，同一学科的教师之间合作可以相互交换经验、建议与教学资源，分享彼此的困惑与智慧，共同推进学校走向一个学习型组织。另一方面，不同学科教师之间的合作可以满足课程综合化的要求，实现课程的综合与学习方式的综合。最后，与家长、社区的合作。

由于语文课程不断走向开放，各种社区的课程资源纷纷进入课程开发的过程，语文需要多方的合作。语文综合实践课和研究性学习课程的实施，也要求走出传统的课程和教室，在更广阔的领域内指导学生自主研究，挖掘地域内的文化资源和社会现象。

三　小学语文教师的课程建构角色

传统课程理念和课程环境中，教师是学科课程知识的传递者，是教学大纲、教材的执行者。新课程注重与学生的生活世界相结合，注重实践与实际，实行开放的内容体系。这一课程体系给教师开辟了广阔的空间，教师参与课程开发与管理，在课程建构上具有一定的专业自主性，同时又可以促进教师的专业发展。

（一）校本课程的研制者

《纲要》中指出："为保障和促进课程对不同地区、学校、学生的要求，实行国家、地方和学校三级课程管理。"校本课程是学校自主决定的课程，教师是校本课程的主要研制者，对课程资源的开发与利用、教学内容与教学过程的组织、学生的质量评定具有专业自主权。语文是实践性很强的课程，语文又是母语教育课程，学生所生活的学校、社区等"周围世界"乃至学生的日常生活世界，都是学生学习语文重要的学习资源和实践机会。小学语文教师应在执行国家语文课程和地方语文课程的同时，通过对本校学生的需求进行合理的评估，充分利用当地社区和学校的课程资源而研制出多样性的、可供学生选择的、适合于本校的语文课程。学校与社区同样构成语文学习的情境，语文不再只是文本的教育，而添加了丰富的精神与生活内涵，从而改变课程过于集中的状况，满足学生和社区的发展需要。

（二）课程资源的开发者

"课标"为了适应不同地区、不同人群、不同环境的教学需要，只给出基本内容和教学资源，在教学中，教师必须学会开发教育资源，才能顺利地完成教学任务。而且，组织与指导学生开发教育资源的过程，同时也是学生参与教学和实现教育创新的过程。可以说，不懂得课程资源开发的教师就不是合格的教师。

语文课程要贴近社会生活、贴近学生，语文课程不应该是单一的，而应该是多元的。事实证明，一种唯此为正宗、放之四海而皆准的语文课程形态是没有的。因此，应该具有大语文观，广开语文社会教育资源。新课程大力提倡开发并合理利用校内外各种课程资源。就目前而言，课程资源的开发主要有以下几种：1. 校内教育资源，如实验室、图书馆及各类教育设施和实验基地等；2. 校外教育资源，包括博物馆、展览馆、科技馆、工厂、农村等各种社会资源以及丰富的自然资源；3. 现代信息资源，如校内信息资源、校外计算机网络资源等。

（三）课程实施的决策者

传统课程具有明显的确定性，全国同年级同学科的课程采用统一的内容、统一的考试、统一的教材、统一的标准，教学大纲、教材是不容置疑的知识权威，是教学的唯一依据，教师是课程实施的执行者。

新课程大大增加了课程实施的不确定性，具体表现为：教学目标和结果的不确定，是由知识、能力、态度、情感、价值观多元价值取向引起的；教学对象的不确定性，表现为不再使用统一的标准；教学内容的不确定性，表现为课程的综合性加大，课程标准给教师留有极大的空间；教学方法与教学过程的不确定性，表现为教师具有更大的自主性，将更为灵活地选择教学法，在教学过程中可支配的因素增多。新课程实施的多样性、变动性，使教师在课程实施过程中有了创造新内容、新形式的空间，同时也要求教师从课程实施的执行者转变成课程实施的决策者。教师必须是一个真正的专业人员，根据学生的实际情况设计教学内容，选择适当的教学方式和教学方法。教师为达到教学目标，要在教学中重构"师本—生本"的"课程内容"和"教材内容"。课程实施过程是教师和学生共同探讨新知的过程，教师是课程的有机构成部分并作为主体而存在。

【案例 1-1】　新课程中教师角色与行为

《荷叶圆圆》片段

安徽省芜湖市育红小学　周玲

1. 情境导入，揭示课题

（1）播放课件：配乐出现一池在微风吹拂下轻轻摇曳的荷叶美景的动态画面。学生欣赏。

（2）（画面定格在特写的荷叶上）教师引导："这是怎样的荷叶？"学生观察得出课题"荷叶圆圆"。

（3）教师板书课题，学生齐读。

（根据学生的认知水平，利用直观形象的多媒体课件资源，密切联系学生的经验世界和想象世界，将学生带入荷花池这一优美的情境中。在揭示课题的同时，有助于激发学生的学习兴趣和继续探究的欲望。）

（4）学生借助拼音自由读课文，再把生字连成词，多读几遍。

（5）检查学生认识生字的情况。

具体操作：指名让愿意当小老师的同学带领大家认读自己喜欢的、读得准的词语。（课件出示带拼音的生字记号）

（6）及时表扬。（课件出示去掉拼音的生字词）让学生观察，说出自己的发现。学生以开火车的形式，个人按顺序读不带拼音的生字词。

（7）师生做"我指你说"的识字游戏：教师随机指出屏幕上未加注音的词语，学生齐读。

（摘自：人民教育编辑部编著《新课程优秀教学设计与案例·小学语文卷》，海南出版社2002年版，第49—50页。）

在这个案例中，教师是学习活动的组织者引导者，重视学生主动积极的参与过程，让语文教学成为师生平等对话的过程。如放课件、提问题、点名读、表扬、玩游戏。教师不仅要有丰富的知识，而且要成为多面手，组织学生，引导学生，在平等对话、真诚沟通与合作中，相互提供支持，启迪灵感，共享知识经验与智慧，共同构建、推进、生成课程。它形象地说明了教师角色正在大幅度地发生转变，教师的导航作用将进一步显现出来。

第二节　小学语文教师的职业素养

教师的职业素养是指教师在教育和教学实践中获得的、在教育活动中体现出来并直接作用于教育过程的，具有专门性、指向性和不可替代性的心理品质，是教师从事教育工作的基本条件。教育部在"课标"中对语文课程的性质、特点、地位、目标及课程的基本理念都做了规划，对语文教师应具备的素养提出了更新更高的要求。

一　职业道德素养

《中小学教师职业道德规范》（2008年修订）体现了教师职业特点对

师德的本质要求和时代特征，"公正"、"爱"与"责任"是贯穿其中的核心和灵魂。

1. 教育公正

教育公正是指教师把每个受教育者应该得到的合理需求、合理评价给予他。它是教师在从教生涯中表现出来的正大光明、质朴和公道的品质。具体说来，是指教师在教育学生时的态度和行为上，公正平等，正直无私，不偏袒，不偏心，对待不同相貌、性别、智力、个性以及不同亲疏关系的学生一视同仁，关心、尊重、热爱每个学生，从每个学生的特点出发，全心全意教育好学生。在小学语文教学中，教师要尊重不同学生的文化创造性、文化批判性以及不同的审美个性，倡导教学相长的教学氛围，对学生尤其是语文学习存在障碍的学生多给予关怀与帮助，正如苏霍姆林斯基所说："让每个学生都抬起头来走路。"

2. 教育爱

教育爱是指教师对受教育者合理利益的谋求，是对教师责任与义务的遵循，是对受教育者的人格尊重。教育爱是教师专业道德的核心，体现了教师对学生、对生命乃至对国家与社会的高度责任感。教育爱涉及教师的内在动机，一种对自己的教育教学活动以及对受教育者的内心态度。一位教师如果没有教育爱，他就失去了作为教师的价值；一位教师如果不以教育爱去调控自己的教育教学行为，就失去了教师的良好愿望，就可能成为一个没有教师良知的人。在某种意义上说，教育爱是指教师能充分调动积极的情感和坚定的意志，去践行自己的教育信念，他是以肯定自己和他人的生命价值为前提，并充分展示教师的力量。

3. 教育责任感

教育责任是社会对教师个人职业角色的期望，教师对这种期望的认同与承担就是教育责任感。小学语文教师承担责任的首要前提是明确教学任务，认识到在特定的情境中所应承担的任务，学会在不同情境中与学生发生相互作用，选择恰当的策略。每一位真正具有责任感的教师，都会用自己对教师和教育的理解，明确自己的责任，并在特定的教育情境中尽心、尽力、尽责。

这就要求小学语文教师具有教育理性与教育智慧的力量、师爱与师生团结的力量，能正确地评价以各种形式表现出来的学生的精神风貌，能在与学生利益和幸福保持一致的情况下寻求自身的利益与幸福；促进学生发挥更高层次的自我潜能,增强其团结、友爱、洞察力和理解。教师只有具备这些卓越的教育教学才能,其所肩负的教育责任与义务才有可能成为现实。

二　人文素养

语文是最重要的交际工具,是人类文化的重要组成部分,工具性和人文性的统一是语文课程的基本特点。而人文性是新"课标"在语文课程性质认识上的一个重大突破与显著特点,并作为一条红线贯穿于整个"课标"的始终,这就要求小学语文教师要具备较高的人文素养。小学语文教师的人文素养主要包括:

(一) 丰富的社会文化知识

语文学科是一类综合性很强的基础学科,同时又是学生学习其他学科的基础。语文教材内容十分丰富,包罗万象,它所涉及的社会文化知识包括了社会文化的方方面面。因此,教师应把历史、哲学、语言学、考古学、法学、伦理学、文艺批评等各种社会文化科学知识纳入自己的知识结构体系之中,并加强上述各方面的修养。语文教师必须博学多识,才能胜任教学工作,才能对语文教材中丰富的人类文化知识驾轻就熟,游刃有余。既展示文化发展史,又反映最新文化成果,为学生的语文学习展示丰富的历史背景,创设出语文知识应用的现实情境。

(二) 宽厚的语文学科专业知识

小学语文教师要在语文知识方面全面掌握现代汉语、古代汉语、古典文学、外国文学、文学理论等语文学科知识,要在听说读写方面具有较强的能力。对这些必须达到全面扎实,并尽可能做到精通,对其所有问题都能做到知其然,知其所以然,举一反三,触类旁通。如"课标"要求1—6年级背诵古今诗文160篇(段),小学语文教师对这些篇章必须先精通掌握,才能在教学中得心应手,左右逢源。

三　科学素养

科学素养是指人们通过实践所获得的掌握和运用科学的能力。随着现代科学技术的发展,自然科学、社会科学将不断融合,与语文学科联系密切,也必然反映到语文教学内容中来。语文学科的基础工具性和综合性的特点,使它的触角几乎伸到所有领域。如《赵州桥》、《李时珍》等课文涉及科学技术知识，而《海底世界》、《春蚕》等课文又涉及了自然环境知识等。天真的小学生也许会问语文老师："天为什么是蓝的"，"血为什么是红色的"等涉及物理、生物等方面的知识，不能因为你只是一个语文教师不能回答而不去回答。新课程实验教材中编选了一些反映现代科学技术发展成就的新课文，指导学生学习这些新课文，要求教师必须对现代科学技术的发展有一定的了解，对电脑、互联网、磁悬浮列车等高科技有一定的认识。"课标"前言明确指出："现代社会要求公民具备良好的人文素养和科学素养，具备创新精神、合作意识和开放的视野……"所以，作为一位语文教师，要认识到具备一定的科学知识对自己语文教学的重大意义，主动地学习有关自然科学方面的理论知识，既要了解科学史，又要了解最新的科学成果，不断提高自己的科学素养，提高教育教学水平。

四 教育素养

小学语文教师的教育素养应包括教育理论素养、语文教育能力素养及语文教学研究素养等方面。教育理论素养主要是指小学语文教师对教育科学知识的掌握，能够清晰地表达自己的思想和教育设想。语文教育能力素养是指识字写字教学能力、阅读教学能力、作文教学能力、口语交际教学能力的综合。小学语文教学研究素养是指探究小学语文教育规律，用以指导语文教学实践的素养，它是小学语文教师的专业素养、教育和创新素养的集中体现。小学语文教师的教育素养是小学语文教师整体素养的重要组成部分，它决定教师教学水平的高低。这就要求小学语文教师要进一步学习掌握教育学、心理学、儿童教育心理学、教育统计学、小学语文教学法等教育科学知识，还要与时俱进，学习与新课程相关的理论知识，以便很好的指导新课改背景下小学语文教育教学实践。苏联教育家马卡连柯说过："我非常尊重教育理论，离开教育理论，我是不能工作下去的。"教育大师通俗明白的语言，对我们教育工作者的启示却是深刻的。

五 教学能力素养

一位合格的小学语文教师，还应该具备较强的教学能力，主要包括下面几种：

（一）独立理解教材与处理教材的能力

理解教材的能力要求，首先是"正确"，正确就是要讲求科学性，字词句章，听说读写，知人论世，均不发生差错。其次是"深入"，深入就是要多问几个为什么，不只浅层次地弄清文章写了什么，还要深层次地清楚文章是怎样写的，为什么这样写，应该引导学生学什么等问题。在正确深入地理解单篇课文的基础上，还要正确深入地理解单元课文的量、序、度，即单元教材的知识结构、能力结构、思想教育结构，全册教材的知识结构、能力结构、思想教育结构。

处理教材的能力要求主要涉及整套教材的处理、整册教材的处理、单元教材的处理的不同要求，而就一篇课文的处理而言，它首先要求"合理"，教学目标要科学合理，课时切割要合理，一节课的密度容量要合理。其次要求"巧妙"，教学突破口选择得巧妙，小高潮设计得巧妙，启发引导得巧妙。再次要求"有新意"，课堂教学结构要有新意，听说读写能力综合训练方式要有新意等。

(二) 选择和运用语文教学模式的能力

语文教学模式是广大小学语文教师从长期的教育实践经验中总结和优选出来的，经过一定理论的概括、加工而形成的具有独特的结构、阶段和程序的施教形式或样式。语文教学中常用的教学模式有："大语文教育"教学模式、情感陶冶教学模式、主体发展教学模式、"以实践为主线"教学模式、"三位一体"（口语、阅读、写作）教学模式等。语文教师应具有选择和运用教学模式的能力，以提高教学效率。

(三) 语言表达能力

语言表达能力，是语文教师的一项基本内功。含有声语、文字语和态势语三种，即通常所说的口头表达、书面表达和体态表达能力。

1. 有声语的内容。从横向看包括讲述、描述、复述、讲解、讲读、讲演、谈话、提问、答问、讨论、辩论等各种方式的讲话能力。从纵向看包括准确地运用普通话教学的能力，根据不同的场合选择不同语体和口气，采用儿化语言来表情达意的能力；在课堂教学中能借助语言的情感力量，富有鼓动性与感染力地激起小学生真善美的共鸣，启迪学生的心智，净化学生的心灵。

2. 文字语的内容。从横向看应具有写作实用文体的能力，具有写作计划、总结和教育教学研究论文的能力；从纵向看应具有观察和分析生活的能力、谋篇立意的能力、遣词造句的能力、文章的修改能力等，写得一手言之有物、言之有理、言之有情、言之有序、言之有文采的好文章。

3. 态势语的内容。从交际方式上看，主要分无声的和有声的两种，无声的又有动态与静态之分，有声的则是一种"类语言"，并无固定的语义。作为一种教学语言，态势语主要是通过眼神、手势和神态的变化等来表情达意。小学教师应该自觉地加强教态的修养，以落落大方、优美高雅的体态语言，来陶冶并影响学生，使之产生共鸣和得到感化。

（四）设计教学与管理教学的能力

小学语文教材内容丰富，辐射性强，但缺乏明显的科学的序列。语文教学过程又是一个动态型的系统工程，它涉及教师、学生、教材等多种因素。因而要优化语文教学过程，必须根据教学目的、教学内容、学生特点和教师自身的素质条件，精心设计教学。小学语文教师应当强化设计意识，树立以学生为主体的思想，千方百计引导学生走向教材，使学生越学越聪明。组织与管理教学的能力，就是得心应手、挥洒自如地驾驭调节课堂和驾驭调节学生的能力，也就是把安排课堂教学的主动权掌握在教师手中。组织与管理教学是保证课堂教学正常进行的手段。一个好的小学语文教师，应注重课堂教学常规的训练，建立正常的教学秩序，使学生养成良好的学习习惯，应在教学过程中不断集中学生的注意力，培养学生认真学习、遵守纪律的自觉性。应引起学生的学习兴趣，调动学生的学习积极性，及时吸收反馈信息，不断调节教学节奏，始终让学生保持昂奋的学习情绪。应以高度的教学机智，妥善处理偶发事件，不断提高课堂应变能力，防止和克服课堂上的混乱现象。

（五）教学监控能力

教学监控能力，是指小学语文教师为了保证教学的成功，达到预期的教学目标，而在小学语文教学的全过程中，将教学活动本身作为意识的对象，不断地对其进行积极、主动的计划、检查、评价、反馈、控制和调节的能力。它是教师的反省思维或思维的批判性在小学语文教育教学活动中的具体体现。这种能力主要可分为四个方面：一是课前的计划和准备性；二是课堂的评价和反馈性；三是课堂的控制与调节性；四是课堂的反省性。

六　实践素养

"课标"在"教学建议"中指出："语文教学要注重语言的积累、感悟和运用，注重基本技能的训练"。在"评价建议"中也指出：要让学生

"在诵读实践中增加积累，发展语感，加深体验和领悟"。凡此种种都强调语文教学要重实践、重体验，语文知识的教学和训练不能代替语文实践和实践中的经验积累，这也必然要求小学语文教师实践素养的提高。语文教学实践性主要体现在加强语文课程内容与课外、与生活的联系与沟通，变读书、答问的单调形式为课堂上丰富多彩的语文实践活动。也就是说语文教师的实践素养主要表现在让每个学生动脑、动口、动手，让讨论、游戏、表演、欣赏、评价进入课堂，让语文实践活动贯穿于教学的全过程。

语文教师的实践素养是一种综合的素养，是理论与实践密切结合的体现，是与学生语文学习、社会实际紧密联系的。教师实践素养的发挥，要以训练学生的语文能力为目标，使语文教师由一个讲授者，变成一个语文学习环境的创造者；由一个课堂资源的提供者，变成一个实践方法的指导者。语文教师具备了这些实践素养，就能将学生真正地带入语文课程领域，使学生身临其境地体会语文、学会语文、会学语文。

【案例1-2】

《啄木鸟》教学设计思路
陕西省西安市高新一小　杨　薇

1. 课前布置学生搜集有关啄木鸟、喜鹊、猫头鹰的知识，培养学生动手查找资料、积累知识的能力。课堂上，大家交流自己搜集的知识，让每一位学生都积极参与进来，锻炼口头语言的表达能力。

2. 在学课文之前，进行反复的自由读、选择喜欢的段落读、小组读、分自然段读、选择最喜欢的句子读；学课文之后，再进行回顾性分角色朗读。朗读是培养学生语感的有效途径，它可以唤起学生的想象，锻炼学生的思维能力和表达情感的能力。

3. 教学中围绕"是不是猫头鹰、喜鹊的本领不如啄木鸟"这个问题，开展四人小组合作学习。小组合作学习的过程是学生交往互动、情感交流、思维碰撞、信息沟通、资源共享的过程。学生在小组内充分与同学交流，也可以与教师交流。多层次的交流活动，使学生能摆脱教师这一权威的束缚，自由发表自己的言论。

4. 创设情景，进行课文内容表演。学生通过对课文内容的理解，与小组成员合作编排小品并精心表演。这个过程既可以培养学生的表演才能，同时又能培养学生之间合作的能力。

5. 进行课外知识的拓展。引导学生将自己熟悉的小动物的知识通过"自我介绍"等方式进行交流。这个过程可以使教学从课内延伸到课外，使学生可以充分展示自己从书本、电影、电视、网络以及参观访问等各个渠道获得的知识，使学生的综合素质得到提高。

[课后评语] 教师本节课的成功之处在于：当学生有疑问时，能做到及时组织学生进行讨论，在讨论中巧点拨，引发学生探讨的兴趣，从而积极地投入到学习之中。通过自主、合作和探究的学习方式，每个人在合作学习的同时，能加深理解，提高认识，获取深刻的体验。这个过程，是学生与学生、教师与学生之间交流的过程。经过思维火花的碰撞，大家对所讨论的问题有了更明确的认识，获得了知识，感悟了方法，同时获得极大的情感满足。

从《啄木鸟》一课可以看出，教师的素质主要体现在与学生积极互动、共同发展、注重学生的独立性和自主性的课堂教学之中。从中我们可以归纳出教师素质的几个要点：

(1) 课堂教学所展示的教师自身素质应体现在对教与学关系的处理上。新课程要求教师转变自身形象，成为学习的组织者，为学生的自主学习创造条件。关注学生主体、提升学生的主体性。学生主体性的基本特征表现在自主性、能动性、创造性等方面。教师要清醒地意识到，引导学生学习是自己的职责，教师的引导对学生的发展极为重要。课堂教学展示教师自身素质是必要的，但必须服从以学生为本，启迪学生智慧，注重学生学习过程的原则。

(2) 新课程对教师的素质要求不是低了，而是更高。在教与学中，真正要充当课堂教学的组织者、引导者、评价者，绝不是一件容易的事情。教师必须德才兼备。语文教师要随时准备回答学生提出的各种问题。自主、合作、探究的学习方式，需要语文教师的知识更广更深，深入浅出，才能应对自如。教师在进行教学设计时应是全方位的，既考虑教学内容，又考虑学生学习的过程；既研究语文知识，又要设计计算机辅助教学。小学低年级更侧重于儿童心理的把握。鉴于教师不是通才、全才，因此教学设计的任务比过去显得更重。在信息技术环境下，教师开发课程资源的能力将经受开放式教学的检验。

(3) 教师素质要体现在对课程资源的创新精神上。新课程理念倡导民主、开放、科学的课程理念，要求教师应对教材资源、学生资源、社会资源等进行整合。语文教师要在课程改革中发挥主体性作用，就不能只成为语文课程实施中的执行者，更应成为课程的建设者和开发者，具有努力学习，善于学习，不断改革，勇于探索的创新精神。在信息技术环境下，教师的创新得到了千载难逢的机遇，教材中所需要的音像、图文、色彩以及互动交流成为现实，网络开放式教学成为可能，教师可以发挥出更大的创新潜能。

（摘自：人民教育编辑部编著：《优秀教学设计与案例·小学语文卷》，海南出版社2002年版，第105页。）

第三节 小学语文教师的专业发展

一 小学语文教师专业发展的内涵

小学语文教师的专业发展，是指教师作为专业人员，在职业道德、专业思想、专业知识、专业能力、专业品质等方面由不成熟到成熟的发展过程，即由一名专业新手发展成为专家型教师或教育家型教师的发展过程。

从一名新教师成长为一名合格教师往往有一个过程，教师在不同的发展阶段所关注的问题是不同的。文曼（Venman）指出，新教师一般关心以下几个问题：课堂纪律、学生动机、因材施教、学生的学习评价、与家长的关系、教学组织和管理、备课是否充分和处理学生的个别问题。福勒和布朗（Fuller & Brown）根据教师不同时期的需要和所关注的焦点问题，把教师的成长划分为关注生存、关注情境和关注学生三个阶段。

（一）关注生存阶段

这是教师成长的第一个阶段。处于这一阶段的小学语文教师，非常关注自己的生存适应性。他们最担心的问题是："学生喜欢我吗？""同事们如何看我？""领导是否觉得我干得不错？"等等。出于这种生存忧虑，有些新教师可能会把大量的时间花在如何与学生搞好个人关系，或想办法控制学生上，而不是如何教好他们，让其获得学习上的进步。这种情况有可能是由于教师过分看重校领导或同事的认可和评价造成的。在学校里，人们总是希望教师把学生管教得老实听话，因此，教师都想成为一个良好的课堂管理者。

（二）关注情境阶段

这是教师成长的第二个阶段。当小学语文教师感到自己完全能够生存，并已在岗位上站稳了脚跟时，便把关注的焦点投向如何提高学生成绩，即进入了关注情境阶段。在此阶段教师关心的是备课材料是否充分、如何教好每一堂课，以及班集体的建设等与小学语文教学情境有关的问题。传统教学评价也集中关注这一阶段，一般来说，老教师比新教师更关注此阶段。

（三）关注学生阶段

当小学语文教师顺利地适应了前两个阶段后，便进入第三个阶段——关注学生。在这一阶段，教师将考虑学生的个别差异，认识到不同发展水平的学生有不同的需要，某种教学材料和方式不一定适合所有学生，因此教师应因材施教。对不同的学生选择有针对性地教学材料和教学方法。在教学实践中，不难发现，不但新教师容易忽视学生的个体需要，即使是一些有经验的教师也较少自觉关注学生差异。我们认为，能否自觉关注学生是衡量一个小学语文教师是否成长与成熟的重要标志之一。由此可见，新教师在成长过程中的每一个阶段都有不同的需求和关注焦点，这些需求不仅会影响到他们的课堂行为和教学活动，而且标志着不同的成长水平。

二 专家型教师

（一）专家型教师的含义

专家型教师是指具有丰富的和组织化的专门知识，能高效率地解决教学中的各种问题，富有职业洞察力和创造力的教师。教师成长的过程实际上就是教师从新手成长为专家的过程。

（二）专家型教师的特征

1. 有丰富的和组织化的专门知识，并能有效运用专家与新手之间最基本的差异在于，专家不仅比新手拥有更丰富的专业知识，而且能更有效地将这些知识组织起来应用到教学实践中，解决各种教学问题。舒尔曼（L. Shulman）提出，专家型教师一般具有七个方面的必备知识：① 所教的学科知识；② 教学方法和理论，适用于不同学科的一般教学策略；③ 适用于不同学科和年级的程序性知识；④ 就特定学科教特别学生所需的知识与方法，例如以最佳方法对能力差的学生解释什么是负数；⑤ 学生的性格特征和文化背景；⑥ 学生学习的环境——同伴、小组、班级、学校以及社区；⑦ 教学目标和目的。

2. 解决教学领域内问题的高效率

在专家擅长的领域里，专家解决学科和教学问题的效率比新手更高。其原因主要是：(1) 专家型教师善于利用认知资源。人类的认知资源是有限的，但专家似乎总能在有限的认知资源内做更多的工作。认知过程可分为两个方面，即消耗资源和节约资源。专家解决问题更多是属于节约资源，而新手解决问题则主要是消耗资源。这样，专家可将节约的认知资源用于解决更复杂的问题。因此，专家型教师能够比非专家型教师在单位时间内处理更多的信息。

(2) 专家型教师善于监控自己的认知执行过程。研究表明，在元认知或认知的执行控制方面，专家型和非专家型教师是不同的。一项关于专家教学的研究结果发现，在处理课堂纪律问题时，专家型教师比非专家型教师更有计划性。对教学过程的有效反思也是专家型教师常用的控制认知执行的一种方式。

(3) 专家型教师善于将"节约"的认知资源，再投入到更高水平的认知活动中。有一项研究发现，专家型教师在建立问题解决模型的过程中更重视认知资源的再投资。在解决问题时非专家型教师力图使问题适合已有的方法，而专家型教师却在连续不断利用自己的知识和技能，逐渐建立更复杂的认知结构，寻找更多、更巧的解法。在教学领域内，专家型教师解决问题的效率高。他们依靠类化了的、广泛的知识经验，只需很少的认知努力就能迅速完成多项活动。尤其是程序化的技能使他们能够将注意力集中于教学领域中高水平的推理和问题解决上，在接触问题时他们具有计划性且善于自我觉察，时机不成熟时，他们不会提前进行尝试。

3. 善于创造性地解决问题，有很强的洞察力专家型教师在应用知识和分析解决问题时，往往能够突破常规思维，产生有洞察力的、独特而又新颖的方法，创造性地解决问题。创造性解决问题中的"洞察力"与斯腾伯格等提出的认知的"选择性编码"、"选择性联合"、"选择性比较"三者相对应。选择性编码旨在区分与问题解决相关的信息和无关的信息。选择性联合是将一些信息结合起来以利于问题的解决。选择性比较是将另一个背景中获得的信息运用到解决手边的问题上来。选择性编码、选择性联合和选择性比较三种认知机制为有洞察力地解决问题提供了心理基础。

总之，专家型教师在解决教学领域内的问题时是富有洞察力的。他们能够鉴别出有助于问题解决的信息，并能够有效地将这些信息联系起来。专家型教师能够通过注意，找出相似性及运用类推来重新建构手边问题的表征。通过这些过程，专家型教师能够对教学中的问题作出新颖而恰当的解决。

三 小学语文教师专业发展的基本途径

国内外的研究表明，促进教师专业发展，使之成为专家型教师的基本途径，概括起来主要有以下几个方面。

（一）终身学习——小学语文教师专业发展的前提保证

1. 个体学习

首先，教师主动学习间接经验。其途径是向书本学习，博览群书；向周围其他同仁学习，学习他们的教书育人的经验和方法，结合自己的实际巧妙移植，可以少走弯路；利用计算机网络学习，不断提高自己的信息素养，熟练地运用计算机获取、传递和处理信息。其次，要积极主动积累实践经验，要向实践学习，实践出真知，实践长才干。

2. 互动学习

师生间的教学活动，主旨是培养学生学会积极主动地学习。课堂教学是对话、交流与知识建构的过程。教师是师生从事知识建构与发展的实验室，要积极实现师生间、生生间的互动探究活动。师生、生生、生与媒体间可以尝试专注式学习、合作学习、专题学习、网络探索学习、研究性学习等方式，使我们的学习真正能激发学生的兴趣，使之愿学、乐学、创造性地学。网络探究学习是一种以单一主体探索为导向的学习活动。它经常以网页呈现问题作为开始，引导学习者解决问题。

3. 团队学习

合作是校本研究的途径与方式，我们的社会正从"学历化社会"走向"学习化社会"，若研究只停留在教师个体，虽然教学行为也会产生一时的变化，但这种变化难以持久，也难以从个别教师的行为转化为群体教师的行为。唯有教师集体参与的研究，才能形成一种研究的氛围，一种研究的文化，这样的研究才能真正提升学校的教育能力。学校要有自己鲜明的办学理念和教育哲学，用共同的远景目标培养教师对学校的长期承诺，客观地审视自己，不断改善心智模式，团队中成员不断超越自我，相互学习，取长补短，从全局利益出发，全面提升整体的教书育人水准，全力打造学习型学校。

（二）行动研究——小学语文教师专业发展的基本途径

行动研究是指教师在实际教育中，基于学校，源于教师教育教学行为，研究的起点和对象是教学实际中出现的问题；制订计划、系统地收集资料、分析问题、提出改进方案、付诸实施、检验和反省成果，把学习与培训、学习与行动结合起来。研究的成果直接用于学校教学实践的改进和教师教学实践能力的提高，并以研究成果为依据，进行教育改革，提升教学质量。实现教师学习培训和教学过程相统一，促进教师专业成长。因此，近年来，行动研究已经成为教师专业成长、课程改革的重要手段之一。

1. 让行动与合作、反思相随

行动是校本研究的出发点，教师的成长和发展的关键在于实践知识的不断丰富和实践智慧的不断提升。校本研究就必须从研究"行动"开始，始终紧扣教育教学"行动"，进行研究，并且把落脚点放到提高教育教学行为的自觉性上。使校本研究，由"行动"开始，通过"合作"与"反思"达到高一层次的新的行动。立足于教师教学行为的研究方法更为注重教师对自己教育实践活动的反思，研究成果直接改善教育教学行为，以教师变化促进教学的变化，有效地促进教师的教学能力和教学水平的提高。

2. 行动研究的过程

① 对教育教学过程进行回顾，发现明确问题

教师借助内省和对话审视自己的行为，对自己熟悉的观念提出质疑，而且可以是对新的教学理念或教学模式的质疑，以及新的理论、新的模式与自己已有经验的比较中产生的各种想法，有助于教师形成问题意识。

② 分析问题、寻找问题的症结

教师通过对问题的分析和界定，把那些只能用模糊语言进行描述的问题转化为能用比较准确的概念说明其实质的问题，使对教学现状的反思提升到对教学本质的把握，从而找准问题的症结。

③ 假设一种或多种解决问题的办法或途径

教师根据自己对教学对象的了解，对自己的经验以及所能收集到的资料的分析把握，形成解决办法的不同设想，用来解释情境，从而形成一个

总体的行动计划。

④ 实践、尝试解决问题

由于行动研究的根本目的是解决实践中的问题，改善实践的质量，解决问题的各种假设需要在实践中寻找证据，进行证实和证伪。因此，在这一阶段既要按总体计划实施行动，同时又要对行动情况进行观察记录，收集有关资料，不断分析，充分考虑现实因素的变化，根据需要作出适当的调整，保证计划顺利实施。

⑤ 反思总结

对整个过程进行反思，进一步明确问题是否解决，解决到了哪一步，还有什么问题需要进一步解决，并在此基础上发现新的问题或提出新的假设。

【案例1-3】

行动研究——提高学生的语言描写能力

一　研究对象：四年级二班学生

二　背景：本学期我继续担任四年级二班语文教师，我发现学生在写作过程中描写能力很差，文章写得很无味，于是我打算从语言描写入手，让学生学会如何进行生动细致的描写。于是设计了一堂作文练习课。

三　本课教学案例

（一）设计理念

作文历来是大多数学生学语文最怕的东西，许多学生把作文看得很神秘，平时说话讲故事口齿伶俐、滔滔不绝，一旦写起作文来，就枯燥无味，语无伦次。造成这种情况的原因之一就是学生作文只局限于叙述，不擅长描写，缺少必要的写作方法和技巧。怎样让学生的文思流畅起来，让语文凭借一双有力的翅膀在每一个学生的作文中飞翔，语言描写就是一个好的突破口。针对于此，我安排设计了本节课。

（二）教学目标

1. 知识目标：学习语言描写的相关写作知识，指导学生学会用语言描写表现人物的性格特征，在写作实践中学会写作。

2. 能力目标：培养学生用语言描写表现人物性格特征的能力和合作探究解决问题的能力。

3. 思想目标：培养学生爱思、善用语言描写表情达意的精神和合作探究的精神。

(三) 教学流程

1. 导入：不久前，教师布置了一篇小作文，我们来看一下题目

情境：假设，星期天，你想随心所欲的做自己想做的事情，但是你的想法和父母的意愿发生了冲突，会发生什么呢？请写一段对话描写。

(学生展示小作文，全班讨论)

老师小结：从刚才的展示中，有成功的，有失败的，主要原因在于人物的语言描写是否生动具体，个性化，如何使语言描写个性化？让人物活起来呢？

2. 语言描写练习

请同学到黑板前写"说"的四种形式，明确说话人时，

说话人在前：某某说："……"

说话人在中："……"某某说，"……"

说话人在后："……"某某说。

省略说话人（根据上下文的交代，知道说话人是谁，并单独成段）

3. 口头训练

设置情境：假设：今天，我们班在全校广播操赛中得了第一名。现在让我们班的某同学把这个消息告诉给大家。你觉得他会怎么说呢？

(要求结合人物性格，四人小组进行说话训练)

4. 写作训练

设置情境

有一对孪生的小姑娘走进玫瑰园。不多久，其中一位小姑娘跑来对母亲说："妈妈，这不是好地方。""为什么？我的孩子。""因为这里每一丛花下都有一丛刺。"不一会，另外一位小姑娘跑来对母亲说："妈妈，这里是个好地方。""为什么？我的孩子。""因为这里每丛刺上面都有一枝花。"

(学生动笔在跑来前加修饰语)

小结：如何使我们的语言描写富有个性化呢？学生总结：

语言描写规范化

分析人物的形象

添加适当的修饰

5. 作业：运用今天的方法，修改自己的作文

总结：本次课堂教学只是这次行动研究的一个良好的开端，通过这节课，学生认识到描写在作文中的重要作用，并且认识到其实进行生动细致的描写也并非一件非常难的事情，只要注意观察生活，勤于思考，经常练笔，就一定能写出生动的文章来。

（摘自：黑龙江远程培训平台 http：//hljpx.cersp.com/）

（三）教学反思——小学语文教师专业发展的必经之路

反思是教师着眼于自己的活动过程来分析自己作出的某种行为、决策以及所产生的结果的过程，是一种通过提高参与者自我觉察水平来促进能力发展的手段。

1. 教学反思的内容及作用

教师的反思包含三个方面的内容：①对于活动的反思，这是个体在行为完成之后对自己的行动、想法和做法的反思。②活动中的反思，这是个体在作出行为的过程中对自己在活动中的表现、想法和做法进行反思。③为活动反思，这种反思是在上述两种反思基础上，进一步总结经验来指导以后活动的反思。教师对自己的教学进行反思，有助于提高自身教学能力。首先，教师计划自己的活动，通过"活动中的反思"观摩所发生的行为，就好像自己是局外人，以此来理解自己的行为与学生反应之间的动态因果联系。然后，教师又进行"对于活动的反思"和"为活动反思"分析所发生的事件，并得出用以指导以后决策的结论。循环反复，成为连续的过程。教师在反思过程中扮演双重角色：演员和评论家。反思是理论与实践之间相互沟通的桥梁。

2. 教学反思的环节

教师反思分为具体经验—观察与分析—重新概括—积极验证四个环节。

（1）具体经验环节。这一环节的任务是使教师意识到问题的存在，并明确问题情境。在此过程中，接触到新的信息是很重要的。他人的教学经验、自己的经验、各种理论原理，以及意想不到的经验等都会起作用。一旦教师意识到问题，就会产生认知冲突，并试图改变这种状况，于是进入反思环节。这里关键是使问题与教师个人密切相关，使其意识到自己在活动中的不足。这往往是对个人能力、自信心的一种威胁，所以，让教师

明确意识到自己教学中的问题，并不容易。作为教师反思活动的促进者，在此时要创设轻松、信任、合作的气氛，帮助教师看到自己的问题所在。

（2）观察与分析环节。此环节教师广泛收集并分析有关的经验，特别是关于自己活动的信息，以批判的眼光反观自身，包括自己的思想、行为、信念、价值观、目的、态度和情感等。观察获得资料的方式可以有多种，如自述与回忆、模拟、角色扮演，也可以借助于录音、录像、档案等。在获得一定的信息之后，要对它们进行分析，看驱动自己的教学活动的各种思想观点到底是什么，它与自己所倡导的理论是否一致，自己的行为与预期结果是否一致等，从而明确问题的根源所在。这个任务可以由某个教师单独完成，但合作更有效。经过这种分析，教师会对问题情境形成更为明确的认识。

（3）重新概括环节。在观察与分析的基础上，教师重审旧思想，并积极寻找新思想与新策略来解决面临的问题。此时，新信息的获得有助于更有效的概念和策略方法的产生。这种信息可以来自研究领域，也可以来自实践领域。由于针对教学中的特定问题，而且，问题有较清楚的理解，这时寻找知识的活动是有方向的、聚焦式的，是自我定向的，因而不同于传统教师培训中的知识传授。同样，这一过程可以单独进行，也可以通过合作方式进行。

（4）积极验证环节。要检验以上环节所概括形成的行为和思想观点，教师可能是实际尝试，也可能是角色扮演。在检验的过程中，教师会遇到新的具体经验，从而又进入第一环节，开始新的循环。在反思的四环节中，反思最集中地体现在观察和分析阶段，但它只有和其他环节结合起来才会更好地发挥作用。在实际的反思活动中，以上四个环节相互交错，界限并不十分清楚。

3. 教学反思的策略

在教学实践当中，根据反思的源起，我们可以将反思策略分为两大类：内省反思法和交流反思法。

（1）内省反思法

内省反思法是指教师主动地对自己的教学实践进行反思的方法。根据反思对象及反思载体的不同，内省反思法又可分为以下几种具体的方法。

① 反思总结法。反思总结法主要是指通过自己记忆，对自己的教学实践予以总结、反思的方法，从而进一步使教学实践中的"灵感"内化，

也使教学实践中出现的问题得到考虑。

②录像反思法。录像反思法是通过录像再现自己的教学实践,教师以旁观者的身份反思自己的教学过程的方法。这种方法最大的优点就是能客观地对自己的教学过程进行评价,这样能更好地强化自己已有的经验,改正和弥补自己的不足。

③档案袋反思法。档案袋反思法则是以专题的形式为反思线索对教学实践进行反思,包括课堂提高的形式是否多样,课堂提问的内容是否是课堂的重点、难点,对某学生的提问的形式、难度是否符合该学生的实际能力,等等。

(2) 交流反思法

交流反思法可以就某一问题与其他教师进行交流,也可以是在听完某教师的一堂课以后,针对这堂课而进行交流。这样可以反观自己的意识与行为,加深对自己的了解,并了解其他与自己不同的观念,进而取他人之长,补自己之短。

【案例1-4】

课堂上的尴尬

郑慧琦等

那天,我捧着课本、教案立在教室门口,用眼神向学生发出无声的信号,希望躁动不宁的学生停下来,喧哗交谈的静下来……我轻盈地步入教室,踏上讲台,把早已熟诵的教案绘声绘色地讲了起来。我热切地希望自己的讲课能满足所有学生的需要,一心一意渴望成为一个好老师。

谁知,一个小男孩偷偷带来的一只小乌龟爬到了我的脚趾上。这一突如其来的惊吓,把从小害怕小动物的我吓懵了,我"哇"地叫了起来,本能地一脚把小乌龟踢开。学生们向地上一看,有的也"哇呀"惊呼起来,有的却笑出声来,教室里顷刻乱了……课后,我满怀怨气地批评了那个小男孩,责令他以后不许把小乌龟带来。可是小男孩却固执地表示:"不行,我太喜欢小乌龟了。"我一气之下就把小乌龟没收了。可那小男孩竟把头一扬,再也不理会我了。面时个性迥异的学生如何引导,课堂教学秩序如何维持等这些现实而又棘手的问题使我焦虑、困惑。当晚,我失眠了。回想起白天发生的那件事,既感到委屈、难受,又感到无可奈何、无所适从。我该怎样面对这件难堪的事件呢？

（摘自：《做有思想的行动者：研究型教师成长的案例研究》，上海教育出版社 2008 年版，第 169 页。）

（四）同伴互助——小学语文教师专业成长的有效方法

新的课程计划的颁布，新教材的推行，新的课程理念的逐渐渗透，不同学科的相互融合，以及与现代信息技术的整合等，这些都要求教师间彼此合作，共同提高。

1. 同伴互助方式之一——磨课

"磨课"是对课堂教学研究的一种形象化说法，往往由集体开展的"备课—上课、听课—评课"等环节组成。"磨课"的过程，就是一个完整的教学管理过程，从目标的制定到具体实施，再到最后的总结评价，正好构成了一个完整的流程。在"磨课"的每一个环节中，都是集体参与讨论、策划、修订和完善，它反映了集体的意志和智慧，充满了民主和谐的氛围，自动构成了一个能动的"磁场"，带动每一个成员自主地参与并自如地运行。

"磨课"虽然有它相对封闭的运行流程，但一个流程的结束同时意味着新的过程的开始。所以"磨课"还有一个研究行为继续跟进、研究轨迹螺旋上升的形态。在"磨课"中，有两种方法值得推广：第一种是"一课多人上"，即同一堂课由几位教师同时执教，而且执教者的地域跨度越大，往往执教风格和思路差异越大，研究探讨的价值也就越大，这样的磨课，往往能让执教者之间更好地进行取长补短、借鉴改进、优化整合，有利于教改的不断深入；第二种是"一课一人多上"，即一堂课由一位执教者上几次，每上完一次，都有一个集体探讨和修改教学方案的过程，然后重新执教，纵向对比成败得失，并进一步修改完善，不断优化，不断超越。这两种磨课方法，都采用了"比较法"的研究策略。不管是横向比较还是纵向比较，都有利于将教学研究推向深入。

2. 同伴互助方式之二——沙龙

"沙龙"原意是指文学、艺术等方面的高雅人士的小型聚会。本文指教育工作者或教育研究者之间主题性的小型教育研讨活动。这样的研讨活动有以下几个特点：一是要有一个合适的主题；二是要有一定数量的教师或专家；三是要有一个主持人能起到穿针引线的作用；四是要围绕主题开展自如深刻的对话，参与者之间没有绝对的权威，大家各抒己见，时常有思想交流、智慧碰撞、观点交锋；五是最终应该形成对讨论主题的阶段性的看法或认同，这是众人观点和智慧的有机整合。

学校的教育"沙龙"有很多形式，假如按"沙龙"的途径可分成"场景式沙龙"和"网络式沙龙"。其中的场景式沙龙是在一个现实的场景当中开展的沙龙，它的优点是氛围好、互动频繁、信息传输快；而网络式沙龙是指参与者在网上同多个论坛或聊天室中开展的沙龙，它的优点是不受空间限制，文本形成迅速，传播范围广。假如按照沙龙的内容可分成"读书沙龙""教学沙龙""德育沙龙""课题沙龙""管理沙龙"，等等。

3. 同伴互助方式之三——展示

学校定期由教研组或课题组以研究小组为单位，向其他教研组或教师群体展示各自研究课题的阶段性的实践、思考和成果。教学研究的展示虽然是一时的、短期的，但展示前的准备工作却是大量的。以教研组为例，教研组长要对本组成员进行展示前的分工落实，明确各人展示的任务和内容，而且要形成一个整体，形成一个展示的序列。例如围绕研究的课题，安排好活动策划者、课堂执教者、活动主持者、活动发言者、媒体宣传者、问题讨论者、成果收集者，等等。在展示活动中，展示小组的所有成员各尽所能、各显神通，专业能力会在展示的全过程中得到较好的培养和锻炼。

此外，同伴互助方式可不拘一格，如教师的网上备课平台、互动平台，新老教师结对、教研组活动、备课组活动、问题交流中心等，并且通过同伴互助，防止和克服教师各自为政的现象，让教师在开放互动的环境里学习。学校应定期开展教学观摩、问题讨论、课题研究等促进教师互助互学，让教师感受合作的需要，享受合作的乐趣，实现教育教学的共同体。

因而，学校应该创设一个资源共享、互相交流、互相合作的人文环境，包括教育教学资料的共享，各位教师教学课件的共享，教育教学设计的借鉴，教育教学方法的借鉴，等等。鼓励教师在自我反思的同时，创新自己，加强教师教育教学智慧的交流与学习。

【案例 1-5】
原来可以这样思考

《义务教育语文课程标准》提出："阅读是学生的个性化行为，不应以教师的分析来代替学生的阅读实践。"我个人很赞赏这一提法，在教学中也不断实践，上出了一些自己满意、学生开心的课。后来学校组织课题申报，我想我就申报"个性化阅读"课题吧。我对这个课题感兴趣，也觉得很有价值。申报课题对我来说不是第一次。课题研究方案中的研究背景、研究意义、研究方法等一路写下来都没有问题，却在研究内容、研究步骤上始终理不清，实在有太多的问题要研究。比如要不要研究个性化阅读的定义，是否所有的作品都适合个性化阅读，个性化阅读需要建立怎样的程序，可以提出怎样的原则，课堂教学如何操作……这些问题都得研究，我不知道我能研究什么，或者先研究什么再研究什么。我脑子里一团糟，怎么办？我总不能把这些问题一股脑儿杂乱地写上去。可以说是急中生智吧，我想到了我曾经的同事，现在高级中学的林老师。电话的那一端没有犹豫："这个话题不仅对初中有价值，对我们高中教学也很有意义，我邀请我的几位同事一起来思考吧。"2008 年 1 月 23 日晚上，我和林老师，还有他的同事陈老师、李老师等，就在茶室包厢内，一边喝茶一边研究我的课题申报。林老师带着大家围绕"个性化阅读"思考可以研究的问题，大家你一言我一语，想了十多个问题，我在稿纸上涂涂改改，都满满一张了。"换一张纸，"林老师说，"我们要把问题梳理梳理。"也不知过了多少时间，纸也不知换了几张，最后我们按宏观理论问题（大图式）——实践构建问题（中图式）——具体运作问题（小图式）三个层次罗列，原本琐碎的问题得到整合，原本杂乱的问题得以条理化。乘胜追击，在林老师和大家的指导下，我把研究的问题锁定在个性化阅读的课堂操作上，课题名称就叫《文学作品个性化阅读的课堂操作》，研究的内容包括：(1) 教师如何创设个性化阅读的情境；(2) 如何设计开放性问题，指导学生阅读；(3) 如何组织阅读成果的小组、班级交流；(4) 个性化阅读如何取得基本共识；(5) 学生"误读"的处理。课题后来顺利立项，同是语文老师的教科室主任还说："这个课题很新潮嘛，我可以参加研究吗？"我笑了笑，答道："那你得请我喝茶。"

（摘自：崔允漷：《有效教学》，华东师范大学出版社 2010 年版，第

320 页。)

五 专业引领——小学语文教师专业成长的重要条件

(一) 专业引领的基本要求

1. 对教师的专业引领要目标明确、内容正确、方法适当

教师专业发展的方向和水平既有共性，又有个性。专业发展的总体目标是指教师不断接受新知识、增强专业能力，使个体在专业素质方面不断成长和追求成熟。但不同发展阶段、不同水平层次、不同专业学科教师的专业发展方向和水平又是有差别的。因此，在引领教师专业发展的过程中，目标定位要切合各类教师的实际情况，引领内容要有一定的针对性，要有利于提高教师的实际工作能力和水平，引导方法要灵活、多样、有效。

2. 在专业引领中，要充分发挥引领人员和教师双方的能动性和积极性

引领人员既可以是教育科研的专家，也可以是教研部门的教研人员，还可以是既有一定的教育教学理论，又有丰富实践经验的教育教学第一线的骨干教师。科研专家对教师的引领主要是教育教学科学理论的引领，教研人员对教师的引领主要是把教育教学理论与教育教学实践结合在一起的引领，第一线骨干教师对教师的引领主要是具体实践操作的引领。引领人员必须具有较高的素质水平和引领能力，在对教师的专业引领过程中，既有对教师理论上的指导，又有实际的教育教学示范；既要参与到教师学习、研讨的过程之中，又要对教师具体的教育教学实践进行评析，还要采取切实有效的方法措施，善于指导教师开展教育教学实践活动。因此，引领人员一方面必须具备丰富的教育科学理论知识和实践经验，同时又能对引领工作有高昂的工作积极性，要乐于从事引领工作，这才能保证引领工作的顺利和有效。在专业引领过程中，作为接受引领的教师，要有积极上进的精神，要确立"我要学习……，我要发展"的思想，在接受引领的过程中要充分发挥自己的主观能动性，要积极配合，要向引领人员虚心学习、认真求教，要深入钻研、努力提高。只有这样，才能促使自己的水平得到提高，促进自己的专业获得更好更快的发展。

3. 对教师的专业引领要到位而不越位

引领人员对教师无论是教育科学理论的引领，还是教育教学实践的引

领，都要努力做到到位而不越位。到位，就是给教师提供必要的帮助；不越位，就是引领人员对教师不能越俎代庖、包办代替。在专业发展过程中，教师是发展的真正主体，专业引领人员无论怎么引领或指导，都不能也不应该代替教师的独立思考和实践活动。引领的最终目的是为了不引领。因此，专业引领人员要立足于提高教师的教育教学理论水平和独立的教育教学和实践研究能力来引领教师，要通过到位而不越位的引领，使教师真正能够获得良好的专业发展。

(二) 专业引领的操作方法

1. 阐释教育教学理念

教师具有什么样的教育教学理念，决定其在教育教学中产生相应的行为方式。在教师的专业发展过程中，让教师掌握并形成新的教育教学思想理念是教师获得专业发展的首要任务。完成这一任务，引领人员可采用讲座、学术专题报告、专题理论研讨、教学问题诊断、案例评析、教学专题座谈咨询和引导自学等形式，让教师全面掌握新的教育教学理论。在当前新课程改革背景下，就教学思想理念的引领来说，主要包括：教材内容的理解分析、课程教材教法的分析辅导、课程标准与学科课堂教学问题的评析，等等。

2. 共拟教育教学方案

在教师的专业发展过程中，在教师掌握了教育教学思想，形成了新的教育教学理念的基础上，引领人员要与教师就某种教育教学内容或现象在共同探讨的基础上，引领教师并与教师共同拟定出教育教学方案。在共同拟定教育教学方案的过程中，引领人员既要发挥引领作用，更要指导教师在科学的教育教学理论的指导下，逐步形成具有自身特点和风格的教育教学设计，并使教师学会独立拟定教育教学方案。共同拟定出来的教育教学方案，要符合教育教学科学理论的要求，要有利于教育教学的具体实施。

3. 指导教育教学实践尝试

在教育教学方案拟订好了之后，引领人员要与教师一起将共同拟定的教育教学方案直接用于教育教学实践。以教学为例，引领人员要引领教师将拟定好的教学方案直接用于课堂教学之中，要让教师在教学实践中尝试实施教学方案，验证教学方案的可行性和有效性。在教师使用共同拟定的教学方案进行教学实践的过程中，引领人员要深入课堂，关注、考察和记录执教教师的教学行为，并将教师的课堂教学行为与拟定的教学方案进行比较，寻找出与教学科学理论的差距，以备在教师教学尝试之后与教师一起讨论进一步修订方案、改进教学方法和教学行为。

4. 引导反思教育教学行为

就教学来说，在教师拟定的教学方案进行教学实践尝试之后，引领人员要安排和组织教师对教学尝试情况进行反思和评议。在这里，引领人员和执教者首先要对自己的教学设计和行为进行自我反思，说明设计思路，找出教学预拟方案与教学行为的不和谐之处，分析原因，寻找解决方案；同时，引领人员要让其他参与教学实践活动的教师对教学设计和执教教师的教学行为充分发表自己的看法和意见，指出其优点和不足，提出修改建议。在此基础上，要总结大家意见，进一步引导教师将教学尝试行为的反思意见落实到新的教学行为之中，改变原来课堂教学中的不足，把思转化为行。经过这样几次反复，直至创生充满活力的课堂教学环境。

【拓展阅读】

"庖丁"分解课堂

崔允漷

要观察课堂，首先要分解课堂。我们一向熟悉的课堂，面对"分解"两字，顿时又陌生起来了。我们一直迷茫地左看右看，不知道脚要往哪个方面迈！是教授一次次指点我们。教授说，课堂就像一头活猪，研究必须要分解，可以人为地把活猪分成猪头、猪身、猪尾巴。我们不是天生的分解课堂的庖丁，只能用最老土的办法——查资料，做摘录，扫描，电脑录入。无所谓八小时内外，也放弃了寒假的休息，直到 2006 年 3 月 5 日，我们才抖抖索索地拿出四种分解思路：

（1）依据新课程理念，切分为师生关系、教学互动、主动探究、预设生成、回归生活、合作学习、信息技术与学科整合、多元评价八个维度；

（2）依据课堂教学的主体、客体的互动关系，切分为教师、学生、教学信息、教学媒体四个维度；

（3）依据课堂教学的传统执行流程，切分为教学目的、教学任务、教学过程、教学组织、教学方法、教学手段、教学评价七个维度；

（4）以教学的基本范畴，切分为教学结构与教学组织、教学理念与教学要素、教学设计与教学操作、教学预设与教学生成、静态教学与动态教学五个维度。

四种分解孰优孰劣？是否还有更好的方案？教授应邀来到学校，听完我们的汇报，不急不躁地说："课堂是为了什么？教师的教为了什么？一句话，为了学生的学习，我们能否从影响学生课堂学习的因素有几类出发来思考课堂分解问题呢？"后来，我们知道，这叫原点思考。依着这种思考方式，我们将课堂教学分解为学生学习、教师教学、课程性质与课堂文化四个维度……原来，复杂的课堂问题可以这样去思考，做简单的还原。这一刻，我们才真正体悟到"科学就是使复杂的事情简单化"的内涵，才明白什么叫专家思维。

（摘自：《有效教学》，华东师范大学出版社2010年版，第322页。）

【我思我行】 材料分析：阅读下面的小学语文课文，回答文后的提问。
"精彩极了"和"糟糕透了"

记得七八岁时候，我写了第一首诗。母亲一念完那首诗，眼睛亮亮地，兴奋地嚷着："巴迪，真是你写的吗？多美的诗啊！精彩极了！"她搂住我，赞扬声雨点般落到我身上。我既腼腆又得意洋洋，点头告诉她这首诗确实是我写的。她高兴得再次拥抱了我。

整个下午，我用最漂亮的花体字把诗认认真真地重新誊写了一遍，还用彩色笔在它的周围描上了一个圈花边。将近七点钟的时候，我悄悄走进饭厅，满怀信心地把它平平整整放在餐桌上。

七点。七点一刻。七点半。父亲还没有回来。我简直急不可耐了。他是一家影片公司的重要人物，写过好多剧本。快到八点钟时，父亲终于推门而入。他进了饭厅，目光被餐桌上的那首诗吸引住了。我紧张极了。

"这是什么？"他拿起了我的诗。

"亲爱的，发生了件奇妙的事。巴迪写了一首诗，精彩极了……"母亲上前说道。

"对不起，我自己会判断的。"父亲开始读诗。

我把头埋得低低的。诗只有十行，可我觉得他读了几个小时。

"我看糟糕透了。"父亲把诗扔回原处。

我的眼睛湿润了，头也沉重得抬不起来。

"亲爱的,我真不懂你是什么意思!"母亲嚷着,"这不是在你的公司里。巴迪还是个孩子,这是他写的第一首诗,他需要鼓励。"

"我不明白,"父亲并不退让,"难道这世界上糟糕的诗还不够多吗?"

我再也受不了了。我冲出饭厅,跑进自己的房间,扑到床上失声痛哭起来。饭厅里,父母亲还在为那首诗吵着。

几年后,当我再拿起那首诗,不得不承认父亲是对的。那的确是一首相当糟糕的诗。不过母亲还是一如既往地鼓励。因此我还一直在写作着。有一次我鼓起勇气给父亲看了一篇我新写的短篇小说。"写得不怎么样,但还不是毫无希望。"根据父亲的批语,我学着进行修改,那时我还未满12周岁。

现在我已经有很多作品,出版、发行了一部部小说、戏剧和电影剧本。我越来越体会到当初是多么幸运。因为我有个慈爱的母亲,她常常对我说:"巴迪,这是你写的吗?精彩极了。"我还有个严厉的父亲,他总是皱着眉头说:"我想这个糟糕透了。"一个作家,应该说生活中的每一个人,需要来自母亲的力量,这种爱的力量是灵感和创作的源泉。但是仅仅有这个是不全面的,它可能会把人引入歧途。所以还需要警告的力量来平衡,需要有人时常提醒你:"小心,注意,总结,提高。"

这些年来,我少年时代听到的两种声音一直交织在我的耳际:"精彩极了","糟糕透了";"精彩极了","糟糕透了"……它们像两股风不断地向我吹来。我谨慎地把握住我生活的小船,使它不因"精彩极了"而搁浅,也不因"糟糕透了"而颠覆。我从心底里知道,"精彩极了"也好,"糟糕透了"也好,这两个极端的断言都有一个共同的出发点——那就是爱,在这种爱的力量下,我努力向前驶去。

1. "'精彩极了','糟糕透了'……它们像两股风……使它不被哪一股风刮倒。"这两股风分别指什么?巴迪为什么不会被"哪一股风刮倒"?

2. 作为一名新教师,面对新课程改革的实际情况,你需要的是哪股"风",你将给予你的学生什么"风",采取什么策略让你的学生开展语文学习活动呢?请联系实际谈谈自己的体会。

(摘自:人民教育出版社小学《语文》五年级上册)

【参考文献】

1. 章志光:《社会心理学》,人民教育出版社1996年版,第64—65页。

2. 中华人民共和国教育部制订:《全日制义务教育语文课程标准(实验稿)》,北京师范大学出版社 2001 年版,第 1 页。

3. 熊开明:《小学语文新课程教学法》,首都师范大学出版社 2010 年版。

4. 倪文锦:《小学语文新课程教学法》,高等教育出版社 2003 年版。

5. 联合国教科文组织总部中文科译:《学习——内在的财富》,(曾译名"教育——财富蕴藏其中"),教育科学出版社 1998 年版。

6. 瞿葆奎:《中国教育研究新进展·2001》,华东师范大学出版社 2003 年版。

7. 新课程实施过程中培训问题研究课题组编写:《新课程与教师角色转变》,教育科学出版社 2001 年版。

8. 郭东岐:《教师的适应与发展》,首都师范大学出版社 2001 年版,第 36—37 页。

9. 钟启泉、崔允漷、张华:《为了中华民族的复兴,为了每位学生的发展——〈基础教育课程改革纲要(试行)〉解读》,华东师范大学出版社 2001 年版,第 430 页。

10. 人民教育编辑部编著:《新课程优秀教学设计与案例·小学语文卷》,海南出版社 2002 年版。

11. 叶澜、白益民、王枬、陶志琼:《教师角色与教师发展新探》,教育科学出版社 2001 年版。

12. 人民教育编辑部编著:《优秀教学设计与案例·小学语文卷》,海南出版社 2002 年版。

13. 郑慧琦等:《做有思想的行动者:研究型教师成长的案例研究》,上海教育出版社 2008 年版。

14. 崔允漷:《有效教学》,华东师范大学出版社 2010 年版。

第二章　小学语文教研论

【开篇语】

　　小学语文教研，即小学语文教育研究，是指运用教育科学和语文科学的理论与方法，有目的、有计划地对小学语文教育教学中的现象与问题进行研究的一种活动。小学语文教研有利于形成科学的教育思想，丰富小学语文教育教学理论；有利于推动语文教育教学改革，提高语文教育质量与效率；有利于教师专业化发展，提高教师自身素质。小学语文教研包括：课程研究、学习研究、教学研究、课程评价研究和教师研究。

【问题情境】

《对如何让课堂评价富有"语文味"的行动研究》
广东潮州市爱山小学　姚惠平

　　一、提出问题

　　课堂评价是师生交流互动的润滑剂，但如何评价学生的回答是我在课堂教学中遇到的一个难点。我常常用这样的方式将学生的回答"搪塞"过去。（1）公式化的激励评价："你真棒！""你真能干！""你真聪明！"；（2）重复学生的回答：将学生的回答重复一遍，没有提炼概括；（3）直截了当：或告诉学生"船已到岸"，或强拉学生"回头是岸"。这些评价"放之四海而皆准"，看似"皆大欢喜"，实则是脱离语文文本的没有生命活力的"空评价"。长此以往，学生的语言敏感力和语文素养将逐渐降低。其实，每一堂语文课都是不可复制的生成过程。如何站在语文的角度评价学生的学习过程，是教师引领学生学好语文，用好语文的关键所在！

　　二、问题归因

　　1. 备课时没有关注课堂评价。在日常备课中，我只关注到教学目标、教学环节的设计，对课堂评价却没有给予重视。这就导致我在课堂上对学生回答的评价具有很大的随意性，没有将课堂评价内容指向学生的发展及语文文本的特定性。因此，提高评价的针对性、有效性和指导性便无从谈起。

2. 解读教材不够深入。当学生没有回答出我期待的答案时，我便以"你坐下再想想""谁能说得更好"这样的评价转向其他学生，并没有考虑刚才那个学生回答中传递的个性思考存在的合理性，更没有考虑如何据此进行相应引导。待到有学生回答出我所期待的理想答案时，我便迫不及待地进入下一教学环节。表面上看，师生间不断地进行语言上的你来我往，但老师的评价与学生的回答缺乏思维的碰撞和情感的共鸣。

3. 走教案现象严重。语文课堂往往围绕一些问题深入展开，师生共同探讨问题的过程实际上就是共同思考和提升的过程。但由于教学经验不足等原因，我在上课时心中只有教案，在课堂上常常将焦点放在教案中预设的教学环节上。事实上，当学生在回答问题的时候，我已经将注意力放在了下一环节如何引出上了。

三、采取的措施

1. 紧扣文本，评出语文"韵味"

语文是最具有形象性与情感性的一门学科。教材选编的课文并非"无情物"，教师的评价语要准确地把握文章"冷暖"，让学生感受语言文字的"情感"。教师在评价时要深入解读文本，置身于文本的特定情境，积极寻求评价内容与文本内容的高度融合，使评价语言与语文学习浑然一体。在汇报课《颐和园》的教学中，我特别注意朗读的评价，请看教学片断：

师：如果说刚才用列数字让你感受到长廊的长，那这句话中有哪些词让你感受到了画很多？

生：读（每一间的横槛上都画着五彩的画，有人物、花草、风景。）

师：你从每一间、都感受到了画的数量多。你能通过朗读把这成千上万幅画带到我们面前吗？

生：读。

师："几千幅"你读得很重，让我们感受到了彩画非常多。

生：我从（几千幅画没有哪两幅是相同的）感受到画的种类也很多。

师：这句话中最让你震撼，请你来读一读。

生：读。

师：真是人在廊中走，景在身边移。

这一教学片断将评价紧扣文本语言，在一次次有针对性地评价中，学生的朗读有了增量，品出了浓浓的语文"韵味"。

2. 巧妙生成，评出语文"鲜味"

语文课堂的魅力不仅在于文本的丰富多样性，更在于课堂生成的不可预测性。教师若能在评价时巧妙地处理课堂生成资源，把课内发生的"意外枝叶"，通过富有智慧的评价语言巧妙地"嫁接"到语文学习上，那一定会为语文课堂增添不少"鲜味"。

在教学《爬山虎的脚》一课时，一位学生正动情地朗读描写爬山虎叶子的句子。突然从窗外飞来一只蜜蜂。教室里一片骚动。我灵机一动，顺势评价："你读得多美啊，把爬山虎的叶子都读活了。瞧，都把蜜蜂吸引来了！"听罢，学生大笑，我继续引导：我们来比一比谁朗读的爬山虎的叶子最美，不但能让我们陶醉，也能让教室里蜜蜂陶醉？这时，教室里又传来了此起彼伏的朗朗书声！没想到，这样一引导，这段"意外插曲"不但没有扰乱课堂教学秩序，还使课堂流淌出了醉人的语文"鲜味"。

3. 提炼学法，评出语文"实味"

语文学习不仅关心"学什么"，更要关心"怎么学"。因此，教师在评价时要渗透语文学习方法的指导，让学生"学会学习"，习得"语文学习力"。请看我在教学《蟋蟀的住宅》一课"随遇而安"一词的教学片断：

师：什么样叫做"随遇而安"？

生：就是什么情况下都能适应。

师：这是从字面上理解。还有补充吗？

生：就是"蟋蟀常常慎重地选择住址，一定要排水优良，并且有温和的阳光"。

师：你懂得联系上下文理解。真不错！

在评价学生"随遇而安"一词的理解时，我注重语文学习方法的指导，教会学生寻"道"解"惑"的方法，推进了语文学习的进程。

四、总结与反思

王崧舟老师说："课堂评价是可以训练的，也是应该训练的，但它进了课堂就成了下意识的行为。就像学骑自行车，刚开始学的时候肯定会特别注意自己的手和脚是怎么做的，但是到了熟练的阶段就会人车一体。"

如果我们静下心来潜心研究课堂教学评价，那么我们收获的不仅仅是高超的评价技巧，更是无上的教学快乐。当教师把评价语深深地扎在语文学习的"土壤"里时，我们便会发现学生逐渐开始专心致志地揣摩、咀嚼、玩味语文课堂的"魅力"，课堂便散发出浓浓的"语文味"！"路漫漫其修远兮"，现在的我自然无法达到"人课一体"的境界，但慢慢的，先从有意识的来，相信在课堂评价上总会有变化的。

（摘自：广东省潮州市爱山小学师训博客"行动研究案例"选登）

【理论导学】

许多人认为老师尤其是小学老师，能把书教好就行了。搞研究，那是专家的事。但是上文中的老师把自己的教学当作研究对象，分析自己教学中存在的问题及原因，并提出解决办法，为我们了解小学语文教育研究、感受小学语文教育研究、实施小学语文教育研究提供了很好的范例。

学完本章后，请你也研究研究本案例：文中反映了作者行动研究的几个步骤？还有哪些环节没有列出？他可能采用了哪些研究方法？

第一节　小学语文教育研究概述

一　小学语文教研的性质与内容

（一）小学语文教研的含义

所谓小学语文教研，是指运用教育科学和语文科学的理论与方法，有目的、有计划地对小学语文教育教学中的现象与问题进行研究的一种活动，其目的在于探索和认识小学语文教育与语文学习的内在规律及本质特点，推动小学语文教育教学的改革与发展，促进小学生语文素养的全面提高。

（二）小学语文教研的特点

1. 实践性

小学语文教研的主体、主题、内容与目标，均来源于实践，研究成果也必将应用于实践。唯有如此，小学语文教研才能有强大的生命力。以应用性课题研究为主，着眼于解决小学语文教育教学实践中的问题是小学语文教研的显著特征。

2. 创新性

"学无止境"、"教无定法"。语文学科的丰富内涵、教育实践的多姿多彩、主体创造的无限潜能，都为小学语文教研的创新性提供了可能。创新是语文教研的灵魂，也是衡量语文教研成果价值大小的一个主要标志。一系列来自于实践的教研成果，更证明了小学语文教研的创新性：如，仅就小学语文阅读教学，一线教师就开展了各具特色的实验探索：丁有宽老师的"读写结合"实验、张玉洁老师的"五步法阅读"实验、郑祖读老师的"读式"教学实验、靳家彦老师的"导读"教学实验等。他们的研究既有相互借鉴的地方，又各有自己的特色，从而丰富和发展了小学语文教育的理论。

3. 复杂性

教研的主要对象是人，研究中涉及的因素往往较多，对研究过程的控制有一定难度，而且教育效果的显示往往具有滞后性，研究周期长。语文教研领域较广，历史演变较长，存在问题多，一向争论大，规律难以把握，因而具有相当的复杂性。

（三）小学语文教研的内容

1. 小学语文课程研究

小学语文课程研究包括小学语文课程制度、小学语文课程制订方针、小学语文课程设计和小学语文课程改革实验等研究。

2. 小学语文学习研究

小学语文学习研究一般包括小学语文学习与小学生发展关系研究、小学语文学习的过程与方式研究等。现代小学语文教育特别强调生本思想和学法指导，充分发挥学生在语文学习中的主体作用。这一方面值得深入研究。

3. 小学语文教学研究

小学语文教学研究是小学语文教研的重点，包括语文教学观念、识字写字教学、阅读教学、写作教学、语文综合实践教学、语文教学活动、语文教学艺术等方面的研究。语文教师主要从事语文教育教学实践，在这方面有较丰富的体验，应重点进行这方面的研究。

4. 小学语文课程评价研究

小学语文课程评价研究主要包括语文课程评价功能、语文课程评价原则、语文课程评价方式、语文课程评价指标体系构成等研究。语文课程评价研究是语文教育科研的重要内容，它对深化语文教育教学改革将起到重要的促进作用。

5. 小学语文教师研究

小学语文教师研究主要包括语文教师的历史使命、角色定位、素养构成与培养等研究。

二　小学语文教研的发展趋势

随着社会的发展和教育改革的深入，语文教育将面临一场重大的变革，语文教师也面临新的挑战。如何构建适应21世纪特点的语文教育新体系已成为一项紧迫的课题。当前小学语文教研总的发展趋势表现为：

（一）语文素质教育、创新教育研究和语文教育的现代化研究将进一步加强

教育的关键在于促进人的素质全面发展，而创新精神与实践能力的培养是素质教育的重点，作为重要基础学科的语文教育如何从中发挥重要作用，值得进一步深入研究。为了适应现代化社会，语文教育在理念、教材、方法、手段、评价等方面如何改进也是需深入探讨的课题。

（二）更为重视语文教育整体性研究

自2001年9月开始的基础教育课程改革实验正在全国逐步推广，其中对语文课程的改革就涉及语文教育理念、语文课程目标、语文教材、语文学习方式、语文教学方法、语文教学评价等，呈现出明显的综合性、整体性特点。语文教研更为重视语文教育整体优化的研究。

（三）语文教研的阵地前移，教师将成为主力军

目前，教育行政部门越来越认识到"科研兴教"、"科研兴校"的重要意义，越来越认识到理论与实践有机结合的重要价值，越来越认识到进行教育科研是提高师资水平的有效途径。因此，小学语文教研将呈现如下趋势：研究阵地不断向教育实践领域推进，专业研究人员与一线教师合作开展研究，又以教师为主要研究力量，教育科研与教育实践的结合更加紧密，教育科研的成果应用于实践、指导实践更为直接等，而语文教育科研更是如此。

三　新课程小学语文教育研究特点

（一）新课程理念进一步深化

随着课程改革的深入，新课程理念得到进一步深化。工具性与人文性

的统一、三维目标的确立、语文素养的形成、语感的培养等观念已经深入人心。新课程理念、新课程的教学方式、新课程的师生关系、新课程下语文教育的终极目的等都纳入了小学语文教育研究的视野，并对教师的语文教育教学和学生的语文学习产生深刻的影响。

（二）实践中的反思成为热点

在新课程不断推进的同时，对于新课程进行反思的声音也从未间断。宏观上有对如何处理好四个关系（工具性与人文性的关系、学习语文与学习做人的关系、接受性学习与自主、合作、探究学习的关系、用好教科书与开发、利用相关课程资源的关系）的探讨，有对传统语文教学现代语文学习关系的探讨。也有对小学语文教育实践中存在的偏激、偏颇问题的反思。

四 小学语文教育研究案例

小学语文教育中学生自主学习能力培养的研究

李万兵

摘 要：本研究采取行动研究法，得出了如下结论：在小学语文教育中要充分开发儿童潜能，以学生自主学习为主体，以拓展阅读为抓手，以课程整合为核心，就可以培养小学生的自主学习能力。对小学生进行自主学习能力培养可以从学生自主、课堂开放和自主预习三个方面来展开。

关键词：自主学习；拓展阅读；课堂开放；自主预习

苏发君在2003年第三期《教育科研论坛》上发表了《语文自主学习能力的培养》，该文认为"自主学习是指学生在老师的科学指导下，通过能动的创造性的学习活动，实现自主发展的教育实践活动。尊重学生的主体地位，唤醒学生的自主学习意识，培养学生的自主学习能力，引导学生走向自主学习之路，是实施素质教育的一项重要内容。"这篇论文指出了自主学习的概念与作用，并且对小学生自主学习能力培养提出了具体的办法，但是缺少从教育心理学的角度对儿童语文学习进行观察。所以，对小学语文教育中的学生自主学习能力培养就显得十分必要了。本研究采取行动研究法，得出了如下结论：在小学语文教育中要充分开发儿童潜能，以学生自主学习为主体，以拓展阅读为抓手，以课程整合为核心，就可以培养小学生的自主学习能力。

一、当前小学生语文学习中的状况

小学生处于儿童阶段，其身心发展不平衡。从幼儿到儿童，是其学习期间的质变。而了解当前小学生语文学习状况有利于较好地研究小学生的学习状况。

（一）小学语文教学中学生缺乏主动学习

小学生学习的积极性比较强，但是对于如何学习，怎样学得更好就不容乐观了。小学生主要的学习方式是老师教什么，自己就接受什么。经常可以听见小学生说"我们老师说"之类的话，他们认为自己的老师有很丰富的知识体系，是神圣崇高的。学生对老师的崇拜，使得老师布置什么任务，小学生们就会去做什么。要是老师没有什么作业，那么小学生就不会去学习。小学生普遍不会预习，如学生没有明确的预习目标；学生没有具体可控操作的预习学案；对学生的预习监控不力，多数在家中完成；评价激励跟不上，学生预习被动；学生没有良好的预习习惯。这些习惯说明小学生缺乏主动学习，被动学习的多，主动学习的太少。

（二）小学生拓展阅读能力欠缺

拓展阅读在小学语文教育教学中居重要地位，但是，不少小学生缺乏拓展阅读训练。《语文课程标准》以人为本的作文教学新理念特别强调珍视学生个人的独特感受，强调习作阅读的个性化。我们的语文教学对学生个体的主体性地位认识有偏颇，没有很好地尊重学生的个体发展，而是一相情愿地按教师的习惯与思路来教学。忽视了学生课外阅读生活的有效指导，忽略了对学生精神生活的引领，阅读教学和作文教学拘泥于教科书。这些都制约了小学生拓展阅读的开展。值得注意的是拓展训练既可以在课堂，也可以在课余时间进行。我们侧重拓展阅读内容的广度与深度。

二、加强小学生语文教学自主学习能力培养的对策

从小学生是儿童的角度来看，小学生语文教学更像是儿童文学教学。王泉根在《北京师范大学学报（社会科学版）》上发表了《论儿童文学的基本美学特征》，其中指出了"与成人文学的艺术真实强调作家的主观认识和客观真实世界的一致性不同，儿童文学的艺术真实强调的是作家的主观认识与儿童世界的一致性，即作家所创造出来的具体人物的关系和行动是否与儿童的思维特征、心理图式相一致，追求一种儿童幻想世界的艺术真实"。可见，小学语文教学在某种程度上就是一种儿童文学的教育。因此，对儿童进行语文自主学习能力培养成为教师们的一种选择。对小学生

进行自主学习能力培养可以从学生自主、课堂开放和自主预习三个方面来展开。

（一）学生自主

小学生被动学习的多，那么这个问题得以改变，就需要从学生内心来分析。小学生是幼儿与少年时期的中间阶段，具有自身向往独立发展的倾向。所以，小学生自主学习能有效地增加见闻，增长知识，同时为学生的个性化发展奠定基础。可以说，学生自主是帮助学生走向自立自强的必由之路。小学语文教学大纲中提出："学生是语文学习的主人。"自己课余学习什么，阅读什么，都由自己的实际情况出发自我决定，这为学生的全面发展是有益的。

（二）课堂开放

小学生大部分学习时间是在学校里度过的。课堂教学效率决定教学效果，而课堂开放程度影响到学生的自主学习能力高低。经过不断实践，我们探索出一套有利于学生自主学习、主动发展的教学模式。这种模式以"学生自学—交流讨论—精讲归纳—深化练习"为轴线，辅以四环节导学案来进行课堂拓展。这样的拓展训练极大地丰富了课堂的内涵与外延，使得课堂开放度高，学生主动性强，从而达到或超过了教学预期。如在教学《惊弓之鸟》一课时，让学生志愿者先在黑板上画一张弓、一把弦、一支箭，再让台下的学生一一回答画的是什么，然后让语文课代表说："大家知道有了弓、有了箭，才能射鸟。可是古时候，有个叫更羸的人只拉弓不射箭，却能把大雁射下来，这是怎么回事呢？"然后预习过的学生马上就举手发言：《惊弓之鸟》！这个时候，大家就分组讨论这课《惊弓之鸟》。这样的课堂就很开放。

（三）自主预习

小学生在语文学习中要坚持语文自主预习的能力，具体要做到：自读课文，初步感悟课文，把握主要内容。小学生要自主识字、词。小学生收集整理多音字。课前质疑能力。课前查阅资料。此外，老师还要不断提高学生自主预习的兴趣，如让学生收集或制作生字卡，写一点精美的作品，阅读有丰富内容的名著。教师指导小学生的预习方法，要求尽可能详细、可操作性强。而对于中高段的小学生，预习可分为五大步，即："阅读—检查—练习—提问—写作"。自主预习的这五个步骤就能把课文的大体意思搞清楚，然后学生再根据掌握的情况去决定拓展阅读相关的资料。

三、结语

对于小学语文教育中的学生自主学习能力培养的研究，通过行动研究法，得到了一条重要的结论：在小学语文教育中要充分开发儿童潜能，以学生自主学习为主体，以拓展阅读为抓手，以课程整合为核心，就可以培养小学生的自主学习能力。今后在研究这个课题的时候，再结合教学案例就会有更丰富的成果。

（摘自：《剑南文学·经典阅读》2011年第7期）

第二节 教研方法概述

一 常用语文教研方法

（一）语文教育经验总结法

语文教育经验总结法，是指研究者在不受外界控制的自然状态下，依据语文教育教学实践中所提供的事实，分析概括语文教育教学现象，加工从语文教育教学实践中获得的材料，使之上升到教育理论高度的一种方法。它对积累语文教育教学先进经验，改进语文教育教学工作，提高语文教育教学质量，丰富语文教育教学理论都有着十分重要的意义。

语文教育经验总结法，是在自然状态下进行的，因此，它没有严格的假设和实验因子的人为控制，不会给教师和学生带来各种心理影响。它的研究对象侧重于对语文教育教学的感性认识、主观体验和感受，因而比较真实，与广大语文教师比较贴近，宜于学习和掌握。但应注意的是，总结语文教育经验必须在科学的理论指导下进行，只有这样，才能把实践经验升华为教育理论，使得出的经验更有科学性和理论性。其基本要求是：

1. 总结的经验有代表性，具有典型意义；
2. 要以客观事实为根据，定性分析与定量分析相结合；
3. 要全面考察，注意多方面联系；
4. 要正确区分现象与本质，得出规律性的结论；
5. 要追求新经验，做出新解说。

如，语文教育如何着眼21世纪发展要求，提高学生整体素质，已成为语文教育改革的总课题。当今和未来社会信息量剧增，信息流程迅速而又频繁。因此，应培养学生成为能够"速读、快写、敢说、能说、善辩、快节奏、高效益的人"。于是"快速阅读"、"快速作文"的研究就应时而起。特级教师乐连珠的"小学快速阅读教学"经验显示了时代的特点，富有新意。

（二）语文教育调查研究法

语文教育调查研究法就是研究者通过谈话、问卷、观察等特定的手段，有目的、有计划地收集有关研究对象的可靠资料，以掌握语文教育实情，分析研究语文教学实践问题的方法。它具有间接性、灵活性、简便易行等特点。在语文教育科研活动中，调查研究法是一种比较常用的方法。

语文教育调查有多种方式，主要有问卷、访问、谈话、测验、书面材料分析、开调研会等。

（三）语文教育实验研究法

语文教育实验研究法就是用实验的方法来研究教育问题，即研究者在一定理论指导下，按照研究目的，合理地控制或创设一定条件，人为地变革研究对象，以验证研究假设，探讨语文教育现象因果关系，揭示语文教育活动规律的一种研究方法。语文教育实验研究法兼有理论研究和实证研究两方面的特征，因而能更深刻、更有效地探明语文教育现象内在的因果联系，揭示语文教育的客观规律，在语文教育改革和理论创新中发挥着越来越重要的作用。

语文教育实验设计的过程大致应包括以下几个方面：

1. 阐述实验目的及其理论依据；
2. 提出明确的实验假说；
3. 确定实验中的各种变量；
4. 实验对象的选择；
5. 实验测量项目与指标的确定；
6. 实验研究计划的制定。

（四）语文教育个案研究法

个案研究法又称案例研究法，是以一个个的个体或组织体为研究对象，对其各个侧面、发展过程及其与环境的关系等进行深入的调查、分析和研究的一种研究方法。个案研究的对象可以是一个人，也可以是一个群体、一种社会现象。对任何社会个体，无论是个人或是社会机构、社会现象，个案研究都是作为一个整体看待的。

对语文学科来说，个案研究法具有独特作用和广泛运用的价值。语文是一门内涵丰富、开放性很强的人文学科。语文教育的终极目标是以学生个体的发展为归宿的。然而,长期以来语文教育教学的内容与要求、方法与模式一直是高度集中和统一的,偏重于集体教育而忽视个体的因材施教。这就使语文教育蕴涵的个性发展目标与传统教学模式、教学方法的共性限制产生了尖锐的矛盾。因此,语文教育应打破封闭、僵化的教学模式,克服传统教学"目中无人"的弊病。从研究学生的学习个性与发展规律性出发,探索个性化的语文教学机制与策略,以促使具有不同个性特点的每一个学生都能得到充分、自由、和谐的发展。同时,教学个性的解放与发展也应包括教师在内。语文教师既要注重学生个性发展,研究个别化教学措施,又要探索个性化的教学方法和策略,使自己的教学个性获得充分、完善的表现与发展。个案研究法对探索个性化的语文教育教学方法无疑具有很高的应用价值,能起到其他研究方法不易起到的作用。

语文教育个案研究可分为特殊学生的个案研究和典型教学案例的研究。

(五) 教育文献研究法

语文教育文献研究法是指以有关语文教育的文字、音像材料(书刊、资料、文件、教材等)为研究对象,以了解语文教育的有关研究成果、研究动态、发展历史和现状,探索教育规律的研究方法。语文教育史、教材分析等研究均可采用文献研究法。

任何科学研究都是在前人研究的基础上前进和发展的,语文教育科学研究也不例外。在进行研究的过程中,免不了要广泛地阅读文献资料,了解相关的研究成果、研究动态、发展历史和现状。只有这样,才能减少不必要的重复劳动,取得有价值的成果和突破。因此,在运用其他方法研究语文教育时,也常常需要同时使用文献研究法。

在收集文献时,要注意以下问题:一是在时间上要采用逆时法(倒查法)。即先要查与研究有关的最近、最新的文献,再逐步前推,收集早些时候的文献。因为最近的资料更新、更全面、更可靠。二是应注意收集第一手材料,以保证资料的准确性、可靠性。三是不但要收集观点一致的材料,也要收集观点相异的资料,以便于比较分析。

文献资料收集之后,就要围绕研究课题对其进行分析研究,以得出正确的结论。

二 语文教研资料的整理与分析

（一）语文教研资料的种类

语文教研中收集资料的方法很多，主要有两类：一是通过直接观察、调查、实验得到直接材料；二是通过阅读文献、书籍得到间接材料。

（二）语文教研资料的整理

在语文教育研究过程中，由于收集的原始材料多半是较为分散、零乱的，为便于分析研究，这就需要及时对这些资料进行加工、整理，使之成为有价值的资料。资料的内容、形式、用途不同，整理的方法也有所差异。常见的资料整理方法主要有：编制索引、制作卡片、进行剪贴、建立卷宗。在信息化时代，电子资料的整理可以依赖电脑办公软件完成。

（三）语文教研资料的分析

从科学思维的角度看，对研究资料的分析常用的方法有两种类型：一是定性分析，二是定量分析。这两类方法相辅相成，根据资料的性质、内容常常有所侧重。

1. 定性分析。所谓定性分析，就是研究者运用哲学方法和逻辑方法对资料进行研究，以确定研究对象是否具有某种性质，或揭示引起某一现象的变化原因、变化过程等。定性分析的根本方法是哲学方法，它以思辨的方法，比较事物的异同，概括事物的类型，把握事物的发展规律。定性分析的一般思考过程是：问题是什么？事实是什么？原因是什么？研究结论是什么？等等。

2. 定量分析。定量分析，就是运用数学方法对收集到的研究资料进行处理，以了解研究对象的量的特征和变化态势，从而揭示内在的规律的分析。定量研究方法在教育研究中的运用成为教育科学日趋成熟的标志之一。因此，在分析研究资料时，必须善于把定性分析的方法和定量分析的方法有机地结合起来。

定量分析的方法很多，应用最为广泛的则是教育统计分析方法。

三 语文教研论文与报告的撰写

（一）语文教研论文的撰写

1. 语文教研论文的结构

教育科研论文有着通用的格式和写作要求，是人人必须遵守的"规则"。严格意义上说，语文教育科研论文一般有下列项目：题目、署名、摘要、关键词、引论、主论、结论、引文或参考文献。

（1）题目。论文题目应是论文主题和中心内容的集中展示和高度概括，能一下子吸引读者的注意力。一般不超过21个字。翻阅报纸杂志，人们一般总是先看标题（即题目）。标题新颖，针对教学实际，往往引人细览全文。评奖初选，一般也从标题入手，定个大概，划分档次。标题平平，是很容易落选的，可见拟好标题很重要。语文教育科研论文题目，应该做到准确、精练、醒目，恰如其分地表述论文的特定内容，提示论文研究的广度和深度。如《让快速阅读尽快走进语文课堂》、《开放式作文教学的实施策略》、《在阅读教学中实施人文教育》等文题都具有明确、集中、具体、实在的特点。

（2）署名。署名表示对劳动成果的合法拥有权，正如企业拥有自己的商标一样。署名一般放在题目之下，另起一行。有时先写单位名称，空两格并排写上作者姓名。有时署名后加圆括号注明作者的工作单位、邮政编码。如有多人参与，应按贡献大小或姓氏笔画由少到多排列。

（3）摘要。摘要，即内容提要，是将文中最重要的内容概括摘录出来，类似于"故事梗概"，旨在让读者了解论文概貌。摘要既要完整，又要简短、精要，通常以二三百字为宜。如果论文篇幅不长，一般可不写摘要。摘要放在论文前面，但往往是在完成全文之后，再从全文中概括提炼出来的。

（4）关键词。关键词又叫主题词，是将论文中最能说明问题、起着关键作用、代表论文主题内容信息的单词或术语挑出，供电子计算机进行情报信息检查之用。关键词常用的词汇少则3个，多则8个。论文较短时可不必写关键词，有些杂志也不要求作者写摘要和关键词。

（5）引论。引论是论文的起始部分，引出正文。又称导言、绪论等。主要内容为交代论文写作背景，说明写作目的、研究的经过和研究成果的意义，提出论文的中心论点等。一般要求开门见山，语言最好能创设一种吸引读者读下去的问题情景。引论是论文的组成部分，从全文结构上看不可缺少。否则，正文论述的内容就会显得突兀、生硬。但多数论文只在正文之前用一段文字起到引论的作用，并不专门列出"引言"两字。

一般而言，引论的写法可归纳为以下几种：

问题开头法。如《朗读教学忧思录》开头即分条引出朗读教学存在的主要问题，引起读者的警示，并急欲了解解决问题的良策。二是把论文论述的中心内容，采用设问的方法一开头就摆在读者面前。如《浅谈学生作文领悟能力的培养》一文是这样开头的："在阅读教学多个环节中如何进行读写结合，培养学生对作文的领悟能力呢？"接着另起一段分三点展开论述。

结论开头法，即把研究成果、作者的观点开门见山予以展示。如《语感是语文素质教育之本》一文的开头是："把握语感的特征，培养相应的能力，是语文素质教育的根本。"然后分块展开论述。

目的开头法，即将文章要达到的目的先行端出。

背景开头法，即向读者阐述研究的历史背景。

内容范围开头法，即向读者介绍论述对象的内容和范围。

（6）主论。主论又称正文、本文，是论文的核心所在，占据整篇论文的绝大部分篇幅。文章的主要观点和论据都包含在其中，应花大力气写好。

正文全面翔实地反映作者的主要研究成果，要求以充分有力的材料阐述观点，条理要清晰，逻辑要严密。要注意的是：

观点和材料要有机统一。表述要有严密的逻辑性和明晰的条理性。语言要准确、严密。

（7）结论

论文的结论是全文的归结，文字应干净利落，一般要起到总结全文、强调要点的作用，还可以对自己论述对象的发展前景做出展望。

（8）引文或参考文献

论文写作过程中，有时需要借鉴他人的研究成果，引用别人的观点佐证自己的见解。为了尊重他人研究成果，同时表明作者研究工作有所凭借，并从某个方面反映本研究工作的深度和广度，有利于同行了解此项研究前人所做的工作，凡是引用了他人的材料或研究成果，都必须加以说明，注明出处。引文加注的方法主要有下面三种：

夹注。即在引文后直接加注，说明出处。

脚注。即在本页下方注明该页中所用引文的出处。

尾注。即在全文末尾加注本文中曾使用的引文的出版。引文注释的内容应包括作者（译者）、题名、卷次（期次）、出版社（刊名）、出版年月等。

文末要列出参考文献。参考文献应逐一注明文献的作者、名称、出版单位、出版日期，以便读者查找、阅读。

2. 语文教研论文撰写应注意的问题

（1）论文要有新意。所谓"新意"，是指论文所研究的课题或从未有人研究过，带有开拓性质；或是过去或现在虽有人探求过，但还不完善，还可以再作研究，而你的论文恰恰对此有新的发现，有新的认识。如近年来大家都谈语文教学中的创新教育，有关论文"撞车"现象严重。有位老师却没有盲目追随，而是结合听课实例，作了趋"冷"式思考，写成《发展创新思维不应忽视思想教育》一文，颇具新意。又如一位老师对创新教育这个热门话题作了整体的"冷"思考：一是创新不忘基础，在打实基础上创新；二是创新不忘主体，在确立主体中创新；三是创新不忘全体，在面向全体中创新；四是创新不忘语言，在语言训练中创新；五是创新不忘整体，在整体提高中创新。这篇以"热点的冷思考"为题的论文，同样因为慧眼独具而被录用。为避免"撞车"现象，避免意义不大甚至毫无意义的重复劳动，语文教师平时必须多阅读别人的文章，及时了解教改动态和教研信息，并能从中有所发现。

（2）提倡写短文。教育论文写作从短文写起较为适宜。在实践中积累经验，到一定时候，再写较长文章，是多数语文教师应该遵循的。在这个问题上，我们要避免犯眼高手低、好高骛远的毛病。不注意平时练笔，一写就想一鸣惊人，这种做法并不可取。归根到底，撰写教育论文牵涉到作者的思想素养、文化素养、理论素养、业务素养等。只有加强学习，勤于实践，才能有所收获。想一步登天、一蹴而就，只能是一相情愿罢了。

从另外角度看，每本教育理论或语文专业刊物的容量毕竟有限，栏目也比较固定。为使刊物的信息容量尽可能涵盖更广，各刊物常常更喜欢篇幅较短的论文，语文教师也更喜欢看紧密结合教育教学实践的短文。

（二）报告的撰写

1. 调查报告的撰写 科学研究工作者对某一现象或事物进行调查，把经过分析和判断的结果写成的书面报告，即为调查报告。它的最大特点就是以事实、数据乃至摄影等为依据来说明问题，具有很强的时效性。

调查报告由前言、正文、结尾三部分构成。

（1）前言 前言的内容主要为：情况的简要说明，或调查的目的、意义、时间、地点、对象、领域、方式、方法等。其作用主要是利于正文的展开，便于读者了解调查报告的概貌，掌握其主旨。

（2）正文　正文是调查报告的核心部分。为了清晰醒目，可以根据调查内容的性质和特点，将正文分成若干部分，每一部分加一小标题。正文表述的方式大致有如下几种：一是根据调查的顺序逐点表述。这种方式脉络分明，但应避免写成流水账。为此，要严格选择材料，做到重点突出。二是按事物发展的阶段安排。这种结构法，可以看出演进的过程，从前后情况的对照中体现出调查报告所要阐明的观点。三是调查对象的内容如存在对比性，可以采取对比结构法。通过不同的状况、不同的认识、不同的做法以及不同的结果，显示出事物和观点的差异性，进而使读者明辨是非、优劣。四是根据内容的特点，从各个侧面或从不同的角度去写，使事物得到全面的叙述和说明。

（3）结尾　结尾的内容主要是对调查的结果做出理论的说明，得出结论并提出建议，还可提出是否有推广的价值。

2. 实验报告的撰写

实验报告是教育实验研究专用的以书面形式反映实验过程和结果的一种研究报告。它最显著的特征是客观性。实验报告中所反映的实验结果，完全是实验过程中所获得的东西，不允许有丝毫外加的成分，无论实验结果是否达到研究者最初的设想和愿望，能否验证实验假说，实验报告都必须如实地反映。此外，实验报告对问题的阐释、过程的表述，要求准确、朴实、简明，不需要过多的形容词和富有情感的语言描述，而应以实事求是的态度，就事论事，用客观、自然的语言报告实验情况，表明研究者的态度。

语文教育实验报告的结构一般如下：

（1）报告的题目　报告题目属通报性，要明确表述研究方向，并显示研究的独创性。行文要简洁、鲜明、确切，避免笼统、抽象，字数不宜过多。

（2）研究者署名和内容提要　实验报告应署上研究者真实姓名和工作单位。署名的目的既表示研究者在实验中所作的贡献，又表示对本报告负责。研究者人数较多时，应按在研究中的作用、贡献大小排列。如果是集体研究的还应注明执笔人。

内容提要部分，主要是对研究内容的精心提炼，以简明扼要的语言介绍实验的主要内容。使人一看就对该实验有一个初步的认识。此外，还应有关键词，以点明该实验的关键要素。关键词不宜过多，一般三到五个为宜。

（3）问题的提出　包括问题的性质及其重要性；对以往研究的评述。

（4）实验假说　实验假说是对所研究问题预先做出的推测性论断和假定性解释，必须用陈述句的形式明确地表明两个或多个变量之间预期的因果关系或相关关系。有时还要将自变量和因变量具体化，以便于操作和检验。

（5）实验的方法与过程　实验方法是一篇实验报告有无价值的重要标志，也是读者最关心的地方。实验方法设计精密周到，操作性强，不仅能给人以直观的印象，提供重复实验的范例和参考，而且能增强该实验的客观性和可信度。实验方法与过程的介绍大致包括三个方面：实验对象；实验工具；实验步骤。

（6）实验的结果　需详细叙述，实验结果如果是数据资料，则要把原始数据按一定标准进行分类比较，列出有关的统计图表，进行统计检验和推断，并附以简要的文字说明。实验结果如果是定性描述资料，也应进行分类整理，使其条理化、系统化，以更准确、概括地反映实验结果。

（7）讨论或结论　实验报告的精华所在，既要对实验的结果进行深入的分析、概括，做出理性的科学判断，又要运用创造性思维揭示该实验蕴含的规律性原则，得出科学的结论。

在具体论述时，讨论主要是对实验中观察、记录和测定的结果（各种数据和事例）做出理论的分析和解释，从广度和深度两个方面来丰富实验的结果，明确指出实验的假说是否成立，并由此提出自己鲜明的观点和进一步要解决的问题。结论部分主要是对该实验的客观性、科学性和可信度做出判断。下结论要恰如其分，留有余地，既不能把问题说得模棱两可，又不要把话说得太死、太绝对。对实验中存在的问题也应实事求是地予以说明。

（8）参考文献

列举在实验过程中参考了哪些资料。这既是对被引用文献作者的尊重，又能反映这项研究是在什么水平上进行的，给人以启发和借鉴。参考文献应逐一注明文献的作者、名称、出版单位、出版日期，以便读者查找、阅读。

上述的第1、2、3、4、5部分实际上就是实验设计计划，在内容上基本相同，第6、7部分则是实验报告的重点和精华，是实验的价值所在。

写实验报告须注意如下问题：①实事求是，严谨科学，切忌弄虚作假，或人为地夸大成绩。②要抓住主要问题，反映重要材料，而不要把实验过程中所做的事不分主次地一一罗列。应从验证假说的需要出发，认真分析所得材料，从中找出最能反映问题实质的材料，以增强实验报告的说服力。③要注意定量与定性分析相结合。我国在语文教育研究上素有观点加例子的主观思辨的思维传统，即试图用一两个典型例子来说明一切或证明自己观点的正确，这种以偏赅全的思维定式正是我国一些教育实验报告水平不高、结论难以令人信服的重要原因。实验报告，应尽可能做到数据与事例相结合，一般与典型相结合，既要用数据说话，又要用事例作佐证，切实提高语文教育实验报告的质量。

第三节　小学语文教育行动研究实训

一　选择研究课题实训

（一）对教育教学过程进行回顾，发现明确问题

1. 反思自己在本学期的理论学习与实践技能训练过程，审视自己的小学语文模拟教学行为，对原有教学理念、教学模式提出质疑，找出自己的困惑所在，或教育教学各因素之间的矛盾所在，明确最需要解决的问题。

2. 分析问题、寻找问题的症结

分析影响该问题的各种因素，厘清最关键因素，找到该问题的症结所在，提出研究选题。

3. 确定选题

经过查阅文献、实地调查、同伴讨论、专家引领，经过评价和筛选后，确定研究选题。

二　行动研究实施实训

（一）提出假设

1. 根据选定的课题，提出假设，假设可能解决问题的办法或途径。

2. 分析资料，确定可行形成解决办法，形成行动计划。

（二）实践、尝试解决问题

1. 根据行动计划开展实践，就各种假设进行实践验证，以寻找证据，证实哪种假设是可行的、有效的。

2. 对行动情况进行观察记录，收集有关资料，不断分析，充分考虑现实因素的变化，根据需要作出适当的调整，保证计划顺利实施。

（三）反思总结

1. 反思行动研究的全过程，对照检查计划的执行情况；对照检查计划与现实之间的联系与差异情况，提出补充改进意见。

2. 分析问题解决的进程，检视是否还有什么问题需要进一步解决，并在此基础上发现新的问题或提出新的假设。

3. 总结本行动研究，提出所取得的成就与有待进一步解决的问题。

三　行动研究结题实训

1. 经实验、实践，证明了某假设有助于问题的解决。
2. 撰写行动研究报告，阐明研究目的、研究过程和研究结论。
3. 提交报告，申请鉴定研究成果。
4. 推广研究成果，使更大范围内的同类问题也可得以解决。

【拓展阅读】

《坐井观天》一课教学的行动研究案例

湖北省仙桃市教研室　向爱平

一、问题与设想

课堂教学是实施素质教育的主渠道。开展语文课堂如何实施素质教育的行动研究，有助于在课堂教学中实现素质教育，更能摸索出有效方法，为素质教育的完善提供借鉴。

我们设想，通过对一篇课文的不同教学行动的解剖，让教师在看得见、摸得着的教学过程中，把握语文课堂实施素质教育的行动轨迹，以达到澄清教师认识上的模糊性，转变教学观念，自觉在课堂教学中实施素质教育的目的。同时，提高教师理解处理教材、设计和实施语文素质教育的能力，力争使语文课堂教学有所突破和创新。

二、设计与实施

1. 课例：经典课文《坐井观天》（寓言）。

2. 执教者：唐老师，女，教龄9年，市级小学语文学科带头人。

3. 教学设计（采用集体备课的方式备课，设计教学）

（1）教学设计A

教学目标：理解课文内容，知道不要像青蛙那样目光狭窄还自以为是的道理；理解成语"坐井观天"的意思；认识"寓"、"则"、"际"三个生字，并会书写；朗读课文。

教学重点难点：重点是青蛙与小鸟的三次对话；难点是寓意的理解。

教学准备：生字卡片、小黑板

教学思路（简记）：①②③④⑤

①导入课题，板书课题。

②学生自由初读课文，思考课文的主要人物是谁？他们共说了几次话？是在什么地方说话？每次说话的内容是什么？

③抓住青蛙和小鸟的三次对话，深入理解课文内容。

a. 第一次对话：青蛙向小鸟提出了什么问题？小鸟怎么回答？

b. 第二次对话：青蛙为什么说小鸟说大话？小鸟是真的说大话吗？为什么？

c. 第三次对话：青蛙为什么要坚持自己的错误看法？小鸟劝青蛙做什么事？为什么要这样劝他？

d. 在理解三次对话的意思时，指导学生朗读青蛙和小鸟说的话。

④朗读全文，说说这则寓言揭示了一个什么道理。

⑤教学生字。

（2）教学设计B

教学目标：朗读课文，把课文读熟、读懂，读完课文后能说出自己从这则寓言中明白的道理或受到的启发；理解成语"坐井观天"的意思并记住这个成语；结合课文内容，对学生进行想象力的训练，培养学生的创新能力；认识"寓"、"则"、"际"三个生字，并会书写。

教学重点难点：重点是朗读好青蛙和小鸟的三次对话；难点是感知课文中蕴含的寓意。

教学准备：生字卡片、青蛙和小鸟的画片与头饰、小黑板。

教学思路（简记）：①②③④⑤⑥

①快乐入题，板书课题。教师先在黑板上用简笔画画出"井"，然后在"井"里贴上一只大青蛙的图片，借此入题。

②指导学生读熟课文。学生自由读课文，读准字音，读顺句子，不丢字，不加字，把课文读顺。

③指导学生朗读课文中的三次对话。读出语气和停顿，读出感情。

a. 教师范读，学生评价教师读得怎么样？和自己读的有什么区别？

b. 学生模仿教师读。

c. 教师指导读，重点指导学生读出语气，读出停顿，读出味道来。在读的指导中，运用各种读的形式，如范读、师生接替读、分角色读、表演读、做动作读、相互对读等等。在读中借机弄懂"无边无际"一词的意思。

④指导学生感悟内容，说说自己读懂了一些什么，或明白了什么道理，或受到了什么启发。学生自由说，教师只点拨学生的思维，不给学生现成的结论，并允许学生有自己的理解。

⑤表演故事。注意让学生表演出青蛙跳出井口之后的样子。

⑥指导学生识写生字。

4. 教学实施

（1）教学。在某实验小学二（1）班和二（2）班（普通平行班），用A、B两种教法教学。

（2）组织教师观摩。

（3）组织教师讨论、评课。

（4）撰写行动研究报告。

三、效果与讨论

1. 效果

教学A：课堂气氛严肃、较沉闷；学生的课堂负担重，尤其是心理负担；读书面不宽，读书量不大，参与朗读的人不多，兴趣不高；教师提问为主，学生很少提问，思维不活跃，想象不丰富；侧重理解内容，学生语感没有得到训练；学生只是机械地记住了课文寓意；听、说、读、写、识、知识、能力、情感等教学效率的整体综合性不强，有的学生无收获。

教学B：学生人人有收获，个个有提高。学生在感知课文寓意的同时，还发表了许多新的见解。重在指导学生朗读，在读中培养了语感。教师不提关于内容理解方面的问题，学生质疑问难，思维活跃，想象丰富。

学生课堂负担轻，心理是愉悦的。课堂气氛和谐、生动、较活泼。

2. 讨论

为什么两种教学行动会产生截然不同的教学效果？我们不妨将两种教学活动过程进行一下比较：

教学A：以"教"为中心设计教学，教学设计是程式化的、固定的；理解内容为主，教师的教主要侧重于"理解"、"分析"层面上；学生的学主要是接受式的、静坐式的，没有自主权，主体地位不突出。强迫学生接受教参所规定的寓意。

教学B：以"学"为中心设计教学，教学设计是灵活的、变化的；引导读书为主，教师的教主要侧重于"感悟"、"积累"层面上；学生的学主要是参与式的、活动式的，享有自主权，主体地位突出；不给统一答案，允许学生对课文寓意有自己新的见解。

从对比中可以看出：

（1）教学A所代表的是传统的讲读教学方法。从教学设计来看，是从课文的开头讲到结尾，没有对教材进行创新处理；从教学活动形式来看，是以教师讲为主，学生静坐接受；从教学内容上看，教师注重内容的理解分析，强迫学生接受教参规定的内容；从教学关系来看，师生是"授—受"关系，学生完全没有学习的自主权，更谈不上发挥学生的主体作用。在这样的教学活动中，学生的学习兴趣受到压抑，心理负担沉重，机械地按"师嘱"学习，学习的效率不高。

教学B打破了传统的"逐段串讲、烦琐分析"的教学条框，它尊重学生的主体地位，充分发挥了学生的主体作用，根据学生学习语言的规律，以及学生的阅读过程，设计教学并及时调整教学。在这样的教学活动中，学生主动参与阅读，参与语文的实践活动，各种语文能力得到了明显的发展。

（2）对低年级阅读教学来说，传统的讲读教学明显偏重于内容的理解分析，低年级阅读教学"高年级化"的现象十分严重，这无疑加重了学生的学习负担，不符合儿童学习语言的规律。低年级阅读教学应该以朗读为主，注重感知和积累。

在教学A中，由于教师把主要的精力集中在课文内容的分析讲解上，无形之中"挤"掉了学生读的时间，学生的读书是不够充分的。而教学B中，教师以读为主，让学生充分地读，先是读顺，接着是读熟，然后是读出味，最后读懂，学生在读中感知了内容，也积累了语言。此外，对课文内容的理解应该允许学生有自己的看法和见解，这样更利于培养学生的创新精神和创新能力。

本次的行动研究，使教师们清楚地看到了传统教学的弊端，转变了教学观念，深刻地领悟到了新修订大纲的改革精神，为课堂教学实践指明了方向。

（摘自《教学与管理》2002年5月，引用时有删改）

【我思我行】请你从下列现象中选取自己感兴趣的问题，提出研究课题，并设计研究方案。

1. 本着"民主、开放"的思想，教师激励学生积极发言，学生的学习热情高涨，个个争先恐后地发言，有的站起来喊"我！我！"有的跪在椅子上叫"让我！"前排的同学几乎快把手伸到老师的鼻子下了，后排的同学跃跃欲试想跑到前面来……即使老师点名回答，那些举起的小手仍如旗杆般竖立。批评制止吧，唯恐挫伤学生的积极性；放任不管吧，下面的课该如果进行？老师感到十分纠结。混乱踌躇中，四十分钟溜走了一大半。

2. 教师提出一个问题，要求小组讨论，前排学生唰地回头，满教室都是嗡嗡的声音，有的小组你一言我一语，每个人都在张嘴，但谁也听不清谁在说什么；有的小组组长一人唱"独角戏"，成了小组内的权威，其余学生当听众，不做任何补充；有的小组的学困生把此时作为玩耍的最好时机……几分钟后，教师一喊"停"学生立即安静下来，被叫到发言的学生一张口就是"我怎么怎么看""我觉得应该如何如何""我的意思是……"没被叫到发言的学生唉声叹气，根本不去听别人在说些什么。

3. 公开课上，多媒体课件图文并茂、声像俱佳，每当老师点开一页画面，都会有动听的音乐响起，画面上的卡通形象也不停地摇头摆手，学生们兴奋目光紧盯着银幕，对于老师所讲的一切，反应多少有些迟钝。

【参考文献】

1. 熊开明：《小学语文新课程教学法》，首都师范大学出版社2010年版。
2. 王守恒：《小学语文教学与研究》，人民教育出版社2006年版。

3. 倪文锦：《小学语文新课程教学法》，高等教育出版社 2003 年版。

4. 崔允漷：《有效教学》，华东师范大学出版社 2010 年版。

5. 郭东岐：《教师的适应与发展》，首都师范大学出版社 2001 年版。

6. 叶澜、白益民、王枬、陶志琼著：《教师角色与教师发展新探》，教育科学出版社 2001 年版。

7. 崔峦：《小学语文课程改革要正确处理四个关系》，《课程·教材·教法》2004 年第 8 期。

8. 田本娜：《探源寻根 根深叶茂》，《课程·教材·教法》2004 年第 10 期。

9. 潘文彬：《莫让语文迷失了自我——基于新课程理念下语文教育的几点思考》，《语文教学通讯·小学刊》2004 年第 11 期。

10. 李碧：《走出与新课程理念"貌合神离"——评当前小学语文课堂教学的几种现象》，《内蒙古师范大学学报》2004 年第 12 期。